U0674605

CUJIN GAODENG JIAOYU JINGZHENG
FALV WENTI YANJIU

促进高等教育竞争
法律问题研究

麓山法学文库
岳法文库 八

郑鹏程／著

■ 湖南大学法学重点学科资助
■ 司法部国家法治与法学理论研究资助项目
■ 教育部哲学社会科学后期资助项目

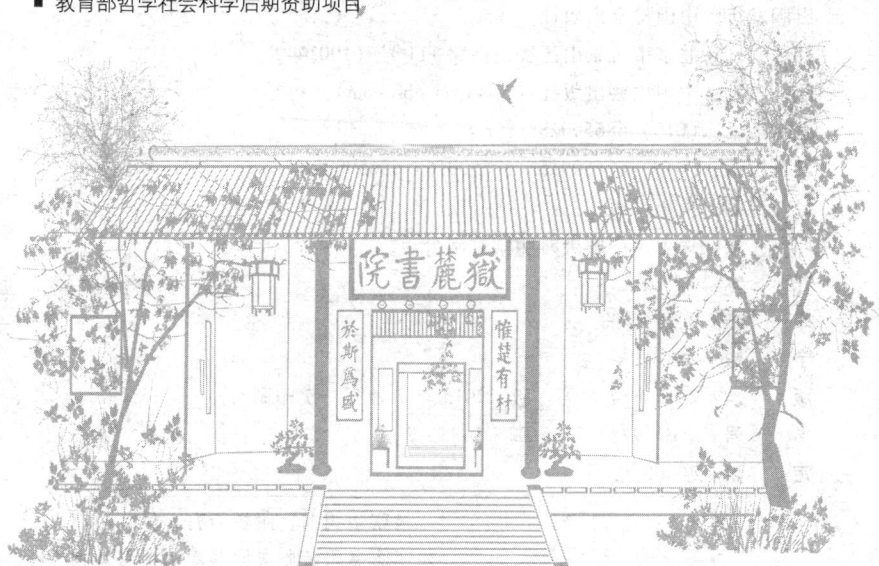

中国检察出版社

**图书在版编目（CIP）数据**

促进高等教育竞争法律问题研究/郑鹏程著. —北京：
中国检察出版社，2015.7
（岳麓法学文库）
ISBN 978－7－5102－1433－2

Ⅰ.①促… Ⅱ.①郑… Ⅲ.①高等教育－竞争－教育法－
研究－中国 Ⅳ.①D922.164

中国版本图书馆 CIP 数据核字（2015）第 123882 号

**促进高等教育竞争法律问题研究**

郑鹏程 著

出版发行：中国检察出版社
社 址：北京市石景山区香山南路 111 号 （100144）
网 址：中国检察出版社（www.zgjccbs.com）
编辑电话：（010）68650028
发行电话：（010）68650015 68650016 68650029
经 销：新华书店
印 刷：保定市中画美凯印刷有限公司
开 本：A5
印 张：9.75 印张
字 数：269 千字
版 次：2015 年 7 月第一版 2015 年 7 月第一次印刷
书 号：ISBN 978－7－5102－1433－2
定 价：30.00 元

检察版图书，版权所有，侵权必究
如遇图书印装质量问题本社负责调换

# 前　言

教育是"发展科学技术和培养人才的基础""是民族振兴的基石"，作为教育中最高层次的高等教育，对于国家的繁荣与强大具有更持久、更重要的意义。著名学者金耀基曾经指出，"我们看一个国家的大学之质与量，几乎就可以判断这个国家的文化素质和经济水平，乃至可预测这个国家在未来二三十年中的发展潜力与远景。"① 香港科技大学丁学良博士也曾说，"哪里有第一流的大学兴起，不用多久时间，这所大学所在的国家就会变成世界上领先的国家。"② 这些论断说明，高等教育对于一国经济之发展、综合国力之增强，具有基础性和先导性作用。

改革开放30多年来，中国高等教育规模经历了一个飞速发展过程。1978年，各级各类在校大学生总数仅有85.6万人。1998年全国普通高校招生108万人，在校大学生总人数增至780万人，占同龄人口比例的9.8%。1999年，党中央、国务院审时度势，根据当时经济社会发展的需求和人民群众的愿望，做出了扩大高等教育招生规模的重大决策。2002年，全国普通高校招生人数达到320.5万人，在校学生总人数达到1600万人，毛入学率达到15%，历史

---

① 金耀基：《大学之理念》，生活·读书·新知三联书店2001年版，第5—6页。

② 丁学良：《什么是世界一流大学》，载《高等教育研究》2001年第5期。

性地跨入了国际公认的高等教育大众化阶段。① 此后，高等教育大众化的程度越来越高。2004 年，全国各类高等学校人数达到 2100 多万人，高等教育毛入学率达到 19%。2006 年，高等学校在学人数达 2500 万人，毛入学率提高到 22%。现在，我国普通高校在校生规模居世界第一，受过高等教育的人口超过 7000 万人，有高等教育学历的从业人员总数居世界第二，是当今世界当之无愧的高等教育大国。

但高等教育大国并不等于高等教育强国。目前，中国内地尚未有出类拔萃的世界一流大学，且高等教育整体质量与欧美，甚至日本差距甚大。尽管近 10 多年来，中国高等学校所发表的论文数量与世界一流大学差距不太远，甚至可以进入世界前列（自"九五"计划以来，国际论文总数快速增长，1996 年，国际论文总数仅有 2.7 万篇，占世界总数的 2%，排名世界第十一位，到 2005 年，国际论文总数达到了 15 万篇，占世界总数的近 7%），排名世界第四位，仅次于美国（占 29.8%）、英国（占 7.2%）和日本（占 7.1%），但论文的国际影响力极其有限。② 2006 年，武汉大学中国科学评价研究中心公布了《世界大学科研竞争力排行榜》《世界科研机构（含大学和科研院所）学科排行榜》等 23 个排行榜，对世界近 1400 所大学科研竞争力的状况和水平进行了全面评估，我国内地高校无一所进入前 200 名。根据上海交通大学 2010 年公布的世界大学学术排行榜，进入世界 500 强的中国内地高校只有 22 所，而在前 150 名中，无一所中国内地高校。中国内地的高等教育质量不仅与欧美国家有差距，即使与亚洲国家相比，也有一定的差

---

① 美国加州大学著名教育社会学家马丁·特罗教授在《从精英向大众高等教育转变中的问题》（Problems in the Transition from Elite to Mass Higher Education）一文中提出了著名的高等教育发展三阶段学说：即高等教育毛入学率在 15% 以下的为精英化高等教育，15%—50% 之间的为大众化高等教育，50% 以上的为普及化高等教育。该学说已得到国际公认。

② 戴维民：《中国学术期刊国际影响力分析》，载《复旦学报》（社会科学版）2004 年第 1 期。

距。国际高等教育研究机构 QS 与英国泰晤士高等教育期刊合办的全球大学排行榜，是全球范围内被引用最多的大学排名。根据其2010 年公布的亚洲大学排行榜，排名前 20 名的大学，日本占了 8所，居第一位，我国香港和韩国各 4 所，新加坡和中国内地各两所。据最新公布的排名，2014 年中国内地仍然只有两所高校进入亚洲高校前 20 强。

在国际高等教育服务竞争方面，中国内地高校也处于不利地位。目前教育服务贸易基本上被英美等国垄断。美国在境外消费教育服务贸易上具有强大的优势和领先地位，在 2002—2006 年期间，出口额基本都保持在 110 亿美元左右，占全球境外消费教育服务市场 23% 左右的份额。其次是英国，尽管英国只有 140 余所高校，但近几年其出口额都在 50 亿美元左右，占全球 10% 左右的份额。最后是澳大利亚、法国和日本。总的来看，这五个国家占了全球教育服务市场份额的 1/2。相比之下，我国的国际教育服务市场份额很少。2000 年所占国际教育市场份额不到 0.5%，2006 年首次突破 1%。

建设高等教育强国是中华民族走向强国之林的必由之路。首先，创新是一个民族进步的灵魂，是一个国家兴旺发达的不竭动力。在汹涌澎湃的世界新科技革命浪潮中，谁在科技创新方面占有优势，谁就能在国际竞争中争取主动。尽管新中国成立以来特别是改革开放以来，中国取得了一大批具有世界先进水平的科技成果，对经济社会发展和国防建设做出了重大贡献，但同发达国家相比，科技水平还有较大差距，科技自主创新能力还不强，关键技术自给率低，发明专利少，科技成果转化率低。所以，我们必须大力增强自主创新能力。高校是国家创新体系的重要组成部分，高校培养的各类人才支撑着科技进步和创新，是自主创新的基础和源泉。高校汇聚科技创新团队，形成持续产生重大科研成果的创新平台和基地，这是实现自主创新的重要支撑，高校在建设创新型国家中发挥着不可替代的重要作用，所以，建设创新型国家首先需要建立高等教育强国。

其次，随着经济全球化的深入发展，科技革命的加速推进，国际竞争日趋激烈，知识越来越成为提高综合国力和国际竞争力的决定性因素，人才资源越来越成为国际竞争格局中的关键性、战略性资源。联合国教科文组织与世界银行曾在 2000 年《发展中国家的高等教育：危机与出路》一文中指出：没有更多更高质量的高等教育，发展中国家将会越来越难以从全球性知识经济中受益。接受高等教育的国民越多、层次越高，国民素质就越高，国际竞争力就越强。发达国家国际竞争力之所以较强，很大程度上得益于其充满活力的、发达的高等教育，得益于其拥有大批高素质人才。我国要掌握发展的主动权，提高综合国力和国际竞争力，必须要建设高等教育强国。

再次，文化是民族凝聚力和创造力的重要源泉，是综合国力的重要因素。大学历来是孕育新思想、新学术、新文化的摇篮，是文化传承、发展创新的重要基地，在社会文化建设中发挥着既服务文化建设又引领文化发展的独特作用。高校通过帮助大学生树立正确的世界观、人才观、价值观，加强中华优秀文化传统教育，挖掘和保护中国优秀文化，倡导并培育和谐理念与和谐精神，培育文明风尚，繁荣发展哲学社会科学，推动我国文化成果和优秀人才走向世界。建设高等教育强国是建设社会主义先进文化，推动文化大发展大繁荣的必然要求。

最后，加入 WTO 后，内地高等教育竞争加剧，维护教育主权的任务日趋艰巨。近年来，许多国家十分看好中国教育市场，采取了包括举办教育展、放宽签证和工作条件等在内的多种措施吸引中国学生，中国学生出国留学人数逐年增加。同时，加入 WTO 后，中国放宽了国外机构举办高等教育的条件，允许国外办学机构在资金投入上占大头。外资高等教育机构具有较强的吸引力，将对国内公立高校、民办高校形成挑战。这种挑战虽然不会像经济部门特别是农业、金融、电信等部门那样明显，但对我国高等教育发展带来的深层次影响，必将或迟或早显现出来。因此，维护教育主权是加入 WTO 后我国高等教育面临的新任务，而提高高等教育的竞争力，则是维护教育主权的重要保障。

正是基于上述考虑，2006 年，党的十七大明确提出要建设人力资源强国，随后国务院提出了建设高等教育强国的口号。时任国务委员陈至立在《认真学习贯彻党的十七大精神，以提高质量为核心，加快从高等教育大国向高等教育强国迈进的步伐》中指出，"高等教育担负着培养各类高质量人才、创造高水平科研成果、提供一流社会服务的重任，在建设人力资源强国过程中具有重要的战略地位。发达的高等教育是人力资源强国的重要保障。贯彻落实党的十七大精神，建设人力资源强国，就必须建设高等教育强国"。

事实上，早在建设高等教育强国的目标提出之前，中央政府在推动高等教育大众化进程的同时，也在努力推动高水平大学建设。"211 工程"的启动即是我国创建世界一流大学的开端。1991 年，"211 工程"被写入《关于国民经济和社会发展十年规划和第八个五年计划纲要的报告》，并由《中国教育改革和发展纲要》及国务院批转国家教委的《关于加快改革和积极发展普通高等教育的意见》提到党和国家决策的高度。1994 年，国务院正式批准实施《"211 工程"总体建设规划》。"211 工程"的实施"为建设若干所世界一流大学和一批世界一流学科奠定了良好的基础"。为了进一步促进一流大学的创建，国家在推进"211 工程"的基础上，又着手实施了"985 工程"，旨在通过政策导向和重点扶持，建设若干所世界一流大学和一批世界一流学科。目前，"985 工程"已经完成二期建设任务，开始进入第三期建设。除了"211 工程"和"985 工程"，国家还实施了提高本科生培养质量的质量工程和各种人才培养计划。质量工程是继"211 工程""985 工程"和"国家示范性高等职业院校建设计划"之后，在高等教育领域实施的又一项重要工程，是新时期深化本科教学改革、提高本科教学质量的重大举措，内容包括精品课程建设、评选国家教学名师等。人才培养计划包括"跨世纪优秀人才培养计划"（国家教委，1993 年）、"百人计划"（中国科学院，1994 年）、"国家杰出青年科学基金"（中共中央、国务院，1994 年）、"新世纪百千万人才工程"（政府多个部门联合，1995 年）、"公派出国留学基金，春晖计划"（国家教委，1996年）、"长江学者奖励计划"（教育部，1998 年）、"高层次创造性人才计划"（教育部，2004 年）、"高等学校学科创新引智计划"（教育部与外国专家局，2006 年），等等。

毋庸置疑，高水平大学建设计划与高等教育质量工程的实施，极大地提高了中国的高等教育质量水平，缩小了中国与发达国家间高等教育水平的差距，但同样不容置疑的是，国家的教育体制与高校管理体制还有许多制约高等教育质量实现跨越式发展的沉疴积弊：大学的学术性被轻视，行政权力泛化，官本位意识、金钱意识日益增强。武汉大学前校长刘道玉在《社会科学报》上撰文揭示了当今中国大学乱、脏、臭之丑陋面相：独立学院不独立、成人教育无成人、自学考试要上课、学院院长上妓院、上上下下在赚钱。① 显然，中国高等教育的发展目前遇到了真正的"瓶颈"问题。为此，《国家中长期教育改革和发展规划纲要（2010—2020年）》提出要改革高等教育体制，教育部也就如何实现远景规划正在进行试点。究竟应当如何改革高等教育体制，目前学术界提出了很多观点，如扩大高等学校的办学自主权、去行政化、实行教授治校、在高校建立董事会制度等。这些观点为政府改革高等教育体制提供了许多有益的思路和建议。

本书旨在提出并论述这样一个观点：要实现由高等教育大国向高等教育强国迈进这一目标，必须建立公平竞争的高等教育机制，并用法律来保障这种机制能够顺利运行。这一论点由两个分论点构成：一是高等教育竞争是我国实现由高等教育大国向高等教育强国迈进的重要路径，二是高等教育竞争机制的建立与运行必须通过法律手段来保障。

---

① 刘道玉：《大学危机，二三十年后更严重》，载《社会科学报》2010年 7 月 29 日第 1 版。

关于高等教育竞争问题，国内外学者早有研究。美国教育学著作在论述其本国高等教育的特征时，都会直接或间接强调美国高等教育的竞争性。我国改革开放后，国内教育界也有学者强调过竞争的重要意义。早在 1980 年，上海交通大学前校长范绪箕就在《人民日报》撰文指出，高水平大学不应由领导"加封"，而应由"竞争"来决定。① 华中科技大学前校长朱九思则以其从事高等教育管理工作的亲身经历，从微观层面主要是从华中科技大学的发展历程，阐述了高等教育机构要"敢于竞争，善于竞争"的重要观点。② 刘国新从理论层面对高等教育竞争的概念、特点、作用及其规则和范围进行了初步探讨，提出了"高等教育的竞争是随着我国社会主义市场经济体制建立而产生的一个新的研究课题"，"国家应制定相应的政策法规，协调和规范高等教育的竞争行为"等观点。③ 李立国从管理学角度对大学竞争的特点进行了研究，指出大学竞争具有"竞争结果的缓显性""竞争因素的连带性""竞争中外部因素的重要性""竞争对手与手段的特殊性"等特点。④ 此外，还有一些学者如安心、毛亚庆、张艳红、佟玉凯等也对高等教育竞争的历史及其内在逻辑等问题展开过研究。这些研究成果在理论上具有开拓性，在实践上对我国高等教育体制改革具有重要的指导意义。不过，目前理论界对高等教育竞争的研究仍不够全面、不够深入。

关于高等教育竞争与法治的关系，目前国内很少有人展开研

---

① 范绪箕：《重点大学应该在竞争中形成》，载《人民日报》1980 年 8 月 5 日第 3 版。

② 参见朱九思：《竞争与转化》，华中科技大学出版社 2001 年版。

③ 刘国新：《论高等教育的竞争》，载《教育研究》1994 年第 2 期。

④ 李立国：《大学组织特性与大学竞争特点探析》，载《高等教育研究》2006 年第 11 期。

究。虽然随着"依法治国"方略、"依法治校""依法治教"等口号①的提出，不断有一些研究高等教育法治的著作出版，如《中国教育法制评论》（集刊，劳凯声主编）、《高校法治建设研究》（崔卓兰）、《高等教育体制改革中的法律问题研究》（刘剑文）、《法律制度与高等教育》（周光礼）、《公立高等学校法律问题研究》（湛中乐等）、《高等学校自主权研究：法治的视角》（蒋后强）、《大学法治与权益保护》（湛中乐），等等，并有许多论文对依法治校、高等教育的立法、司法介入等问题展开了相应研究。但这些成果的研究重点集中在高等教育公平、高校法律地位、高等学校学生的权利、学术权力与高校自治等方面，基本没有涉及高等教育竞争问题。所以，高等教育竞争的法律保障问题迄今仍是有待开发的处女地。

本书核心观点的论述基于如下假设展开：高等教育属于服务产业，产业经济学的相关概念和理论如 SCP 理论适用于分析高等教育产业中的相关问题。全书除导论外，共分九章。

第一章对 21 世纪世界高等教育发展的基本趋势进行了前瞻性探讨，指出尽管因高等教育存在显著的外部效应，因而高等教育由国家垄断具有一定的合理性，但 21 世纪世界高等教育将是竞争性的高等教育。首先，高等教育的大众化、普及化、全球化不仅使高等教育机构的数量逐步增多，而且生源流动也比以往任何时候更便利，这极大地减少了一个地区只有一所高等教育机构这种"空间垄断"现象。其次，现代高等教育功能的嬗变，使高等教育机构能够提供具有市场交换价值的服务，这种服务在本质上是可以竞争的。最后，大约从 20 世纪 70 年代开始，人类社会进入了一个"国家竞争"时代，高等教育在提升国家竞争力中的作用日益凸显，

---

① 2003 年，教育部出台了《教育部关于加强依法治校工作的若干意见》和《教育部办公厅关于开展依法治校示范创建活动的通知》两项规定，明确提出："依法治教是贯彻党的十六大精神，推进依法治国基本方略的必然要求，是教育事业深化改革、加快发展，推进教育法制建设的重要内容。"

国家竞争越激烈，高等教育竞争也将越激烈。在这种趋势下，自20世纪90年代起，最早实施市场化、竞争原本已经很激烈的美国高等教育市场又多了一类竞争主体：营利性大学。其他国家也开始积极放松对高等教育的管制。即使是在以由国家提供高等教育服务为主的欧洲，不管是采取分权制的国家，还是采取集权制的国家，市场元素也在高等教育领域中蔓延。高等教育的国际竞争也越来越激烈。从20世纪80年代初开始，高等教育服务贸易日趋频繁。随着全球化的不断扩大，全世界想出国留学的学生每年以指数级别增长，巨大的市场需求使国际教育成为一个诱人的产业。发达国家凭借其经济实力、政府政策和教育资源的优势地位，吸引世界各国的留学生，发展中国家也加大了争夺国际教育市场的力度。为了应对21世纪世界高等教育的激烈竞争，实现由高等教育大国向高等教育强国的转变，我国应当在高等教育领域引入竞争机制。政府对高等教育的调控或干预，应将着力点或重心放在创造高等教育市场上，以促进、维护高等教育市场公平竞争为主要职责。

　　第二章从现代高等教育的三大功能入手，逐一分析它们的可竞争性，指出高等学校提供的社会服务有无偿服务和有偿服务之分，其中有偿社会服务与竞争性市场主体提供的服务本质上没有区别。它们都是应市场需求产生的，都以满足社会的需要为出发点和目的，其对象具有不特定性，属于竞争性服务。科学研究可分为基础研究与应用研究两类，其中应用研究属于利益导向型的、有直接应用目的、受限型的应需性研究，可竞争性很强。人才培养虽说是大学最古老的功能，但高等教育进入大众化阶段后，市场因素也逐步渗入人才培养领域。譬如为了招到优质生源，商业广告在现代高校中广为使用。再如为了进一步提高人才培养质量，各个高校不惜以数十万元、上百万元的代价聘请海内外高级人才，就连专业设置也强调以市场需要为导向。所以，现代高等教育是可竞争的。在这一章中，作者还对高等教育竞争的特征进行了探讨，指出高等教育竞争最明显的特征，是其集合性，即高等教育竞争是由多个具有独立利益主体（教师、学生、学校）来完成的竞争的集合。高等教育竞争的集合性表明，在高等教育竞争中，充分发挥相关利益主体的主观能动性是至关重要的。除集合性特征外，高等教育竞争还具有目标多元性、手段非价格性、范围有限性、方式间接性、结果缓显性等诸多特征。根据高等教育竞争的特征及产业组织经济学中的SCP理论，作者建议我国建立分类竞争的高等教育市场结构。所谓分类竞争，就是按照一定的标准将高等教育机构分成若干层级，每一个层级都由一定数量的、实力相当的高等教育机构组成，每一个层级成为一个相对独立的教育市场，国家根据国民经济和社会发展的需要，对不同的教育市场提出不同的要求，将教育资源以项目的形式配置给不同的市场，通过市场机制即竞争机制为各个高等教育机构分配不同的教育资源。分类竞争是一种有限竞争。这种模式的有限性主要体现在政府必须将高等教育市场划分为若干子市场。这种市场划分体现了一种国家干预。分类竞争同时也是一种动态竞争。处于一个子市场的学校如果符合另一个子市场的竞争条件，那么它可以通过一定的程序进入另一个子市场。分类竞争，不仅不会影响高等教育公平，反而能兼顾高等教育的市场公平与社会公平，促进高等教育公平的实现。分类竞争有助于我国在开放教育市场的时候，根据境外机构介入高等教育的功能类型进行分类监管，有助于教育主权的维护。

第三章论述了法律在促进高等教育竞争中的作用。该章首先从历史的角度对法律与高等教育的关系进行了考察，指出虽然高等教育在中世纪是一个高度自治的领域，法律与其并无太多直接关联，但大约从20世纪60年代起，随着政府对高等教育干预的逐步加强，高等教育与法律的关系发生了革命性变化：学生、教员与其他雇员开始不断对学校提出诉讼，法律在校园中发挥的作用越来越重要，也越来越明显。国家通过法律手段干预高等教育的现象也越来越普遍。英国、美国、日本等国的经验表明，法律对高等教育的干预，并不仅仅是为了加强国家对高等教育的管理和控制，它更多的是为了促进高等教育的大众化、建立高等教育市场、保护学术自由、促进高等教育公平竞争。其次，对我国高等教育法治现状进行了评价，指出我国的高等教育法治建设虽然起步较晚，但从形式上考察，高等教育立法还是比较完善的，特别是 1999 年颁布的《高等教育法》对高等教育的基本任务、原则、高等教育基本制度、高等学校的设立条件和程序、高等学校的权利与组织机构的设置、高等学校教师任职资格与职称评聘、高等学校学生的权利和义务、高等学校的经费来源与财务制度等方面进行了规定，使我国高等教育的一些基本活动有了法律依据；在实践上，也出现了通过法律手段状告母校、状告上级主管部门维护自身合法权益这种"敢于吃螃蟹"的人，并且司法机关、上级主管部门受理了这类诉求，这是我国高等教育法律制度的一个重大进步。但从总体上来说，我国的高等教育立法主要是管理性法律规范，基本没有促进型立法。本章最后提出，我国应当以促进高等教育竞争的理念重构高等教育法律制度。

第四章对我国高等教育的历史和现状进行了反思和检讨，指出经过 60 年的不断改革，高等教育事业取得了举世瞩目的成就，无论是办学机构还是招生人数都在成倍增长，科研水平（数量与质量）也在不断提高。在体制改革方面，随着政府对高等教育管制的逐步放松，竞争机制被导入高等教育并开始在高等教育发展中发挥作用，民间资本、外国资本进入高等教育市场的限制有所放松，高等学校的独立主体地位逐步确立，课题制在高等学校全面推行。但从促进公平竞争的角度考察，现行的高等教育体制既存在不正当竞争问题，也存在垄断问题。首先，随着竞争机制在高等教育局部领域中的引入，不公平竞争或者不正当竞争问题较为严重。在每年的高考招生中，虚假广告、虚假承诺、诋毁他人声誉的情况时有发生。在教学科研领域，虚拟前期成果和材料，将别人的项目申请书稍作修改作为自己的项目申报，剽窃他人研究成果，违反规定，打听评委名单，违规会见通讯评委或会议评委，施加不正当影响甚至贿赂评审专家的现象时有发生。最突出的不正当竞争是行政权力与学术的结合。当今最为国家也最为各高校所重视的高等学校教学名师奖、高等教育国家级教学成果奖等奖人多为担任行政领导职务的教师获得。另外，从高等教育的市场结构（办学主体）来看，公立高校占全国高等教育机构的90%以上，特别是研究生培养机构，全部为中央政府或地方政府高校垄断，全国无一所民办研究生培养机构。其次，从高等学校的办学行为来看，招生、收费、专业设置、课程开设具有高度的一致性和协调性。高等教育领域严重的结构性垄断与行为垄断，是高等教育产品同质化、结构性失业严重、高等学校学术创新程度低的重要原因。

第五章首先从经验角度证明竞争性高等教育结构是已被实践证明的较为理想的资源配置方式。美国人将自己在高等教育中取得的成就归因于竞争，认为竞争是美国高等教育立于不败之地的重要法宝。美国政府非常重视市场机制在配置高等教育资源中的作用，不仅十分重视高等教育市场竞争秩序的维护，而且十分重视高等教育市场的创造，即使是单向度的财政转移支付也会引入竞争性因素。在日本，无论是学校数量还是在校学生人数，私立大学都是高等教育的主力军。尽管私立大学从国家获得的资助较少，但日本政府一直在努力促进公立高校和私立大学之间的竞争。为了进一步放宽约束高等教育竞争的各种制度，21世纪初日本实施了大学法人化运动。在肯定美、日经验的基础上，作者提出要通过法律手段促进我国垄断性教育结构向竞争性教育结构转变的观点，即一方面要进一步扩大公立高等学校的办学自主权，使它们成为真正独立自主的办学实体；另一方面要积极发展私立高等教育，鼓励民间资本、外国资本进入中国高等教育市场，打破高等教育由国家垄断的局面，为此，必须对《教育法》《高等教育法》《民办教育促进法》《中外合作办学条例》等相关法律制度的内容进行修改，特别是应删除相关教育法规中有关"不得以营利为目的"的限制性规定，同时，要完善相关税收法律制度。

第六章"集合竞争视角下高等教育治理与法律保障"旨在探讨集合竞争对高等教育内、外治理结构的要求。因竞争主体具有自主权是市场竞争得以进行的前提条件，而高等教育竞争涉及学校、教师、学生等多个利益主体，所以，每个利益主体都应当享有与其自身竞争所需要的权力。高等教育治理结构的建构或完善应围绕政府权力、学校权利（力）、教师权利（力）、学生权利（力）这四种权利（力）展开，并适当保证政府利益、学校利益、教师利益、学生利益之间的平衡。从构建高等教育市场，促进、保障高等教育竞争的角度出发，我国高等教育外部治理结构改革的基本方向是：从假二元结构，即所谓的政府——高校结构，改为真三元结构，即政府——教育中介组织——高等学校。三元结构中的每一元都是高等教育活动中真正独立的利益主体，每一元都享有相应的高等教育权力，但每一元的权力都有其限度。内部治理结构应以完善大学最高权力机构为核心，大学最高权力机构应由利益相关者组成。大学的决策权不应由政府或其代理人校长（或书记）独占，而应交给由利益相关者组成的机构来主导。这一机构一般由政府、学校行政管理人员、教师、学生、校友、社区公正人士、捐资人等利益相关者代表组成，在资源配置、财政预算、人事决策、专业设置以及其他事务方面参与大学的决策及管理。大学章程可以根据本校的性质，对这一机构的总人数，各类代表如教授、学生、职员、政府代表、校友代表、社区代表的比例，表决制度等作出详细规定。为了保障举办者的核心利益，高校党委委员是这一机构的当然成员，教授代表比例不应少于1/3，对关乎学校发展的重大事项，应采用绝对多数表决制而不是相对多数表决制。

第七章首先探讨了高等教育评估与高等教育竞争的关系，指出高等教育评估是规范高等教育竞争秩序的产物，高等教育评估对竞争具有促进作用。美国教育评估制度的产生与美国高等教育的恶性竞争密切相关，虽然其他国家建立高等教育评估制度有各种动机或原因，但与各国因高等教育大众化、普及化而产生的高等教育竞争都有某种程度的关联。高等教育评估对高等教育竞争的规范作用至少有三个层面：（1）在那些没有设立高等教育行政审批制度的国家，评估为高等教育竞争提供了最低的或者说是最基本的行为标准。（2）在那些行政审批制度，实施高等教育市场准入限制的国家，评估有利于界分高等教育机构类别，促进分类竞争。（3）通过高等教育评估，一些不合格的高等教育机构或高等教育专业将被迫退出市场。高等教育评估对高等教育竞争的促进作用，主要表现在高等教育评估能够在很大程度上解决高等教育领域中的信息失灵问题。该章还对我国现行高等教育评估制度的不足及其解决办法进行了探讨。

第八章探讨了素有"经济宪法"之称的反垄断法对高等教育的适用问题。该章首先考察了美国反垄断法适用于高等教育的历史，介绍了美国高等教育反垄断的典型案例，分析了反垄断法适用于高等教育的理由与方法，同时指出，随着对高等教育行业的放松管制，日本等国也开始考虑反垄断法对高等教育行业的适用问题。以此为借鉴，该章探讨了我国高等教育"去行政化"的路径和方法，指出大学"行政化"的本质就是行政垄断，即滥用行政权力限制竞争，获取不正当利益，大学"去行政化"的本质就是反高等教育领域中的行政垄断，尽可能发挥市场在高等教育资源配置中的作用，淡化行政权力的影响。该章最后对如何运用反垄断法"去行政化"进行了探讨。

第九章"正当法律程序与高等教育竞争"探讨了正当法律对于促进高等教育竞争的意义及保障高等教育公平竞争的基本程序。该章指出，高等教育具有多种属性，由其属性多样性决定，高等教育的目标也是多重的，要用统一的标准对高等教育的结果予以衡量或评价是很困难的。在结果正义无法判断的情况下，高等教育的竞争公平只有通过程序正义来保障。在保障高等教育竞争公平的正当程序中，公开制度与回避制度都是核心要素。目前，我国相关的高等教育制度中已有信息公开、回避的规定，对于保障高等教育公平竞争具有积极作用，但目前与公开、回避有关的规定仍不完善，特别是《教育部机关政府信息公开实施办法》将"正在调查、讨论、审议、处理过程的信息"纳入"内幕信息"予以保护，不仅违背了《政府信息公开条例》这一上位法，而且违反了正当程序原则。该章建议对相关的制度予以完善。

本书采用的研究方法有：

1. 文献分析法。搜集国内外教育学、经济学、法学等学科关于高等教育竞争及其法律保障的著述，归纳、整理相关作者的观点，吸取其合理成分，论证自己的观点；搜集、整理与高等教育竞争及其法律保障相关的数据、判例或事例，增强说服力，丰富研究内容。

2. 比较研究法。比较国内外高等教育竞争的历史、现状，法律保护高等教育竞争的历史或现状，从比较中获得灵感与启示，打开创作思路。

3. 跨学科研究方法。运用经济学的相关概念、理论，对高等教育行业的可竞争性、高等教育的市场结构与市场绩效进行分析；根据高等教育学的基本原理，探讨高等教育竞争史、法律与高等教育间的关系；运用法学基本知识，探讨法对高等教育竞争的促进作用、竞争法对高等教育行业的可适用性及高等教育领域中的正当法律程序问题。

# 目　　录

# 第一章 从垄断走向竞争——21世纪世界高等教育发展的基本趋势

## 第一节 高等教育的国家垄断及其理论基础

除英、美等极少数国家外，大多数国家的高等教育传统上是由国家垄断的。在20世纪80年代以前的相当长时期内，欧洲高等教育多采用中央集权或政府主导模式。在法国，从拿破仑时代开始，政府就控制着这个国家的高等教育。法国政府认为，大学必须培养对国家忠诚和有能力为国家尽忠的人，大学应当成为国家主办和依法管理的机构，为此确立了"教育是国家的企业，国家应该干预教育"的原则。1808年，拿破仑通过帝国大学制度建立了中央集权型的高等教育行政领导体制。在德国，大学由政府创办，学校的组织结构和财产设施附属于政府，大学教师属于国家公务员，大学必须为国家的需要服务。与欧洲多数国家一样，亚洲的高等教育传统上也是由国家垄断的。在第二次世界大战之前，日本文部省对大学进行直接和全面控制。在新中国成立后的半个世纪里，大学完全受政府的计划管理，大学的招生、教学安排、课程设置、专业设置、毕业分配等全部由政府统一规划和决定。在非洲及拉丁美洲的一些发展中国家，为了实现消除贫穷和促进发展的目标，国家也曾一度垄断高等教育。譬如尼日利亚，独立后对高等教育一直实行集权化管理，联邦财政承担了全部高等教育经费。

高等教育之所以应由国家垄断，经济学界的解释是，高等教育活动存在显著的信息失灵和外部效应；法学界提供的理由是，由私人提供高等教育服务将导致教育资源分配不公。

## 一、高等教育领域中的信息失灵

信息失灵，指在市场中参与交易的双方对于交易对象或内容所拥有的信息不相等，即对于交易对象或内容，交易一方所拥有的信息要多于交易对方所拥有的信息。信息失灵在现代社会非常普遍，不管是在经济领域，还是在政治、文化乃至日常生活中，都存在信息不相等、不对称的情况。高等教育服务是一项非常复杂的智力服务活动，"它的许多方面不会轻易为局外人所窥见"。[①] 作为高等教育市场消费者的学生及其家长，对高等教育知识的了解，远不如高等教育服务的提供者学校或教师那样充分。虽然大学生及其家长可以通过各种渠道搜寻信息如了解课程、教师、教学设施、课外活动等来弥补这种不足，但了解某个方面的信息或知识需要花费成本，有时甚至是高昂的成本，个人往往无力负担。另外，与其他类型的服务消费者不同，作为高等教育服务的接受者或者说消费者，学生对高等学校所提供的教育服务究竟能对其带来多大收益是不可预期的，不仅在进大学之前，学生不知道念大学能够给自己带来多大收益，就是在接受大学教育，甚至大学毕业以后，学生对大学教育给其带来的收益也很难有一个客观的评价。高等教育中信息不对称的存在，可能导致高等教育市场中"劣币驱逐良币"的现象，即真正高水平的教育服务并不一定能赢得更多的市场和获取更多的利益，而平庸善吹（欺）者则可能获得更多的资源。另外，在信息不对称的情况下，信息优势方会利用其信息优势欺诈对方，施行不公平的交易行为，损害对方利益。

## 二、高等教育活动具有显著的外部性

外部性，即"未被市场交易包括在内的额外成本或收益"，"只要一个人或一家厂商实施了某种直接影响他人的行为，而且对

---

[①] ［英］朱利安·勒·格兰德、卡洛尔·普罗佩尔：《社会问题经济学》，苗正民译，商务印书馆2006年版，第78页。

此既不用赔偿，也不用得到赔偿的时候，就出现了外部性"。① 外部性有正、负之分。正外部性，指无偿给他人带来收益的外部性，养花人为养蜂人提供花源，而养蜂人未给养花人任何报酬，便属于此。负外部性，指未经他人同意施加给他人额外成本的外部性，皮革制造厂排放未经处理的废水、废气，污染工厂附近的水源、空气，便是一例。② 在存在正外部性的地方，由于投资人不能收回投资所产生的全部收益，因而常常导致投资不足。

教育的正外部性已得到经济学界、教育学界的广泛肯定。诺贝尔经济学奖得主米尔顿·弗里德曼曾经指出，"我的孩子受到的教育由于能促进一个稳定和民主的社会而有助于你的福利。由于无法识别受到利益的具体的个人（或家庭），所以不能向他们索取劳务的报酬。因此，存在着相当大的'邻近影响'"。③ 这里的"邻近影响"即外部性。英国学者格兰德、普罗佩尔将教育的正外部性进一步细分为就业外部性（就业效益）和社会外部性（一般社会效益）两大类。所谓就业外部性，就是"受过教育的人不但会提高自己的生产能力，而且会通过与其他工人接触提高他们的生产能力"。而社会外部性，则指高等教育对社会所带来的广泛收益，如因交流范围扩大而增进的共同利益、有利于多数人利益的社会凝聚力和社会稳定等。④ 作为教育体系的重要组成部分，高等教育的外部性也非常显著。美国另外一位经济学家劳埃德·G.雷诺兹指出，"一个人学完了大学，他获得高收入、乐意的工作、能增加满足的广泛的兴趣，他得到这些私人的好处"。但是，"在人口中有更多

---

① ［美］约瑟夫·斯蒂格利兹：《经济学》（上），高鸿业译，中国人民大学出版社1997年版，第148页。

② ［美］约瑟夫·斯蒂格利兹：《政府经济学》，曾强等译，春秋出版社1988年版，第206页。

③ ［美］米尔顿·弗里德曼：《资本主义与自由》，张瑞玉译，商务印书馆1999年版，第84页。

④ ［英］朱利安·勒·格兰德、卡洛尔·普罗佩尔：《社会问题经济学》，苗正民译，商务印书馆2006年版，第80—81页。

的大学毕业生除对他们本身有好处以外，对别人也有好处"。①

凡是有外部性存在的地方，市场对资源的配置都是没有效率的。包括高等教育在内的教育活动所具有的正外部性特别是社会外部性的广泛存在，使人们更有理由相信，市场不能提供充足的令人满意的高等教育服务，高等教育应该由政府来提供。

## 三、由私人提供高等教育导致教育不公

教育公平是产生于20世纪初并在20世纪中叶以后得到社会广泛承认，现在一直为教育家、社会学家，甚至经济学家和政治家所关注的重要社会价值取向。它要求社会教育资源的分配，不要考虑收入水平、种族、宗教、性别、年龄等因素而对所有的社会成员平等开放，即教育机会均等或教育形式公平。自1918年《魏玛宪法》第一次把它纳入宪法规范以后，教育公平与劳动权、生存权一样，逐渐发展成为一种基本人权而为世界上多数国家的宪法及国际人权公约所肯定。如日本国宪法第26条规定："全体公民适应其能力，具有公平受教育的权利。"1982年《中华人民共和国宪法》第46条规定："中华人民共和国公民享有受教育的权利和义务。"《世界人权宣言》第26条第1款规定："人人享有受教育的权利。"《经济、社会和文化权利国际公约》第13条第1款规定："本公约缔约各国承认，人人有受教育的权利。"教育公平不只限于某一特定的教育阶段，它贯穿于教育的全过程，包括初等教育、中等教育、高等教育。所以，追求高等教育公平是每个国家、每个政府都要考虑的重要问题。

举办高等教育所需资金数额巨大。在市场条件下，高等教育机构的举办者不可能免费提供高等教育服务，往往要收取较高的学费，以聘请高水平的教师，保证高等教育机构的正常运转。如果教育通过市场出售，则会有一部分收入比较低的人不能接受高等教育

---

① ［美］劳埃德·G. 雷诺兹：《微观经济学：分析与政策》，朱泱等译，商务印书馆1982年版，第276—277页。

服务。虽然接受高等教育类似于投资，基于对未来巨额回报的预期，学生愿意通过贷款市场解决大学期间的学费问题。但一方面，在高等教育市场中，资本市场也是不完全的，因为虽然可以肯定每一个受教育者在接受高等教育之后其获取收益的能力会有所提高，但每个人的能力和机会是有差别的。简言之，高等教育受教育者的预期收益具有很大的不确定性。因此，银行或其他贷款机构大都不愿意提供此类贷款。另一方面，即使银行愿意提供此类贷款，家庭贫困的学生还面临即刻放弃就业的机会成本。所以，如果由市场提供高等教育服务，也非常容易出现因社会收入不平等而导致教育不平等。

信息失灵、外部性、分配不公，都可以视为市场失灵的表现，其中前两者影响到教育资源的配置效率，而后者则影响到教育资源配置的公平。根据西方经济学的基本理论，如果有市场失灵，政府就可以对市场进行干预，所以，国家垄断高等教育就有正当理由。

## 第二节 竞争是当代世界高等教育发展的基本趋势

竞争，即两个或两个以上的主体之间的争夺或争胜。竞争是现代社会普遍存在的现象，在人类社会生活中有着重要作用，竞争推动社会的发展。人类社会的发展史就是一部竞争的历史。尽管在20世纪80年代以前，绝大多数国家对高等教育采取国家垄断模式，但是以美国为代表的少数国家，却在高等教育领域中引入了竞争机制，并且用事实向世人证明，高等教育不仅是可以竞争的，而且竞争性高等教育是高质量的高等教育。同时，随着高等教育大众化、普及化及经济全球化的不断推进，随着现代科学技术的不断发展特别是网络技术的不断发展，高等教育中的信息不对称问题也不如以前那样显眼。所以，在20世纪末21世纪初，高等教育竞争"进入了一个新的时代"，成为一种"信念""意识形态"，成为各大学与政府讨论的热门话题。"对于大学而言，大学竞争能力成为首要的保持目标，并衍生为大学'凝聚在一起的理性目标'。从国家层面上看，竞争能力则成为能否自立于世界民族之林的基石。大学竞争是实现教育强国的有效途径和为国家提供智力、技术和人才保障的重要方式。"①

## 一、21世纪推动世界高等教育竞争的主要因素

### （一）高等教育机构数量的大幅增长

竞争得以展开的条件是，在相关市场上存在两个或两个以上的具有独立法律地位或利益诉求的主营业务相同或相近的主体，如果相关市场上某种产品或服务的提供者只有一个，则该相关市场根本不可能发生竞争。至少是在20世纪40年代之前，世界高等教育还处于精英教育阶段。在这一阶段，高等教育机构不仅数量少，而且增长速度极为缓慢。一个地区一般只有一所或两所大学，有些地区甚至根本就没有高等教育机构。12世纪的欧洲只有四所大学：帕尔马、博洛尼亚、巴黎和牛津。经过200年的发展，才增加至30所。② 英国虽然是世界上高等教育历史最为悠久的国家之一，但直至18世纪末，英国只有牛津大学（在英格兰的伦敦）、剑桥大学（在英格兰）、圣安德鲁斯大学（在苏格兰）、格拉斯哥大学（在苏格兰）、阿伯丁大学（苏格兰东北部）和爱丁堡大学（在苏格兰）6所大学。从19世纪30年代到第二次世界大战结束，大学数量有了明显增加，继1836年建立伦敦大学之后，曼彻斯特、南安普顿、纽卡斯尔、利兹、谢菲尔德、诺丁汉、利物浦等一批城市学院在19世纪先后成立，但在第二次世界大战前夕，英国仍然只有30多所大学。③ 殖民地时期的美国也只有哈佛学院（现哈佛大学）、耶

---

① 安心：《大学竞争论》，甘肃人民出版社2003年版，第3—4页。

② ［美］伯顿·克拉克主编：《高等教育新论：多学科的研究》，王承绪等译，浙江教育出版社2001年版，第30页。

③ 庞辉：《大众化条件下英国高等教育可持续发展问题研究》，载《煤炭高等教育》2006年第4期。

鲁学院（现耶鲁大学）、普林斯顿学院、拉特格斯学院（拉特格斯大学）、哥伦比亚学院（现哥伦比亚大学）、罗德岛学院（现布朗大学）、达特茅斯学院（达特茅斯大学）、费拉德菲尔学院（宾夕法尼亚大学）、威廉玛丽学院9所高校，分别分布在马萨诸塞、康涅狄格、新泽西、纽约、罗德岛、新罕布什尔、宾夕法尼亚、弗吉尼亚8个州。到1776年独立战争爆发时也只有16所，到南北战争前才发展到264所高校。亚洲的高等教育制度发展较晚。19世纪末，日本冠以"大学"之名的高等教育机构只有东京帝国大学与京都帝国大学两所。1940年，高等教育机构总数才发展到276所，其中国立107所、公立17所、私立152所。① 1949年新中国成立时，全国只有205所高等学校，其中国立和省立学校123所、私立学校61所、教会学校21所，1957年增加至229所。② 因高等教育机构数量少，且相当分散，因而竞争无从谈起。

大约从20世纪40年代起，美国的高等教育开始了大众化过程，学校数量不断增多。1935年，美国的高校增至1600所，1940年则上升至1750所。英国高等教育从20世纪60年代也开始向大众化方向迈进，高校毛入学率飞速上扬，1980年毛入学率达到19.1%，1995年毛入学率达到48.3%。随着入学人数的不断增长，英国的高等教育机构也在不断增加。目前，英国具有高等教育资质的正规大学和学院有171所（其中英格兰有134所、苏格兰有20所、威尔士有13所、北爱尔兰有4所）。日本的高等教育机构在20世纪60年代之后得到了快速发展。1949年新制大学建立时，日本只有178所高等教育机构，1955年增至228所。1960年至1970年间，日本高等教育机构的总数从525所增加到921所，增加了75%，到80年代末90年代初，日本已经成为世界上为数不多的高

---

① 胡建华：《百年回顾：20世纪的日本高等教育》，载《南京大学学报》（哲学·人文科学·社会科学）2001年第1期。

② 改革开放30年中国教育改革与发展课题组：《教育大国的崛起：1978—2008》，教育科学出版社2008年版，第180页。

等教育大国。1990 年，日本的高等教育机构达到 1162 所（其中大学 507 所、短期大学 593 所、高等专门学校 62 所）。①实施改革开放政策之后，中国的高等教育机构也在大幅增长。1978 年至 1985 年 7 年间，高等教育机构从 598 所增加至 1016 所，几乎翻了一倍。② 目前，我国的高等教育机构有近 3000 所。高等教育机构数量的增多大大减少了一个地区只有一所高等教育机构的"空间垄断"（弗里德曼称为"技术垄断"）现象，高等教育竞争具备了基本条件。

## （二）国家竞争力对高等教育的依赖

国家竞争力对高等教育的依赖与高等教育对经济增长的作用有关，但又不完全相同。它反映了两个基本事实及这两个事实之间的关联性。第一个基本事实是，现代市场经济条件下，国家之间的竞争，即争夺国际市场份额的竞争日趋激烈。第二个基本事实是，在现代社会，高等教育对经济增长的作用越来越重要。

至少从 20 世纪 70 年代开始，"国家竞争""国家竞争力""国际竞争力"等概念就已经出现在经济学和其他社会科学著作、政府及国际组织的文件中，用以指称"一国实现人均国内生产总值持续高速增长的能力"，或"一国企业能够提供比国外竞争对手更优质量和更低成本的产品与服务的能力"，或"在世界范围内，一国企业设计、生产和销售产品的能力，其价格和非价格特性比国外竞争对手更具有吸引力"，或"一国能在自由和公平的市场条件下生产产品和服务，而这些产品和服务既能满足国际市场的检验标

---

① 胡建华：《百年回顾：20 世纪的日本高等教育》，载《南京大学学报》（哲学·人文科学·社会科学）2001 年第 1 期。

② 改革开放 30 年中国教育改革与发展课题组：《教育大国的崛起：1978—2008》，教育科学出版社 2008 年版，第 182 页。

准，同时又能长期保持和扩大该国人的实际收入的能力"。① 虽然语词有别，含义也不尽相同，但它们反映了同一个客观事实，即人类社会进入了一个新的竞争时代——国家竞争时代。在这个时代，竞争已经不再仅仅是公司、企业的私事，为了占领国际市场、获得更大的国际贸易利益，包括发展中国家在内的许多国家纷纷进入国际市场，"致力于创造国际竞争的优势"。② 简言之，国家已经成为现代市场经济中一个非常重要的竞争主体。

美国最先重视国家竞争力问题。20 世纪 80 年代，美国在经济上的霸主地位受到了来自日本和欧洲的挑战，产生了危机感。1986 年，美国成立了竞争力理事会（Council on Competitiveness），旨在推动有关国家竞争力的讨论、分析和比较，寻求摆脱困境的出路。90 年代，英国也开始重视国家竞争力问题，发布了一系列有影响力的竞争力白皮书，并从 1999 年开始，陆续发布了年度竞争指数排名。③ 此后，国家竞争力引起了越来越多国家的关注和重视。例如，在比利时，中央经济委员会每半年要提交一份关于比利时公司竞争能力的报告。这份报告是政府、工业界与工会共同努力与辩论的结果。现在，比利时工业界、工会、政府与消费者之间已经达成共识：国家竞争力是唯一的政治目标。日本、荷兰、西班牙都建立了跨部门的竞争力工作小组。所以，"民族竞争能力今天成为各国政府的经济部、工业部以及财政部、劳动部关心的主要事情。"
"判断竞争能力水平，提出改善竞争的建议，已经成为国家的一项重要任务。"④ 美、日等老牌发达国家之所以提出国家竞争力问题，

① 参见项贤明：《教育发展与国家竞争力的理论探析》，载《比较教育研究》2010 年第 6 期。

② 洪银兴：《从比较优势到竞争优势——兼论国际贸易的比较利益理论的缺陷》，载《经济研究》1997 年第 6 期。

③ 参见陈伟：《国家竞争力之辩论》，载《经济研究参考》2010 年第 38 期。

④ 里斯本小组：《竞争的极限：经济全球化与人类的未来》，张世鹏译，中央编译出版社 2000 年版，第 3 页、第 143 页。

并对之越来越重视，表明在经济全球化背景下国家竞争越来越激烈。在日益开放、统一的世界经济领域里，"个人与集体的社会经济福利，一个地区的自治权利，一个国家或者一个大陆的安全与独立都依赖于竞争能力的大小"。[①] 因此，"无论是发达国家还是发展中国家，竞争已成为当务之急"。[②]

高等教育对经济的促进作用早已为理论与实践所证明，其对后发国家经济增长的作用则更为关键，也更为明显。韩国是典型的后发国家。1945 年光复之前，既没有工业基础也没有教育文化基础，12 岁以上人口识字率不足 20%。光复之后，韩国历届政府坚持"教育先行"的人力资源开发战略。经过多年努力，韩国大学入学率从 1975 年的 10% 提高到 1995 年的 50%，2000 年后达到 66%，甚至超过了英、法、德等几个主要西欧国家的水平。教育发展与人力开发成为韩国经济和社会进一步发展的先导和主要动因。在教育迅速发展的支撑下，韩国经济迅速崛起。1962 年，韩国经济进入了高速发展期。1962 年至 1967 年国民生产总值平均每年增长7.7%，1967 年至 1971 年平均每年增长 10.5%，1972 年至 1976 年平均每年增长 11%。据计算，1950 年韩国人均 GDP 仅相当于西欧12 国人均 GDP 水平的 15%，1973 年达到后者的 23.3%，1993 年上升到 60.4%。1996 年韩国成功加入 OECD 组织，经济实力一跃升入中上等收入国家行列，成为世界上依靠快速发展教育，实现经济追赶的新型国家。[③]

战后日本的经济起飞过程也是伴随着高等教育的加速发展而发

---

① 里斯本小组：《竞争的极限：经济全球化与人类的未来》，张世鹏译，中央编译出版社 2000 年版，第 141 页。

② ［美］迈克尔·E. 波特：《建立繁荣的微观经济基础，基于微观经济竞争力指数的调查发现》，载［德］康纳科斯等编：《世界经济论坛 2002—2003 年全球竞争力报告》，机械工业出版社 2003 年版，第 44 页。

③ 陆璟：《教育和人力资源是立国之本——美、日、韩追赶先进国家的历史经验（韩国：后发国家追赶的典型）》，载《教育发展研究》2003 年第 3期。

生的。历史数据显示，日本 1946 年人均国民生产总值只有 1555 美元，还不及 1916 年（1630 美元）的水平。然而，日本却迅速重建和强大起来，并在随后的 40 多年内一直保持经济的高速增长。到 90 年代，日本已经成为世界上第二经济强国。日本的高等教育入学率 1947 年仅为 5.8%，1970 年就已经达到 18.7%，进入大众化阶段。1970 年到 1980 年，日本的大学在校生人数由 70 万人发展到 220 万人，10 年间增长了 2 倍。1990 年高等教育毛入学率达到 53.7%，实现了高等教育的普及。1992 年这一数据更是攀升到 82.4%。如果说 20 世纪中叶日本能够从战败的窘况中迅速恢复，并逐步走上跨越式发展的道路，主要是得益于战前的国民教育体系和较高的国民受教育水平，那么，在 20 世纪 90 年代，日本能够赶上，甚至超过世界上最为发达的国家，无疑是依托其战后的教育发展和人力资源开发所达到的较高水平。[①]

当然，证明高等教育对经济增长具有促进作用，并不足以证明经济增长对高等教育具有依赖性，更不能证明国家竞争力对高等教育具有依赖性。经济学研究成果表明，国家竞争优势有多种来源，如资源禀赋、制度、科学技术，等等。这些因素对国家竞争力的提高都是非常重要的。我们强调高等教育对经济竞争的重要性，不只是强调高等教育对经济增长具有促进作用这一方面，还同时强调资源禀赋、制度等因素对经济增长的作用已呈减弱趋势，而高等教育对经济增长的作用在逐步增强，并有可能取代其他因素而发挥关键作用。

资源禀赋曾经是国家竞争力中一个非常重要的因素。以大卫·李嘉图为代表的传统贸易理论认为，每个国家都有自己的优势资源，因而都有自己的核心竞争力。但在全球经济一体化条件下，资源特别是自然资源优势对提高国家竞争力的作用在逐渐减

---

① 张珏：《教育和人力资源是立国之本——美、日、韩追赶先进国家的历史经验（日本：教育对日本现代化起了主要作用）》，载《教育发展研究》2003 年第 3 期。

弱，因为经济全球化使生产要素、资源的国际间流动变得比以前更容易，"跨国企业可以通过采购与海外设厂方式取得本身所欠缺的生产资源"，① 同时，经过投资和新技术的采用，自然资源可以被改良、再造，也可以被新材料所替代。所以，"除了一部分原料生产国，特别是石油输出国外，大部分发展中国家所具有的自然资源和劳动力资源的比较优势，在国际竞争中已不具有垄断优势。以本国拥有的资源的相对优势来确定自己的国际贸易结构，虽然能获得贸易利益，但不能缩短自己与发达国家的经济差距"。②

制度是国家竞争的另一个重要因素。制度在国家竞争中的作用，在于制度也是经济增长的一个内生变量，是经济增长的关键。制度对经济增长的作用主要表现在，有效的制度安排及制度环境将减少交易中的不确定性，降低社会经济活动的交易成本。新制度经济学认为，国家竞争优势并非仅仅依靠微观的、物质技术形态的竞争取得，企业或产业之间的竞争只构成了国际竞争的一个维度，另一层次的竞争是一种宏观层次的竞争形态，即宏观形态的政府之间的竞争。相对于微观形态的企业之间的物质、技术效率竞争而言，宏观形态的政府之间的竞争则表现为一种制度竞争，取得一种制度优势是这种竞争形态的中心，这两种竞争形态共同构成了国际竞争的内容。国家竞争优势，一方面表现为企业参与国际竞争而建立起来的技术效率优势，另一方面更深层次的源泉在于政府是否能够提供一套有效约束与激励的制度体系。政府在国际竞争中的独立地位与角色是通过参与国际制度竞争、建立制度优势来体现的。在经济全球化背景下，制度系统对成本水平影响极大，以至于成为国际竞争中的重要因素。结果，各国政府也在不同程度上直接相互竞争。

---

① ［美］迈克尔·波特：《国家竞争优势》，李明轩、邱如美译，华夏出版社 2002 年版，第 2 页。

② 洪银兴：《从比较优势到竞争优势——兼论国际贸易的比较利益理论的缺陷》，载《经济研究》1997 年第 6 期。

所以，国际竞争在很大程度上也"是不同制度系统之间的竞争"。[①]制度对经济增长确实非常重要，但正如新制度经济学家所说："恰当的制度是增长的必要前提，但不是充分前提。"[②] 也就是说，在一国经济增长中，只有制度，而没有其他条件，经济增长只是一句空话。而且，制度与资源不一样，制度创新人对其创新的制度并不享有垄断权，其他竞争者可以免费模仿、借鉴，使得因制度创新而带来的竞争优势很快丧失。当然，"制度反映着对一个人与社会共同体内其他人之间关系的主观理解，对制度的认可和执行完全依赖于社会所主张的文化观念。一个共同体内共有的基本价值支持着社会凝聚力并激励人们在制度框架内行动"。[③] 并不是所有的制度都是可以模仿、借鉴的，所以，制度优势必须借助于其他优势比如知识优势才能得到彰显。

高等教育对经济发展的重要性，是随着时代的变化而变化的。"在农业经济时代，农业与手工业生产不需要高深知识，高等教育是游离于经济社会之外的'学府簧宫'或'象牙塔'。在工业经济时代，高等教育虽已逐步走向经济社会，为工业生产提供服务，也在一定程度上参与社会活动，但始终停留在经济社会的边缘。到了知识经济时代，高等教育有可能成为经济以致整个社会的中心。"[④]人类进入21世纪之后，经济形态发生了变化，即由以资源为主的农业经济、制造业为主的工业经济，发展到以信息为主的知识经济。知识经济改变了国家竞争的格局，以关税、配额为竞争手段的时代已经过去，现在的竞争已经转变成了对人才和对技术标准的竞

---

① ［德］柯武刚、史漫飞：《制度经济学：社会秩序与公共政策》，韩朝华译，商务印书馆2000年版，序言第3页。

② ［德］柯武刚、史漫飞：《制度经济学：社会秩序与公共政策》，韩朝华译，商务印书馆2000年版，第23页。

③ ［德］柯武刚、史漫飞：《制度经济学：社会秩序与公共政策》，韩朝华译，商务印书馆2000年版，第37页。

④ 潘懋元：《高等教育将走进社会中心》，载《上海高教研究》1998年第8期。

争。知识的竞争成为国家竞争的核心。"各国之间的竞争越来越表现为科学技术和人才的竞争。科技的发展，知识的创新，越来越决定着一个国家、一个民族的发展进程。""创新，最根本的一条就是要靠教育、靠人才。"[①] 而高等教育机构又是知识的主要基地。"世界著名'硅谷'的崛起，标志着高等学校正在从经济舞台的幕后走向台前。在任何地方，新的最具活力的经济区都是围绕着大学和科研院所而兴起的，而自然资源的优势、廉价劳动力的优势、城市资本和信息密集的优势等都已经退居次位。教育特别是高等教育蕴含着巨大的潜力，可以为经济技术特别是高新技术产业的发展作出贡献。"[②] 所以，社会文明越是发展到高级阶段，国家竞争力对教育的需求越是显著，教育在国家竞争力形成发展过程中发挥作用的全面性和综合性也日益突出。高等教育对经济增长的重要性越强，国家竞争力对高等教育的依赖性就越大。国家竞争越激烈，高等教育的竞争也越激烈。

（三）高等教育功能的嬗变

迄今为止，高等教育功能的演进大致经历了三个阶段：单功能即人才培养阶段，双功能即人才培养加科学研究阶段，三功能阶段即人才培养、科学研究加社会服务阶段。传统的高等教育机构以传授知识为其使命，教育的唯一职责就是"传道、授业、解惑"，除此之外的其他任何事务与高等教育无关，譬如19世纪英国著名教育家纽曼就认为，大学就是传授知识的场所，科学研究不属于大学的目标，研究和教学是两种截然不同的活动，应由不同

---

① 《江泽民在庆祝北京大学建校一百周年大会上的讲话》，载《人民日报》1998年9月19日。

② 蒋力华：《努力提高教育对经济建设和科技进步的贡献率》，载《理论前沿》2002年第23期。

的机构来完成。① 19 世纪初，德国著名教育家洪堡提出了"教学与研究相统一"的办学理念，并将这一理念落实到新成立的柏林大学。洪堡的主张产生了非常广泛的影响。从此，高等教育思想发生了一个飞跃，大学也由单一功能机构发展为双重功能机构。

20 世纪初，美国威斯康星州立大学提出大学教育应当为区域经济和社会发展服务的新理念，强调发展高等学校直接为社会服务的职能，积极促进当地经济建设和社会发展。第二次世界大战之后，高等教育的社会服务功能已广泛为世界各国所接受。我国关于大学功能的认识也有一个逐步深化的过程。改革开放之初，虽然承认大学具有人才培养和科学研究双重功能，但比较而言更加关注前者。1977 年，邓小平同志在有关教育工作的谈话中指出："重点大学既是办教育的中心，又是办科研的中心。"② 强调了重点大学教学与科研并举的重要性。1978 年 10 月颁布的《全国重点高等学校暂行工作条例》以政策法规的形式肯定了大学培养人才和科学研究两大职能。1985 年中共中央《关于教育体制改革的决定》也指出"高等学校担负着培养高级专门人才和发展科学技术文化的重大任务"。至此，高等学校不只是重点大学的教学和科研职能得到正式的肯认。到 20 世纪 90 年代后期，随着我国建立社会主义市场经济体制目标的确立，高等教育界普遍接受了高等教育应当面向社会的口号，提供社会服务成为各高等学校的一个重要任务。

高等学校的社会服务有广义和狭义两种含义。广义的社会服务是指高等学校作为一个学术组织为社会作出的所有贡献，包括直接贡献和间接贡献。美国学者阿什比认为，"大学为公众服务的工作，不是我们常见的美国农工学院所一贯承担的社会推广工作，大学为公众服务的工作是把大学独具的多种学科的多类智慧，用到解

---

①　参见朱国仁：《西方大学职能观演变之历史考察》，载《国外社会科学》1995 年第 3 期。

②　中共中央文献研究室编：《邓小平同志论教育》，人民教育出版社1990 年版，第 39 页。

决适应社会变化的研究中去"。他所说的"为公众服务"就是一种广义上的社会服务。狭义上的社会服务，指高等学校在保证正常的人才培养任务情况下，依托高等学校的教学、科研、人才和知识等方面的优势向社会提供直接性的、服务性的、以促进经济和社会发展为目标的活动。这种社会服务是一种需要通过市场进行交易的、有偿的服务。它以高校的科研活动为基础，是高校科研活动的延伸，但又独立于科研活动。这种社会服务与市场提供的金融保险服务、信息咨询服务等具有相同的性质，其本质上是竞争性的。而且，随着高等教育的发展，这种服务职能正在不断扩大。

（四）新公共管理理论的影响

新公共管理理论是在公共选择理论的基础上发展而来的。公共选择理论从政府与公民社会关系的视角，主张打破公共物品和公共服务的垄断，通过非市场的集体选择，即公共选择来提供公共服务。新公共管理理论则更多地关注政府与市场的关系，它主张在政治领域引入市场机制，打破政府对于公共供给的垄断，由政府选择和市场选择共同提供公共服务。新公共管理主义侧重于把经济学原理和私营部门管理的方法与精神引入到公共管理之中，提出了顾客导向、分权原则、公共责任等一系列重要的管理理念，从而把公共管理的范畴延伸到了政府之外。

根据新公共管理理论，政府在教育领域中的职能应集中于义务教育等核心公共服务领域，在高等教育领域应引入市场机制，赋予大学更大的自主权，国家只担当监督作用。在新公共管理理论影响下，英、美、澳大利亚、新西兰等一些西方国家通过颁布教育改革政策进行了较大规模的以市场竞争为导向的高等教育重建，① 如英国1988年颁布了《教育改革法》、1992年颁布了《高等教育改革法》，美国2002年颁布了《不让一个孩子掉队》等教育改革法案，

---

① 甘永涛：《从新公共管理到多中心治理：兼容与超越——西方国家高等教育管理改革的路径、模式与启示》，载《中国高教研究》2007年第5期。

提出了建立"全面市场导向的教育体制改革"（a fully market - oriented system），实施了教育私营化改革和家长自由选校制度。①

## 二、世界高等教育竞争的主要表现

### （一）各国高等教育呈现不同程度的市场化趋势

高等教育市场化，即"把市场机制引入高等教育中，使高等教育运营至少具有如下一个显著的市场特征：竞争、选择、价格、分散决策、金钱刺激等。它排除绝对传统公有化和绝对私有化"。② 20世纪80年代，随着高等教育的大众化、普及化的推进，政府已无法承受高等教育领域日趋沉重的财政负担。受新自由主义及新公共管理理念的影响，高等教育的生态环境发生了质的变化。"历史悠久的、好奇心驱动的研究传统与宁静的象牙塔文化被市场绩效与压力文化所取代，并且以非常明显的方式表现在对高等教育机构进行的评估、绩效指标与质量认证等方面。"③ 市场因素在高等教育领域发挥的作用越来越广泛。

美国是世界上高等教育市场化程度最彻底的国家。美国教育家伯顿曾说："在世界上几个主要的先进国家的高等教育系统中，美国的系统是最缺乏组织、几乎完全是一种相互之间自由竞争的市场。"在这个市场中，所有的公立、私立（非营利性和营利性）院校都为生源和财政经费展开竞争，且"一旦卷入竞争的圈子，就

---

① 刘复兴：《教育改革的制度伦理：教育公平与政府责任》，载《人民教育》2007年第11期。

② 戴晓霞等：《高等教育市场化》，北京大学出版社2004年版，第186页；又见甘永涛：《从新公共管理到多中心治理：兼容与超越——西方国家高等教育管理改革的路径、模式与启示》，载《中国高教研究》2007年第5期。

③ Mark Olssen & Michael A. Peters. Neoliberalism, Higher Education and the Knowledge Economy: from the Free Market to Knowledge Capitalism. Journal of Education Policy. 2005（20）：313 - 345. 转引自温正胞：《"无边界"及其挑战：全球化视域下政府、高等教育与市场的关系》，载《比较教育研究》2010年第2期。

只能义无反顾地向前，不敢有松懈之心，因为在此情景之中，不发展就会被淘汰出局"。① 在竞争原本已经很激烈的市场，自20世纪90年代起，美国高等教育市场又多了一类竞争主体：营利性大学。目前，美国有七家大的营利性高等教育公司：阿波罗集团、戴维瑞公司、教育管理公司、克瑞林学院公司、职业教育公司、斯瑞尔公司、国际电信与电报集团教育服务公司。据相关统计，1996年，美国共有营利性大学669所，到2001年增加到789所，全部都是得到教育部承认的认证机构认证的大学。它们开设各种准学士学位课程和一些证书课程。营利性大学的兴起使美国的高等教育市场更加多元化，高等教育机构之间的竞争也更为激烈。一位美国学者曾经写道："一所营利性大学提议要开设一门新学位课程，一个来自非营利性大学的校长公开向那所营利性大学的校长发难。"②

在以由国家提供高等教育服务为主的欧洲，市场元素也在高等教育领域中蔓延。不管是采取分权制的国家，还是采取集权制的国家，"在对高等教育的放松管制方面，在以绩效为基础的资源配置方面，在高等院校内部子单位的竞争方面，在高校管理体系方面，在高等教育领域内专业'产品'的发展方面，甚至'私有化'方面，市场都参与其中"。③ 英国高等教育的传统是高等教育机构高度自治，尽管与欧洲其他国家相比，英国的高等教育市场化程度已经很高，但英国政府仍嫌不够。自撒切尔夫人上台时起，围绕市场化的重心，英国政府在高等教育改革上采取了很多措施，包括削减高等教育经费，引入竞争概念；通过资金刺激，在政府与高等院校之间形成一种契约关系，促进非政府资源的创收；不断改革和完善高等教育拨款机构和机制，努力降低单位花费，强化政府与高等院

① 转引自王勇：《浅析美国高等教育市场化：以营利性高校为视角》，载《外国教育研究》2006年第8期。

② 参见［美］理查德·鲁克：《高等教育公司：营利性大学的崛起》，于培文译，北京大学出版社2006年版，第99页。

③ 汉斯·N.维勒、戈平、李雪平：《政府与市场——欧洲高等教育改革的竞争性范式》，载《中国高教研究》2009年第2期。

校间的契约关系；废止二元制，努力创建平等竞争的环境，进一步完善市场化；依照受益者分担教育成本的原则提高收费标准；加强学术审查与教育质量评估；废除新聘教师终身制，等等。① "这些措施的出台及其执行使英国高等教育迅速进入一个市场定位的系统"。② 法国的高等教育一向由国家控制，传统上属于高度集权型教育体制。在这种体制下，教育和研究人员都是国家公务员，他们只能通过国家的教师聘任统一考试才能被任用。教育部负责文凭的颁发、课程的设置、教职工的任命、升迁和在大学之间的分配，负责每所大学的建筑和设备。大学不具备控制自己的人力和财力的权力。但自 1989 年开始，法国改变了这种极端集权的政策，开始实施大学与政府协商的政策：大学可以与政府签订协议，可以和政府对话。协商政策为大学创造了更多的自主性：大学可以选择建立某个专业并寻找政府特别的支持；可以在一所建筑中设立以学科为基础的研究中心，包括跨学科研究中心；可以更加仔细认真地考虑课程、专业的发展和研究领域的拓展。尽管法国教育部的权力依然很大，但与过去相比，大学有了决定自己所需的可能性，法国大学的多样性增加了。更重要的是，法国已经迈出了高等教育自治的关键步伐，今后自治的高等教育政策越来越多。③ 荷兰也很重视市场在高等教育中的作用。荷兰的高等教育向来都由政府作详细规划与严密控制。1985 年，荷兰教育与科学部发表了《高等教育：自主与质量》（Higher Education：Autonomy and Quality）报告书，表明政府希望大幅提升高等教育机构的自主及自我负责的态度、强化其弹性及调适能力以改善高等教育的质量。

---

① 参见张婷姝：《英国高等教育市场化改革的背景与措施分析》，载《江苏高教》2005 年第 6 期。

② 张婷姝、颜士刚：《英国高等教育市场化改革的回顾与展望》，载《黑龙江高教研究》2005 年第 12 期。

③ Jef C. Verhoeven：《从欧洲的三个国家看大学与政府关系的变化》，载《清华大学教育研究》2003 年第 5 期。

与美国、欧洲国家相比，亚洲的高等教育起步较晚，但在高等教育市场化方面比欧洲许多国家都要积极。新加坡原本只有国立新加坡大学和南洋理工大学两所国立大学。为了刺激大学之间的竞争，新加坡在 2000 年设立了第一所私立大学——新加坡管理大学。这所大学由当地的管理学院和美国宾州大学的沃顿商学院合办，校长由美方指派。新加坡政府为新大学提供土地与校舍，也给予经费资助，但新加坡政府只规范新大学在财政资源方面的运用事宜，不干预新大学的招生标准、课程规划和人事聘用与升迁等事项。管理大学的成立，旨在不浪费资源的情况下，让三所特色不同的大学进行竞争，各自发展卓越学科。

韩国大学曾一度受到政府的严格管制。"直到 1955 年，韩国政府不仅严格规范如何建立和运行高等教育机构，而且控制每所学校每个院系的学生数量，以及选择学生的方式。"为了提高大学竞争力，从 20 世纪 90 年代中期开始，韩国进行了国立大学法人化改革。1995 年，总教育委员会"意识到管制过多导致各种各样的问题，强烈建议教育政策务必要基于市场的原则。听从委员会的建议，政府开始放松对高等教育的管制"。[1] 1995 年 2 月，国家政策研究会出版了《消费者自主权的教育大学改革论——以消费者为中心的教育改革》一书，提倡"以教育消费者为中心的教育""教育提供者之间展开竞争"。同年 5 月，韩国政府发表了以竞争、市场为导向的《"5·31"教育改革案》，改革的内容主要包括：将满足"教育消费者"的需求作为学校经营的目标；制定全部教职员参与的学校经营目标；缩短业务处理过程；实施能力中心的人事制度；实行根据工作量和难度制定收入的制度。尽管国立大学法人化改革遇到了一些阻力，但政府一直没有放弃"通过赋予大学更多决策权等改革，实行民营化、竞争原理及放松政府规制，减少对国立大学的国库财政支持，实行竞争性研究资金等选择性投入"的

---

① 金善雄、李琼浩：《韩国高等教育变革：市场竞争和国家角色》，载《高等教育研究》2009 年第 5 期。

努力。①

　　日本在 1991 年颁布了《大学放松管制法》（University Deregu-lation Law），其主要目标就是以市场逻辑引导大学的发展，以自由、弹性、个别化及绩效责任等取代干预及管制，通过放宽对大学的各种制度束缚并引入竞争原理，促进日本大学与世界各国大学的合作与竞争。日本高等教育市场化有两种基本形式：其一是国立大学法人化，其二是营利大学的建立。2003 年 6 月，日本议会通过了《国立大学法人法》，各国立大学于 2004 年 4 月 1 日起成为管理运营上独立于中央政府的国立大学法人。国立大学法人化后，政府对国立大学的管理引入了市场因素，国立大学和政府不再是上下级关系而变成契约关系；大学必须从市场筹集部分经费；竞争性科研经费的比例逐步增加。日本过去不允许设立营利性大学，但作为市场化改革的结果，现在出现了营利性大学。目前的营利大学有两所，一所是由数码好莱坞有限公司设立的数码好莱坞大学和数码好莱坞研究生院，主要从事数字传媒实用技能的教育和培训；另一所是由东京法学思想有限公司设立的 LEC 大学和 LEC 会计研究生院，主要从事和律师、会计师和公务员等各种资格考试相关内容的教育和培训。两所大学现在均可以颁发学士和硕士文凭。②

　　总之，"虽然高等教育领域中的市场化程度不能与经济领域相比"，但"导入市场机制所获得的好处足以让人们对市场的作用保

---

　　①　金红莲、臧红霞：《韩国国立大学法人化改革述评》，载《比较教育研究》2010 年第 2 期。

　　②　参见肖俊杰、谢安邦：《日本高等教育市场化改革的趋势、形式和启示》，载《江苏高教》2010 年第 6 期。当然，日本高等教育学界也不乏反对高等教育市场化的声音。2010 年 6 月 9 日，日本滋贺大学校长佐和隆光在《日本时报》发表了《冒险的大学市场化》一文，主张高等教育机构应当与市场经济隔绝，因为让他们参与市场竞争，将不仅使艺术和科学研究"世俗化"，而且还使一些经常被说成没有实用价值的学术科目——例如哲学或历史，走向衰退。参见佐和隆光：《高等教育应该与市场经济隔绝》，载《社会科学报》2010 年 6 月 24 日第 7 版。

持信心", "在许多人心目中, 唯一可用于解决入学问题的有效方式是将大学当作一个企业来进行管理, 在高等教育领域, 政策话语中的市场元素仍然抢眼。虽然市场的力量还没有大到可以收买与之反抗的一切, 包括学术自由与大学理想, 但人们在自由市场经济理论潜移默化的影响下, 已经习惯了从市场角度看待高等教育, 形成了为高等教育付费的观念"。①

## (二) 国际国内高等教育竞争日趋激烈

在一些原来公立大学占垄断地位的国家, 由于私立大学的设立, 本国的高等教育市场出现了竞争因素。例如西班牙的高等教育传统上是由国家垄断的, 国家不仅控制高等教育的提供者, 也控制高等教育的产品, 大学所提供的所有正式学位的项目与课程必须遵循国家制定的课程大纲, 每一所大学都没有自由发挥的空间。由于政府严格控制高等学校的设立, 所以西班牙的高等学校较少, 1982年全国只有31所大学。因此, 在1982年以前, 西班牙的高等教育无竞争。1983年, 西班牙政府颁布了《大学改革法案》, 为私立大学的建立提供了依据。随后成立了17所私立大学, 高等教育机构数显著增加。到2003年, 西班牙的大学增至69所, 是1982年前的一倍。2001年, 西班牙政府又通过了《大学组织法案》, 旨在在高等教育领域中引入市场与竞争因素。由于高等教育机构数增加而生源减少, 所以, 在西班牙, 私立大学之间、私立大学与公立大学之间争夺生源的竞争非常激烈。② 而在那些已经建立了竞争机制的国家, 如日本, 一方面因为高校增加, 另一方面由于人口出生率低、生源逐步减少, 高校之间争夺生源的竞争更为激烈。在国立大学法人化改革前, 各国立大学不愿迈出校门一步, 等着学生报到上

① 温正胞:《"无边界"及其挑战: 全球化视域下政府、高等教育与市场的关系》, 载《比较教育研究》2010年第2期。
② 弗朗西斯科·马科斯:《西班牙高等教育私有化分析》, 载《复旦教育论坛》2005年第5期。

学。大学教师高高在上，潜心做自己的学术。现在情况则完全不同了。为了保证生源，招到优秀学生，每年 6 月到 8 月，各个学校或者派遣其教授纷纷走出校门，到各个中学作招生广告，或者通过电视、报纸、杂志，扩大自己学校的影响。以前只流行于商业领域的广告现在在高等教育领域中逐步流行，学校每年用于招生宣传的费用在不断增加。正如美国学者鲁克所言："现在，差不多每个大学都已经和营销分不开了，营销包括广告，但又不局限于广告，它还包括直接信件、广告牌、有线电视以及网络等宣传方式。现在大多数高校都把自己视为市场型的机构。"[①]

高等教育的国际竞争也越来越激烈。从 20 世纪 80 年代初开始，高等教育服务贸易越来越频繁，世界各国对此广泛重视。发达国家凭借其经济实力、政府政策和教育资源的优势地位，吸引世界各国的留学生。据经合组织估计，2002 年经合组织国家的外国留学生数量比过去 20 年翻了一番，教育服务贸易额将近 300 亿美元，这相当于经合组织成员国当年整个金融服务贸易额。[②] 随着全球化的不断扩大，全世界想出国留学的学生每年以指数级别增长，巨大的市场需求使国际教育成为一个诱人的产业。2009 年，全世界留学生人数超过了 250 万人。在国际教育市场飞速增长的情况下，世界各国都加大了争夺国际教育市场的力度。

美国在国际教育市场中原来居于霸主地位。对外教育是美国的一个重要产业，是美国第五大出口产业。仅以 2007 年为例，外国留学生的学费和日常消费为美国经济带来了高达 140 亿美元的收入。但在激烈的竞争中，美国在国际教育市场中的份额正在缩减，其在国际教育行业占统治地位的时代已经一去不复返。面对留学生开始减少的形势，美国政府正在采取措施应对。譬如增加在海外招

---

① ［美］理查德·鲁克：《高等教育公司：营利性大学的崛起》，于培文译，北京大学出版社 2006 年版，第 65 页。

② 肖海、刘芳：《发达国家高等教育服务贸易现状、优势及中国对策》，载《江西教育科研》2007 年第 6 期。

生和市场推广方面的预算，对中国、印度等国的学生发起"宣传攻势"；越来越频繁地聘用教育代理来吸引海外学生；参加各个国家或地区组织的招生宣传，扩大自己的影响；在中国内地设立美国高考 ACT 考试中心。一句话，原来可"守株待兔"，等待最好的学生自己找上门来的世界名校，现在不得不低下高傲的头，加入争夺优秀生源的行列。①

美国对外教育的收缩，给竞争对手带来了机遇。英国诺丁汉特伦特大学国际发展部主任奥布莱恩说："现在，澳大利亚、英国、爱尔兰、新西兰和加拿大都在争夺这块蛋糕。"英国作为一个高等教育大国，教育资源非常丰富，并且较早开始了面向全球的高等教育交流活动，竞争优势非常明显。巨大的竞争优势使英国在高等教育服务贸易领域获益居全球前列。2001—2002 学年度，仅外国留学生的学费收入就达 12.578 亿英镑，加上留学生的消费收入、跨境高等教育收入和其他收入达 401690 万英镑，占英国教育与培训出口总额的 39.13%。为与美国、澳大利亚等国争夺国际留学生市场，英国采取了各种鼓励性的政策，致力于海外留学市场的开拓，如简化签证过程，让留学生更容易得到经济上的帮助，出台对留学生打工时限、留学生配偶陪读等一些"利好"政策，开展英国教育展、留学说明会、赴英行前准备会、雅思考试介绍等。这些措施增强了英国高等教育对海外学生的吸引力。2002 年，赴英留学的人数首次超过了美国，成为吸引外国留学生最多的国家。②

自 20 世纪 70 年代开始，澳大利亚就曾实施过海外学生计划。1986 年，澳大利亚政府对其教育制度实行大幅变革，目标之一就是推动教育出口，扩大招收学生数量并收取全部费用。所以，在澳大利亚，高等教育是作为一个产业来对待的。在 1986 年以前，澳大利亚的海外学生很少，加入《服务贸易总协定》之后，留学生

---

① 《全球"高教市场"竞争激烈：美国名校觊觎英国尖子生》，载《参考消息》2008 年 9 月 7 日第 6 版。

② 李顺碧、吴志功：《WTO 框架下的英国高等教育服务贸易》，载《比较教育研究》2005 年第 6 期。

规模快速增长。1990 年其教育出口额为 9.06 亿澳元,至 2001 年增长到 41 亿澳元。1999 年至 2000 年的留学生增长幅度为 16%,远远超过与其竞争的美国(5%)和英国(2%)。澳大利亚高等教育服务贸易的发展,一是归因于澳大利亚有日趋完善的高等教育质量保证体系,二是有政府的积极推动与政策保障。2000 年,澳大利亚颁布了《海外学生教育服务法案》,旨在保护留澳学生的生活和学习权益,维护本国教育声誉。《海外学生教育服务法案》及其后颁布的《海外学生教育服务实施条例》为教育出口的顺利发展奠定了法律依据。除此之外,相关政府部门如澳大利亚教育部、澳大利亚贸易委员会等在海外设立的留学服务机构、在世界各地举办的研讨会、教育国际展览会等,也对澳大利亚高等教育服务贸易的发展具有积极的推动作用。[1] 总之,虽然澳大利亚对外国留学生全额收费,但由于其教育质量有保证,且费用比美国低廉,所以在世界市场上的竞争卓有成效。

德国通过"技术移民"政策及对外国学生最慷慨的资助,招收了大批国外优秀学生。1999 年,欧洲 45 国在意大利建立"欧洲大学协调机制",协调各国高等教育,统一大学录取和授予学位的标准,鼓励学生和教师的流动,并采取措施吸引欧洲以外地区的留学生。8 年来,"欧洲大学协调机制"在欧洲引发了一场"教育革命",82% 的欧洲大学抛弃了传统的五年制或者六年制本科教育,采取了国际通用的四年制;还有 75% 的欧洲大学采取了统一的学分制。根据计划,参与"欧洲大学协调机制"的 45 个欧洲国家将在 2010 年完全统一高等教育学制,从而在教育领域实现欧洲的统一。通过"欧洲大学协调机制",欧洲吸引了更多其他地区的留学生。目前欧洲教育三巨头——英国、法国、德国的对外教育市场份额已占全球的 43%,随着 2010 年欧洲教育一体化的实现,其他欧洲小国的国际教育市场份额也会随之增加。

亚洲是世界上最大的留学生"出口"地区,但现在亚洲国家也

---

① 燕凌、洪成文:《入世后的澳大利亚高等教育服务贸易》,载《比较教育研究》2005 年第 2 期。

开始重视提升自身高等教育的竞争能力。早在 1983 年，日本就宣称要在 2000 年招收到 10 万名国际学生。2008 年 7 月，福田政府又提出到 2020 年"招收 30 万国际学生的计划"，具体措施包括五个方面：通过建立日本的国家教育品牌来吸引国际学生留学；优化入学考试、注册以及移民政策；促进日本大学与院校的全球化进程；为国际学生在日本学习期间提供一个良好的学习环境；为国际学生毕业后留在日本工作创造条件。[①] 为了提高大学的国际竞争力进而提高国家的竞争力，韩国政府采取了一系列改革措施。20 世纪 90 年代中期，韩国成立了一个国家委员会，并制订了教育改革计划书，其中突出了韩国大学的国际化进程。例如培养国际关系专家，增加韩国留学生的人数，支持韩国大学建立海外分校，通过各种类型的课程强调韩国的文化。为了适应 21 世纪全球化时代对高等教育的要求，2008 年 6 月，韩国政府又推出了新的提高大学质量的方案——"世界水平研究型大学计划"。2007 年，马来西亚宣布，要在 2010 年将本国建成国际教育中心，届时将吸引 10 万名外国学生。在新加坡，为了吸引更好的教授，大学提供的薪酬甚至超过了美国。目前新加坡学术单位中青年教授的平均年薪高达 18 万美元。现在，亚洲在教育方面的努力已经取得回报，2005 年，日本留学生的增幅为 108%，远远超过了美国的 17%，也高于法国的 81%。

## 第三节　竞争是中国由高等教育大国向高等教育强国迈进的必由之路

### 一、在高等教育中引入竞争的必要性

"竞争是导致繁荣和促进繁荣必不可少的手段。"[②] 在计划经济

---

① 涂玉欣：《日韩跨国高等教育服务贸易比较研究：基于学生流动的分析》，载《高等工程教育研究》2009 年第 5 期。

② ［德］路德维希·艾哈德：《来自竞争的繁荣》，祝世康、穆家骥译，商务印书馆 1983 年版，第 11 页。

体制下，人们否定竞争的作用，认为竞争是尔虞我诈、巧取豪夺，是资本主义社会特有的现象。改革开放以后，我国开始试探性地引入市场机制，开始接受竞争的事实，并于 1980 年颁布了《关于开展和保护社会主义竞争的暂行规定》，认为竞争具有积极作用。但直至 1992 年之前，意识形态与知识界仍不能接受竞争之普遍意义。经济领域中的有限竞争虽然带来了经济的发展，但竞争的好处仍未为大家所深刻体会。1992 年，中共中央确立了建立社会主义市场经济体制目标之后，"市场经济就是竞争经济"之口号广为流传，竞争在经济领域中的范围与深度也逐步展开。随着竞争的推广，竞争给消费者所带来的福利越来越多，特别是电信、航空、铁路领域中的竞争所带来的福利为消费者切身体会到。随着经济领域中竞争的展开，国家在科学研究、文化、体育、公共服务领域等行业也开始进行市场化改革，逐步引入竞争机制。可以说，我国社会主义市场经济体制的改革过程，就是一个不断打破垄断、引入竞争的过程。改革开放以来所取得的巨大成就，归根结底都是因为竞争机制的引入。所以，要实现由高等教育大国向高等教育强国迈进这一目标，我们也必须在高等教育领域中引入竞争。

## （一）提高高等教育质量必须通过竞争

尽管无法用精确的语言对高等教育质量的内涵与外延进行描述，但作为一种客观存在，高等教育质量随着高等教育事业的发展越来越受到世人关注和重视。近 10 年来，国家对高等教育质量特别是本科教学质量高度重视，先后实施了"国家级精品课程建设""高等学校特色专业建设""双语教学示范课程建设""国家级教学团队建设""国家级实验教学示范中心建设""人才培养模式创新实验区建设"等质量教育工程，并取得了一些成绩，但目前整体上我国的高等教育质量水平是不高的。

根据西方最知名的全球性大学排行榜①《泰晤士高等教育专刊》公布的世界大学排名。自 2004 年至 2009 年，中国内地进入前 100 名的高校只有 2 所，进入前 200 名的高校也只有 6 所，而同时期日本进入前 100 名的高校有 6 所，进入前 200 名的高校有 10 所。2010 年，虽然我国进入前 100 名的高校增加到 3 所，但这 3 所学校在亚洲的排位并不靠前，排名最好的北京大学也只排在第 5 位（前 4 位分别为我国香港大学、日本东京大学、韩国浦项科技大学、新加坡国民大学）。② 根据 QS 的世界大学排名，北京大学在亚洲的排名更靠后，排第 13 位。而根据上海交通大学高等教育研究院世界一流大学研究中心公布的"世界大学学术排名"（Academic Ranking of World Universities，ARWU），③ 2003—2009 年中国内地无一所大学进入前 200 名。2010 年有两所大学进入了前 200 名，但没有一所进入前 150 名。④ 下表是英国泰晤士报《高等教育专刊》世界大学排行榜 2011—2012 年世界 200 强中的亚洲大学的排名情况。从表中可以看出，2011—2012 年度，进入世界 200 强的亚洲大学共有 20 所，其中日本 5 所，中国香港 4 所，中国内地、韩国各 3 所，虽然排名情况好于前几年，但与中国高等教育大国的地位仍然极不相称。

---

① 当前世界大学排名机构主要有《美国新闻和世界报道》（USNWR），英国泰晤士报《高等教育专刊》，QS 世界大学排名，上海交通大学世界大学学术排名（ARWU），西班牙政府国家研究委员会的 Webometrics 排名。

② 英国泰晤士报《高等教育专刊》世界大学排名官网：http://www.timeshighereducation.co.uk/。

③ ARWU 以国际可比的科研成果和学术表现作为主要指标，具体包括四大方面：反映教育质量的获诺贝尔奖和菲尔兹奖的校友折合数（占 10%）；体现教师质量的获诺贝尔奖和菲尔兹奖的教师折合数（占 20%）和各学科领域论文被引用率最高的教师数（占 20%）；体现科研成果的《自然》（Nature）和《科学》（Science）杂志上发表的论文折合数（占 20%）和被科学引文索引（SCIE）和社会科学引文索引（SSCI）收录的论文数（占 20%）；以及由上述具体指标得分之和除以全职教师数而得的师均学术表现。

④ 上海交通大学高等教育研究所世界大学学术排名官网：http://www.arwu.org/Chinese/index.jsp。

### 英国泰晤士报《高等教育专刊》世界大学排行榜
### 2011—2012 年世界 200 强中的亚洲大学

| 世界排名<br>（World Rank） | 大学<br>（Institution） | 国家或地区<br>（Country／Region） | 总分<br>（Overall score） |
|---|---|---|---|
| 30 | 东京大学 | 日本 | 74.3 |
| 34 | 香港大学 | 中国香港 | 72.3 |
| 40 | 新加坡国立大学 | 新加坡 | 70.9 |
| 49 | 北京大学 | 中国 | 65.6 |
| 52 | 京都大学 | 日本 | 64.8 |
| 53 | 浦项科技大学 | 韩国 | 64.6 |
| 62 | 香港科技大学 | 中国香港 | 61.7 |
| 71 | 清华大学 | 中国 | 59.5 |
| 94 | 韩国高等科技学院 | 韩国 | 54.5 |
| 108 | 京都理工学院 | 日本 | 52.8 |
| 119 | 大阪大学 | 日本 | 51 |
| 120 | 东北大学 | 日本 | 50.8 |
| 121 | 耶路撒冷希伯来大学 | 以色列 | 50.4 |
| 124 | 国立首尔大学 | 韩国 | 50.1 |
| 151 | 香港中文大学 | 中国香港 | 46.6 |
| 154 | 国立台湾大学 | 中国台湾 | 46.2 |
| 166 | 特拉维夫大学 | 以色列 | 45.4 |
| 169 | 南洋理工大学 | 新加坡 | 45 |
| 192 | 中国科技大学 | 中国 | 42.7 |
| 193 | 香港城市大学 | 中国香港 | 42.6 |

　　我国有学者从教学、科研、人力资源、信息资源四个方面专门对中国高等教育国际竞争力情况进行了研究，发现虽然在教授数量、本研比、科研论文等方面情况较好，但整体上看，"中国高等

教育国际竞争力处于中下位"。① 以科研为例，从武汉大学中国科学评价研究中心 2009 年的研究成果中可以发现，"虽然中国整体科研水平实力有显著提升"，"但中国大学离世界一流大学仍有较大差距。美国、英国、德国、日本、法国这五个国家囊括了近 3/4 的排名前 100 名的世界顶尖大学，65.5% 的排名前 200 名和 64% 的排名前 300 名的世界高水平著名大学。中国内地仍然没有进入前 100 名的顶尖大学"，进入前 200 名的中国内地高校只有 3 所，进入前 400 名的中国内地高校只有 7 所，绝大多数内地高校排名都在 600 名甚至 800 名之后。② 所以，提高高等教育质量仍然是我国政府与高等教育工作者的重要使命。

根据武汉大学中国科学评价研究中心研究成果整理的
高校科研竞争力 2009 年世界排名情况③

| 院校名称 | 科研竞争力排名 | 论文数排名 | 论文总被引次数排名 | 高被引论文数排名 | 进入 ESI 学科数排名 | 热门论文数排名 | 专利数排名 |
|---|---|---|---|---|---|---|---|
| 哈佛大学 | 1 | 1 | 1 | 1 | 1 | 1 | 29 |
| 斯坦福大学 | 3 | 11 | 4 | 2 | 21 | 2 | — |
| 加州大学伯克利分校 | 8 | 12 | 7 | 3 | 1 | 5 | — |
| 剑桥大学 | 14 | 17 | 17 | 14 | 1 | 10 | — |
| 麻省理工学院 | 9 | 35 | 16 | 5 | 21 | 4 | 5 |
| 普林斯顿大学 | 43 | — | — | 24 | — | 29 | — |
| 牛津大学 | 20 | 23 | 19 | 18 | | 15 | — |
| 亚利桑那州立大学 | 142 | — | — | — | — | — | — |

---

① 朱红等：《中国高等教育国际竞争力比较研究》，天津大学出版社 2010 年版，第 131 页。

② 朱红等：《中国高等教育国际竞争力比较研究》，天津大学出版社 2010 年版，第 98—99 页。

③ 朱红等：《中国高等教育国际竞争力比较研究》，天津大学出版社 2010 年版，第 98 页。

续表

| 院校名称 | 科研竞争力排名 | 论文数排名 | 论文总被引次数排名 | 高被引论文数排名 | 进入 ESI 学科数排名 | 热门论文数排名 | 专利数排名 |
|---|---|---|---|---|---|---|---|
| 达特茅斯学院 | 171 | — | — | — | — | — | — |
| 埃默里大学 | 60 | — | — | 46 | — | 37 | — |
| 北卡罗来纳州立大学 | 25 | — | — | 26 | 21 | 16 | 23 |
| 清华大学 | 156 | 84 | 267 | 202 | 373 | 241 | 24 |
| 北京大学 | 155 | 89 | 223 | 162 | 230 | 212 | 138 |
| 浙江大学 | 165 | 82 | 296 | 272 | 262 | 140 | 16 |
| 中国科技大学 | 268 | 168 | 286 | 206 | 520 | 241 | — |
| 南京大学 | 266 | 155 | 312 | 327 | 417 | 292 | 90 |
| 上海交通大学 | 267 | 156 | 417 | 287 | 520 | 292 | 22 |
| 复旦大学 | 282 | 186 | 333 | 293 | 373 | 360 | 73 |

　　然而，高等教育质量的提高是一项长期复杂的系统工程，需要几代人甚至十几代人多方面的共同努力才能见成效。有很多因素都有利于高等教育质量的提高，但经验表明，最重要也是最长久有效的因素是竞争。北京大学张维迎教授曾以欧美大学不同的发展历史与现状为例，提出"竞争，而不是政府管制，才是推动大学健康发展的有效力量"。他说："欧洲的大学是最古老的，数个世纪以来一直是西方文明的珍宝，对现代文明做出了巨大贡献。美国的大学制度是从欧洲引进的，但在过去 100 年里，特别是'二战'以来，欧洲的大学被美国的大学远远抛在后面，无论是在科学研究方面还是人才培养方面，美国的大学远胜欧洲的大学。""为什么欧洲的大学越来越弱而美国的大学越来越强？……最主要的不在于经济发展水平，不在于政府对教育的投入，最重要的原因是欧洲的大学是国家垄断的，政府管得太多，而美国的大学是高度竞争化的。"① 早在1980 年，上海交通大学校长范绪箕教授就在《人民日报》上发表

---

① 张维迎：《大学的逻辑》，北京大学出版社 2005 年版，第 44—45 页。

了一篇题为《重点大学应该在竞争中形成》的文章。在文章中，范教授指出，国外的高水平大学并不是由领导"加封"的，"而是在竞争中以它的突出成绩获得社会公认，或被同行推选出来的"，"重点大学不能作为一个大学的'终身头衔'，永远不变。""我们应当提倡竞争，谁为'四化'培养的人才多、成果显著，谁就应当是重点大学"。① 1991 年 5 月，英国教育和科学大臣和苏格兰、威尔士及北爱尔兰事务大臣联合向议会提交白皮书《高等教育：一个新的框架》。该书第三章"科研"与第五章"教学质量保证"都强调了竞争的重要性。白皮书提出，建立高等教育科研公共拨款新架构所应遵循的基本原则是竞争性，即在高等教育领域，进一步促进最有效地使用资源，所有高校都可以参与科研经费的竞争。白皮书同时指出质量保证的重要性，强调解决质量和效率问题关键在于实现高校间充分的竞争。② 现在，竞争之于高等教育的重要性已经为越来越多的人所肯定。我国的高等教育质量要得到持久、稳定的提高，必须在高等教育领域建立公平的竞争机制。

## （二）高等教育服务国际竞争力的提高必须建立国内高等教育竞争机制

改革开放前，我国招收外国留学生一直停留在与少数社会主义国家间的政府间交流上。新中国成立后至改革开放前 30 年时间里，只招收了 8000 余名留学生。改革开放后，招收外国留学生的力度虽然有所加大，但在很长时间内，这种交流依然是政府间的援助或教育交流，算不上真正的国际教育服务。③ 真正意义上的教育国际

---

① 范绪箕：《重点大学应该在竞争中形成》，载《人民日报》1980 年 8 月 5 日第 3 版。

② 阚阅：《当代英国高等教育绩效评估研究》，高等教育出版社 2010 年版，第 85 页。

③ 魏浩、籍颖、赵春明：《中国留学教育服务贸易发展现状及国际竞争力》，载《国际经济合作》2010 年第 1 期。

服务贸易开始于20世纪90年代，这也是服务贸易入世、国际高等教育市场不断开放的时代。WTO服务贸易总协定规定，成员国在彼此承诺愿意通过谈判与协商、消除彼此分歧的基础上，促使各国政府下放办学权力，逐步取消限制性的教育法律与法规，开放教育市场；凡收取学费、带商业性质的教育活动均属于教育服务贸易范畴，所有WTO成员国均有权参与教育服务竞争。[①] 我国于2001年加入WTO，此时，国际高等教育竞争已经非常激烈，在这种竞争中我国明显处于不利地位。有学者运用国际市场占有率、比较优势指数（NTB）和显示性比较优势指数（RCA），对我国国际服务贸易的国际竞争力与其他国家进行了比较研究，发现我国留学教育服务贸易国际竞争力的各项指标都比较低，与教育服务贸易发达国家相比具有较大差距。譬如，在市场占有率方面，我国的市场份额很少，2000年所占份额不到0.5%，2006年虽然增加到1.19%，但与美国的23%、英国的10%相比还非常低。[②] 不仅市场份额低，而且目前来华留学生教育的规模和层次，与发达国家相比也存在较大差距。目前来华留学生中绝大部分是进修生、本科生，研究生层次的还不够多。这与赴发达国家留学的留学生大多攻读高学位，且教育层次较高形成鲜明对比。在留学生规模方面，中国吸引外国的留学生数量也较少。以2005年为例，我国高校在校生为2000万人，留学生有11万人，仅占0.55%，而教育发达国家的这一比例为10%。来华留学生绝大部分都来自于亚洲，据统计，2005年近12万来华留学生中有81.93%来自亚洲，其中又以韩国、日本最多，而来自欧美和其他地区的学生人数所占比例则很小，特别是非

① 张智敏、唐昌海：《进入WTO高等教育应作的必要改革：兼论高等教育改制问题》，载《理工高教研究》2001年第6期。
② 魏浩、籍颖、赵春明：《中国留学教育服务贸易发展现状及国际竞争力》，载《国际经济合作》2010年第1期。

洲仅占 2.31%、大洋洲仅为 1.43%。① 从境外消费看，据统计，目前我国的教育出口中文科占了 80%，来华留学生有 85 万之多，其中仅汉语教学即高达 73.78%。与此形成鲜明对照的是，其他专业学科特别是理科、农科的外国留学生少之又少，全国只有 200 多名农科外国留学生，仅占 0.31% 和 0.24%。这种极大的反差在发达国家的留学生市场中是很难发现的。然而，它却是中国高教服务市场比较优势失衡的真实写照。除汉语教学外，我国的中医专业和体育专业也具有特定的优势，但这种优势具有区域性，即主要输出地是东亚和东南亚国家和地区。另有学者对 2003—2005 年我国高等教育服务贸易的进出口情况进行了研究，发现我国高等教育服务贸易的逆差达上百亿美元，金额巨大且有进一步增大的趋势。②

**2003—2005 年国际教育贸易逆差一览表**（单位：亿美元）

| 年份 | 留学贸易出口 | 留学贸易进口 | 留学贸易逆差 |
| --- | --- | --- | --- |
| 2003 | 8.4 | 91.5 | 83.1 |
| 2004 | 10.2 | 110.3 | 100.1 |
| 2005 | 12.6 | 118.8 | 106.2 |

高等教育服务贸易逆差逐年扩大已经成为制约我国教育服务贸易发展的瓶颈。只有不断缩小以致最终扭转高等教育服务出口和进口的逆差，才能加快高等教育服务贸易的发展，促进我国的经济与社会发展。③ 而要将逆差扭转为顺差，就必须不断提高高等教育质量，因为质量是获取竞争优势最重要的前提条件，而质量的提高又

---

① 参见梁秀伶：《我国及世界各国教育服务贸易出口的国际比较》，载《现代财经》2009 年第 9 期；国际教育服务贸易研究组：《国际教育服务贸易的最新进展》，载《教育发展研究》2002 年第 7、8 期；靳希斌：《国际教育服务贸易研究》，福建教育出版社 2005 年版。

② 龙会典、张海燕：《我国国际教育服务贸易逆差的统计分析》，载《经济论坛》2007 年第 24 期。

③ 田曼：《关于我国高等教育服务贸易逆差的分析》，载《黑龙江高教研究》2006 年第 8 期。

依赖于竞争。① 所以，竞争与质量提高互为条件、互为因果，两者是一个不可分割的整体。提高我国教育服务贸易的竞争力，首先必须在国内展开高等教育机构的竞争。只有在国内通过公平的竞争产生出来的实力强大的高等学校，才能在国际上有竞争力。目前，在国内有一些比较有名的大学，但是这些大学在国际上的排名比较靠后，主要原因是它们不是在激烈的竞争中成长壮大的，而是在"父母"的呵护下成长起来的。所以，要提高我国高等教育机构的竞争力，必须让它们在国内展开竞争，并且国内的竞争规则应当与国际竞争规则一致，即只有在一种真正公平的，而不是扭曲的竞争机制中才能培养出真正具有国际竞争力的高水平大学。

## （三）国家竞争力的提高也需要高等教育展开竞争

前文论述了高等教育对促进经济增长、提升国家竞争力的作用。根据世界经济论坛（WEF）发布的《2007—2008年度全球竞争力报告》，中国内地2007年的竞争力位于第34位，处于中等偏下的地位。② 中国内地竞争力不高，固然有许多因素，但高等教育发展程度低、高等教育质量低也是一个重要原因。有学者对我国高等教育对GDP年增长速度的贡献率进行了测算，发现1990—2000年间我国高等教育对国内生产总值的贡献率为0.83%，只相当于美（2.60）、英（1.08）、日（0.61）、德（0.24）、法（1.57）、荷（0.71）西方六国20世纪70—80年代初期的水平。而高等教育对经济增长的贡献率除英国外比其他五国40年代的水平还要低。③高等教育对国家竞争力的贡献率低，不是由于高等学校的科研成果

① 参见［英］路易斯·莫利：《高等教育的质量与权力》，罗慧芳译，北京师范大学出版社2008年版。

② 郭秀晶、周永源：《关于我国高校留学生教育发展的综合分析》，载《中国高等教育》2010年第8期。

③ 宋华明、王荣：《高等教育对经济增长率的贡献测算及相关分析》，载《高等工程教育研究》2005年第1期；又见崔玉平：《中国高等教育对经济增长率的贡献》，载《教育与经济》2001年第1期。

少（事实上我国近几年不管是在论文发表，还是在专利申请上，总量已经排在世界前列），而是因为这些成果的科技含量不高，难以转换成生产力。而成果科技含量低的原因，就是因为缺少公平的竞争机制。所以，国家竞争力的提高也要求高等教育领域中有公平的竞争。

## 二、建立并维护高等教育竞争机制是政府的一项重要职责

在现代社会，几乎没有人怀疑政府干预高等教育的必要性。因为包括高等教育在内的教育公平问题，只有通过政府这只"有形之手"才能有所保障。但对政府干预高等教育的目标与程度，即为什么干预？干预什么？怎样干预？等等，不同的国家因国情不同而有不同的做法。譬如美国，国家对高等教育的干预，主要体现在反对高等教育中的垄断及对高等教育提供国家援助两个方面，即当高等教育领域中出现价格联盟等反竞争行为时，政府拿起反垄断法的大刀去制止这种行为，以恢复高等教育中的竞争，或者当国家需要解决某个群体的教育问题时，由国会依照法令给予经费援助。而对于高等教育的其他事项则一概不干涉。而日本对高等教育的干预，是以促进日本高等教育市场化为目标，因此，其干预的方法就是放松对高等教育的管制，具体措施就是实施国立大学法人化改革。

如前所述，在高等教育领域中引入竞争是我国由高等教育大国走向高等教育强国的必由之路。如果这一观点能够得到政府和学界的认同，那么接下来的问题是，如何引入竞争和保护竞争？事实上，不管是引入竞争还是保护竞争，本质上都属于制度供给层面的问题。从制度经济学理论考察，制度供给主要有两种路径：自生自发路径和建构路径。自生自发路径即制度是在市场主体通过无数次的交易过程逐渐形成并完善的。这种路径的优点是，因制度缘起于市场主体的博弈与同意，因而在实践中容易得到贯彻实施，制度的实施成本不高且效果好，其缺点是制度生成的时间很长；建构路径即制度是由政府通过理性的思考而刻意设计、构造的制度，这种路

径的优点是制度产生的时间较快，其缺点是，因其可能与现实脱节而无法实施。

当然，市场并不能提供人类社会所需要的所有制度。有些制度事关政治与公共利益，此类制度只能由政府提供，竞争规则则属于此类制度。"市场竞争机制不会自发产生，需要通过行政力量引发得以建立，即通过行政调节的'有形之手'制造市场竞争这一'无形之手'。"① 所以，建立公平的竞争机制政府责无旁贷。建立高等教育的公平竞争机制，也是教育公平的主体内容之一。教育公平包括机会公平、过程公平、规则公平、结果公平。高等教育规则公平是指在高等教育产品的竞争活动中，所有参与竞争的个体都遵循同一的、一视同仁的筛选与选拔规则，在高等教育资源的分配中每个人都将按同样的规则分享公共资源的资助，不会因参与者的性别、民族、宗教信仰、社会经济地位等而有任何的歧视。同时，中国国土面积大、人口众多，具有开展市场竞争的条件。因此，政府的责任就是要在高等教育领域中创造市场，建立公平竞争机制。

---

① 袁祖望：《运用市场竞争机制保障高等教育质量》，载《高教探索》2002年第2期。

# 第二章 高等教育的可竞争性 与竞争模式探析

## 第一节 高等教育的可竞争性与 高等教育竞争的特征

### 一、高等教育的可竞争性

"物竞天择，适者生存。"著名生物学家达尔文在其经典之作《生物进化论》中揭示了生物进化的基本规律。作为一种普遍现象，竞争既存在于自然界也存在于人类社会，既存在于经济领域也存在于政治、军事、文化、科技、教育、体育等领域。所以，从广义上的竞争，即"相互争胜"的角度来理解，人类的高等教育活动是无法摆脱竞争这一基本规律的。不过，我们在此想探讨的是，是否可以通过竞争机制，或者说是否可以通过引入市场因素，使高等教育获得更多的社会资源，或者使高等教育领域中的稀缺资源实现最优配置，即高等教育领域资源配置的可竞争性问题。

作为整体的、抽象意义上的高等教育，其可竞争性迄今应当不会有太多的质疑，因为美国高等教育的成功经验已经令人信服地向世人证明，高等教育活动不仅具有可竞争性，而且竞争性高等教育是提高人才培养质量和科学研究水平最有效的办法，至少是最有效的办法之一。在理论层面上，自1935年英国经济学家、新西兰奥塔哥大学教授费希尔在《安全与进步的冲突》一书中首先提出"第三产业"概念以来，国民经济分三大产业结构的观点得到了经济学界的普遍认同，并被经合组织、WTO等国际经济组织及绝大多数国家所采用。尽管第三产业在生产方式上与产品形式上与第一产业和第二产业有明显区别，但理论界普遍认为，在性质上，第三产业是"社会劳动不可缺少的组成部分"，① 其所创造的服务产品同第一产业和第二产业所创造的产品具有同样的使用价值和交换价值，因而是可以通过市场进行交换并能开展竞争的"经济范畴"。高等教育属于第三产业，它与金融保险、文化娱乐等服务业一样，具有使用价值和交换价值，因而是可以通过市场交换并开展竞争的。此外，20 世纪 60 年代，舒尔茨、贝克尔提出了人力资本理论。该理论认为，教育不再是一种纯粹的消费，而是一种投资活动，对个人来说，教育可以通过自身的认知技能等的获得而提升自我价值，所以，教育资本是一种能力资本，利用这种资本可以获得其他形式的资本。教育的人力资本理论进一步为教育的可竞争性提供了理论支持，因为作为一个非常重要的市场要素，资本是可流动、可交换的。

尽管如此，受传统教育观念的影响和束缚，人们对高等教育的可竞争性仍然缺乏一个较为清晰、准确的认识。现代高等教育的职能、活动如此宽泛，究竟哪些可以引入市场力量、展开竞争，哪些活动是不适于开展竞争的？要回答好这一问题可能有点困难。但这一问题的解决可能对我国正在进行的高等教育改革具有某种启示意义，故本书以现代高等教育的三大功能划分为基础，对高等教育的可竞争性进行剖析。

## （一）社会服务的可竞争性

自 19 世纪 60 年代以威斯康星为代表的美国赠地学院提出大学应当为社会服务以来，社会服务作为高校除教学、科研两大职能之外的第三大职能已被广泛接受，并成为高等学校发展中不可缺少的内容。

---

① 马联：《试论第三产业的性质及价值构成》，载《理论导刊》2002 年第 10 期。

探讨社会服务的可竞争性，首先应当弄清高校社会服务的范围与特征。关于高校社会服务的范围，目前学界的理解是不一致的。1862 年《莫里尔法案》颁布前后，帕垂之、特纳、莫里尔等美国议员的想法是，设立工农业大学，或在大学里讲授与农业和工业有关的技术性、实用性课程，为美国工农业的发展服务，所以，当时大学社会服务理念的着重点是大学教学内容的实用性。到了 20 世纪初，人们对大学社会服务的理解发生了变化。当威斯康星大学①校长范·希斯提出"服务应该成为大学的唯一理想"，大学的"教学、科研、服务都应当考虑到州的实际需要。大学为社会、州立大学要为州的经济发展服务"时，② 大学社会服务的含义已经远远超出了实践教学、实用教学的范畴。现在有很多学者将高校社会服务理解为高校作为一个学术组织为社会作出的所有贡献。这种社会服务观囊括了教学、科研在内的所有职能活动，可以称之为广义社会服务观。广义社会服务观引起了一部分学者的担忧。这部分学者认为，赋予大学太多的社会服务职责有可能"扭曲或减弱大学组织的原有职能"，使大学在"追求时尚"中迷失自我。他们提出，大学提供的社会服务"必须是学术性的""学术性是大学社会服务职能的根本特性"，是大学社会服务"与其他社会组织为社会服务相区别的本质所在""凡与学术性无关的社会服务，都不属于高校的社会服务"。③ 很明显，根据这种社会服务观所界定的社会服务范围比大多数学者的理解要窄，可以称之为狭义的社会服务观。不管是广义的社会服务观还是狭义的社会服务观，其产生都有特定的历史、文化与制度背景，因而有其时代合理性和解释力。但值得指出的一点是，我们在讨论大学的社会服务功能时，是将其与大学的人

---

① 威斯康星大学被认为是大学社会服务思想实践的典型代表。

② 参见朱国仁：《从"象牙塔"到社会"服务站"——高等学校社会服务职能演变的历史考察》，载《清华大学教育研究》1999 年第 1 期。

③ 王作权：《大学组织的社会服务职能新探》，载《复旦教育论坛》2007 年第 1 期。

才培养、科学研究功能分开的。一般认为，大学的社会服务与教学、科研有明确的界限。因为正常的教学和科研计划是由国家下达的，而社会服务中的教学服务、科技服务均是指高校计划外的办学和科研、开发活动。[①]　所以，大学的人才培养、科学研究显然不属于社会服务的范畴，那种因为高等教育属于服务业而将其全部活动都视为社会服务的广义社会服务观不适合我们这里讨论的语境。而将大学的社会服务局限于与学术相关的社会服务，显然没有体现现代高等教育社会服务内容和形式呈现多样化的发展趋势。随着高等学校向社会开放程度的不断扩大，现代高等教育社会服务的内容不再局限于与学术相关的内容，而更多的是技术方面的内容。除此之外，高校还在不断向社会开放图书馆、实验室、教室设施，等等。所以，我们这里探讨的社会服务既不属于广义的也不属于狭义的，而是一种中义的社会服务，即大学利用其人才、资源优势，为社会提供教育、科研、信息方面的服务。这种社会服务，主要有但不限于以下形式：

（1）科研服务。这是研究型大学为社会提供服务的一种重要方式。具体形式包括与企业合作，创办解决产业或生产中重大课题或攻克重大技术难关的研究中心；建立能促进高校与工业间的技术转移和产品商品化的科学研究和发展研究的科学园区；以专利或技术入股，兴办高新技术企业，直接为社会经济发展服务；建立企业孵化器，培育和扶持高新技术企业。

（2）教育服务。即在正常的教学任务之外，接受政府机关、企业或其他社会团体的委托，提供培训服务。基本形式包括政府机关、企业或社会团体选派学员到高等学校接受培训，或由政府机关、企业和社会团体提供场所，高校提供师资，就地设立教学点，进行人才培训。

（3）咨询服务。这是最简单、最原始、最基本、最常见的服

---

① 李康水：《高校社会服务的性质、内涵与功能研究》，载《高等工程教育研究》1990 年第 4 期。

务形式。服务对象涉及政府、企业、公司等，咨询的内容包括政策、管理、战略决策和技术发展等。

（4）社区服务。即为所在社区的居民提供知识服务、信息服务、装备服务和咨询服务等，如开放图书馆，为社区居民提供数据库、图书资料、信息服务；利用精良装备和设施优势，为社区提供良好的装备和场所，如仪器设备、实验室、电脑、文娱设施、体育场馆等，为当地社区居民开展咨询活动，如解决工农业生产中的技术、管理问题、法律问题等，或为社区提供急诊服务，或在市政机构实习。①

上述社会服务大致可以分为两大类：无偿的社会服务与有偿的社会服务。一般来说，为政府机关、社区提供的社会服务，如组织学生参与社区建设、帮助无家可归者寻找住所、家教服务、为社区居民提供咨询、参与社区矫正、人民调解、参与政府的决策咨询、等等，都是无偿的。无偿的社会服务当然是不存在竞争的。高校提供的有偿的社会服务与其他主体提供的有偿服务本质上没有区别。首先，因为高校所提供的有偿社会服务是应市场需求产生的。从经济学上说，有需求就有供给。在市场经济条件下，面对市场对社会服务的需求，除高等学校之外，其他社会主体也有资格和能力提供同样的社会服务。其次，从高校社会服务的组织形式来看，高等学校提供社会服务逐渐出现实体化趋势，即高等学校利用自身优势与社会有关部门合作建立生产实体，如建立科技咨询公司，或成立以科技创新产品为主的有限公司，或者直接承包企业中的某些技术革新和产品更新等方面的任务。这种生产服务实体与其他社会实体一样，具有相对独立的法律地位。最后，从高校社会服务的对象来看，高等学校所提供的社会服务与其他实体所提供的社会服务一样，都以满足社会的需要为出发点和目的，因而其对象是不特定的，是非常广泛的。所以，高等学校提供的有偿社会服务是一种竞争性服务。

① 陈时见、甄丽娜：《美国高校社会服务的历史发展、主要形式与基本特征》，载《比较教育研究》2006 年第 12 期。

## （二）科学研究的可竞争性

科学研究是指为了增进知识包括关于人类文化和社会的知识以及利用这些知识去发明新的技术而进行的系统的创造性工作。长期以来，科学研究寄生于宗教、神学、政治和教育活动机构，直到17世纪，始获独立的社会建制。大学的科学研究职能由德国人首先提出。19世纪初洪堡创立柏林大学时，提出了"大学自治与学术自由""教学和研究相结合"的办学理念，强调大学不仅是传授知识的机构，而且是发现知识和创造知识的机构。自此，科学研究的职能在大学中得以确立。

出于科学技术统计和制定、实施科学技术政策的需要，大致在20世纪30年代，人们开始探讨科学研究的分类问题。1934年，英国生物学家赫胥黎在其《科学研究与社会需求》一书中将科学研究分为背景研究、基础研究、特定研究和开发研究，而英国物理学家、科学学创始人贝尔纳则将科学研究分为纯科学和应用科学两个部分。1945年，受美国总统委托，时任美国科学研究发展局局长的科学家万尼瓦尔·布什及其组建的委员会提交了一份题为《科学——没有止境的前沿》的报告，报告根据是否以应用为目的将科学研究划分基础研究和应用研究两大类，即不考虑实用的目的，不能给出任何一个问题的完全具体的答案的研究是基础研究，反之，就是应用研究。① 这种划分为科学共同体及政策制定者广为采用。在此基础上，我国学者对基础研究与应用研究的区别作了进一步探讨（见下表）。②

---

① 参见严建新、王续琨：《试论科学研究的三维分类模型：对司托克斯二维分类模型的扩展》，载《科学学研究》2009年第9期。

② 参见文剑英：《基础研究和应用研究划界的社会学分析》，载《自然辩证法研究》2007年第7期。

**基础研究与应用研究的主要区别**

| 区分标准 | 基础研究 | 应用研究 |
|---|---|---|
| 目的 | 无直接目的、知识 | 有直接目的、应用 |
| 研究机构 | 大学、研究所 | 企业实验室 |
| 时间限制 | 长、宽松 | 短、急切 |
| 发表成果 | 论文著作、公开发表 | 专利、保密 |
| 研究动力 | 获得同行尊重 | 经济利益 |
| 自由度 | 自主、大 | 受限、小 |
| 研究动机 | 以兴趣为主 | 以问题为主 |

通过上表可以看出，基础研究属于兴趣导向、无直接应用目的、自主型纯学术研究，而应用研究属于利益导向、有直接应用目的、受限型的应需性研究。应用性研究的可竞争性很强，基础研究的可竞争性则较弱。尽管布什认为，基础研究最适合在高等院校和接受捐赠的研究所里进行，而应用研究适合在企业和政府设立的实验室中开展，并且认为应用研究与基础研究总是相互排斥的。但现代高等学校既是基础研究的重要阵地，也是应用研究的重要阵地。而且，作为基础研究重要的有时甚至是唯一的投资主体——政府，非常强调基础研究成果转化为社会生产力，要能为社会所用。同时，基础研究与应用研究的区分也并不是绝对的，它只具有相对性。从这个层面考察，基础研究也具有一定的可竞争性。

## （三）人才培养的可竞争性

人才培养是大学最古老的功能。自大学在中世纪的欧洲产生时起，大学的主要职能就是培养官吏、牧师、法官和医生等专业人才。牛津大学学者纽曼在其《大学的理想》一书中指出，大学是"传授所有知识的场所"，大学为教学而设、为学生而设；大学的目的在于"传授"学问而不在于"发展"知识。尽管随着社会的不断发展和进步，大学的职能在不断分化，但其教学职能、培养人才的职能、传承和创新知识的职能从未发生变化。一所不搞科学研究、不提供社会服务的大学，只要其按一定的培养目标给学生讲授知识，仍可以称得上大学。但一所大学如果只重视科学研究、只重视社会服务，而不提供教学服务、不培养人才，那么即使其科研水平再高、社会服务搞得再好，也只能称为科研机构，而不能称为大学。所以，人才培养是大学的核心功能。

虽然大学的人才培养功能没有改变，但是培养目标、培养内容、培养方式却一直在变。总的来说，就是市场因素在人才培养方面的导入。高等教育的普及化、大众化对高等教育的影响不只是社会服务、科学研究的市场化，在人才培养方面，也局部市场化。市场化最彻底也最充分的环节是就业市场化。传统的精英教育模式所培养的是少量的社会精英，大学生属于社会的稀缺资源，所以，无论是大学还是大学生，都无须关注就业问题。① 当高等教育进入大众化阶段以后，学生数量急剧增加，大学生就业因必须接受市场的选择而变得困难。就业竞争是学生须面对的问题。从法律上说，解决大学生就业难应当是政府的责任，即政府应大力发展经济，增加就业岗位。所以，表面上看，就业市场化与大学没有太多的联系，大学没有解决学生就业的义务。但是有一种机制将学生的就业压力转化成学校的竞争压力。这种机制，就是毕业生就业率的高低、就业去向的好坏，会对往后的招生质量产生很大的反射影响。如果学生就业（包括就业岗位、薪酬等）不好，往后的生源也可能不好，进而影响培养质量。所以，在某种程度上说，就业是与招生、培养捆绑在一起的。大学的人才培养必须考虑学生就业问题。需要进一步说明的是，虽然大学在法律上没有解决学生就业问题的义务，但是政府或大学协会或其他高等教育机构往往将大学的就业率作为评价一所大学是否合格或排名的依据，这使得大学不得不高度重视学生就业问题。解决这一问题的方法就是市场因素在人才培养中的引

---

① 王洪才、陈娟：《促进学生就业：当代高校一项重要新职能》，载《江苏高教》2010年第4期。

入。首先是招生的市场化。为了招到优质生源，商业广告在现代高校中已经广泛引入，除此之外，还包括与高分考生签订预录协议、允诺给予高额奖学金等。其次是高价引进人才。为了进一步提高人才培养质量，增加学校的知名度，各个高校不惜以数十万元、上百万元的代价聘请海内外高级人才。最后，也是最重要的一块，是以市场为导向设置专业。国家教育部从 2003 年就明确要求要以就业和社会需求为导向，推进新一轮高等教育改革，包括调整学科专业结构、改革人才培养模式、加大就业评估和教学评估力度等。这种变化的最集中体现，就是职业技术学院的出现。职业技术学院从专业设置、课程设计到校园文化建设各环节无不以适应就业需要为中心。这种以市场为导向的应用型人才的培养，属于"以满足个人及家庭生存与发展需要为目标的教育活动"。[①] 曾任宾夕法尼亚学院院长的史密斯曾自豪地说："学院对于社会上任何职业感到有需要的科目，无不包含在其中，它乃是对于从事学术者、经营商业贸易者、承担机械制造者以及品类较低的从业者，都是面面兼顾而竭力满足的。"[②] 作为一种可以商品化的活动，现代大学的人才培养显然也是可以竞争的。

## 二、高等教育竞争的特点

高等教育是可竞争的，但高等教育中的竞争与经济竞争有较大的区别。早在 20 世纪 90 年代初，我国就有学者对高等教育的特征进行过论述，认为高等教育的竞争具有如下几个方面的特征：(1) 层次性，即高等教育竞争是多方位、多层面的，既有高等学校内部的竞争，如教师与教师、学生与学生、院系与院系之间的竞争，也有高等学校之间的竞争，即各高等学校之间在人才培养质

---

① 黄恒学：《中国事业管理体制改革研究》，清华大学出版社 1998 年版，第 84 页。

② 转引自滕大春：《美国教育史》，人民教育出版社 1994 年版，第 136 页。

量、科研成果产出、学术水平高低方面的竞争，还有高等学校与科研机构之间的竞争及不同国家高等教育机构之间的竞争。（2）广泛性。高等教育竞争不仅存在于同类型的学校之间，而且存在于不同类型的学校之间，既有生源竞争，也有就业市场竞争。（3）主体多维性，即高等教育的"产品"——学生具有主观能动性，也参与高等教育的竞争，所以，高等教育的竞争主体不仅包括培养人的学校，而且包括培养对象本身。（4）社会性，即高等教育竞争不以追求经济效益为最终目的，高等教育所承担的主要任务是为社会培养高级专门人才、发展科学技术文化和促进国家的经济建设。所以，取得最佳的社会效益是高等教育的终极目的。[1] 另有学者从分析大学的组织特性出发，归纳出高等教育竞争具有竞争结果的缓显性、竞争因素的连带性、竞争中外部因素的重要性、竞争对手与手段的特殊性、竞争中少数决定多数等特征。[2] 还有学者认为高等教育竞争具有客观性、利益性、艺术性、盲目性、风险性等特征。[3] 综合前述观点，本书认为，高等教育竞争与其他行业竞争的不同之处，有以下一些方面：

## （一）高等教育竞争是多元利益主体竞争之集合

尽管高等教育机构在形式上是由一定数量的人（教师、学生、管理人员）、财（办学经费）、物（教学场所和设备）组成的实体，具体独立的法律人格，它无须取得其他人包括其所属人员的同意就可独立地以自己的名义开展对外活动，但与企业、政府机关及其他社会组织不同，高等教育机构所属人员特别是教学科研人员、学生，与学校并没有形成严格意义的委托代理关系。在绝大多数情况下，教学科研人员是以自己的名义从事教学、科研活动，对外开展

---

① 刘国新：《论高等教育的竞争》，载《教育研究》1994 年第 2 期。

② 李立国：《大学组织特性与大学竞争特点探析》，载《高等教育研究》2006 年第 11 期。

③ 安心：《大学竞争论》，甘肃人民出版社 2003 年版，第 6—7 页。

学术交流的。其所获得的教学科研成果的产权（知识产权）及与此相关的荣誉同样也归个人而不是学校所有，即使其取得这些成果的时间是在为学校所雇佣的时间之内也是如此。同样，学生取得的各种成绩和荣誉，不管是其在校期间取得的，还是毕业之后在社会上获得的，首先是学生本人的荣誉，其次才是所在学校的荣誉。所以，高等教育机构声誉（这是高等教育机构竞争的关键因素）的获得或竞争力的提高，都是通过具有自主利益的教师与学生实现的，大学声誉只不过是教师声誉与学生声誉的集合。而教师、学生社会声誉的获得，往往是通过自身参与社会的竞争（有时甚至是毕业之后通过很多年的竞争）而获得的。它们虽然与所工作或曾就读的学校有密切联系（如良好的师资与教学条件、实验设备、研究平台等），但更多的要靠自身的主观努力。在这种意义上说，高等教育竞争事实上是一种非常松散的由很多具有独立利益的主体来完成的集合竞争。高等教育竞争的集合性特征表明，在高等教育竞争中，充分发挥相关利益主体的主观能动性是十分重要的。

## （二）竞争目标具有多元性

竞争目标的多元性是由竞争主体的多元性决定的。公司、企业的竞争目标具有唯一性，即获得更多的利润。由于高等学校中的教师、学生都具有独立于其所依附的大学的法律人格、具有独立的利益，所以，学生、教师、学校的竞争目标也各不相同。学生的主要目标是取得好成绩、获取奖学金、毕业后能找份好工作。教师的主要目标是得到优厚报酬和待遇（经济性目标）、较高的学术声望和社会地位（非经济性目标）。学校的竞争目标有很多，如招收更多优秀学生、吸引更多拔尖人才、获取更大的社会声誉。尽管学生、教师的竞争目标与大学的竞争目标具有较强的相关性，如学生就业质量的提高、教师学术声望和社会地位的提高有助于学校社会声誉的提高，但三者的差别也是非常明显的：社会声誉与社会地位是教师追求的目标，但绝不是大学生的竞争目标；大学的竞争目标具有较强的社会性，而学生与教师的竞争目标主要是私人性的，社会属性较少。不仅学生、教师、学校的目标不一样，而且学生与学生之间、教师与教师之间的竞争目标也有差别，譬如有些教师更倾向于经济性目标，有些教师则更倾向于非经济性目标。

## （三）价格不是高等教育竞争的主要手段

在市场经济中，绝大多数产品与服务的竞争是价格竞争。这种价格竞争在高等教育领域中也存在。譬如，为了录取到优秀的学生，有些高校免除了那些在高考中表现突出的学生的学费，这就是一种典型的价格竞争策略。再如，为了扩大社会影响和声誉，一些大学不惜花费几十万元、上百万元，高价吸引高级尖端人才，这也是一种价格竞争策略。价格竞争对于提高大学的影响和竞争力虽然在短期内也有一定的积极作用，但至少在当代，它仍然不能成为高等教育竞争的主要手段。受"社会责任"理论[①]的影响，高等教育费用在很长时间内都是由政府承担的。大约自 20 世纪 90 年代开始，随着高等教育的大众化、普及化及国家财力的捉襟见肘，高等教育"成本分担"理论[②]及"受益者付费原则"逐渐为社会各界所接受，高等教育收费遂成为当今世界的一种普遍现象。尽管现在各国的大学收费制度在某种程度上呈现出日本学者丸山文裕所说的学费和声望间的"市场主义"，即"越是声望高的大学，学费越

---

① 该理论认为，高等教育旨在培养国家领导人才和训练高级技术人才以发展国民经济，高等教育是国家现代化和实践民主政治理想的工具，其所需经费应以政府支付为宜。

② "成本分担"理论是美国学者约翰斯顿于 1986 年提出来的。1984 年，约翰斯顿在美国科罗拉多召开的"2000 年议程"的一次会议上第一次提出"高等教育成本分担"理论，并在 1986 年出版的《高等教育的成本分担——英国、德国、法国、瑞典和美国的学生资助》一书中作了详尽论述。

高"，① 政府也允许各个高校根据不同学科专业的培养成本及不同的就业前景和收入收取不同的学费，尽管收费制度可以促使学生更主动、更积极地完成学业，② 但将高等教育服务出售给那些报价最高的人，并没有成为为社会普遍接受的基本原则。而且除少数家庭经济条件较差的学生除外，多数学生也很少根据学费高低来选择学校。高薪也只对少数人才有吸引力，有很多人宁愿待在待遇较低但有较高学术声誉的学校。所以，价格配置稀缺资源的机制在这里的作用还很有限。认识到高等教育竞争的这一特点，对一所高等学校究竟应当如何真正提高自身的竞争能力是非常重要的。

### （四）竞争范围的有限性

这里所讲的范围包括两个方面：其一是指地域范围，其二是指服务的产品范围。无论是学生之间的竞争，还是教师之间的竞争，抑或是学校之间的竞争，也无论是社会服务的竞争，还是科学研究方面的竞争，抑或是人才培养方面的竞争，其范围都是有限的。譬如，学生之间的竞争，主要发生于大学校园之内，即本院或本校内的竞争。只有在毕业就业之际，才可能发生于校际之间，虽然这是一种很重要的竞争，但时间短暂。大学生毕业之后的竞争，已经不属于高等教育竞争的范畴，而属于社会竞争。教师教学方面的竞争也主要发生于校内。校际之间竞争的范围特别是竞争的内容也是有限的。既然大学的主要功能是传承知识，则所传承的知识大都具有相似性。

---

① ［日］丸山文裕：《日本私立大学的学费》，载《国外高等工程教育》1993 年第 1 期。

② 据介绍，德国大学生的修业年限较长，如 1991 年的统计显示，大学生的平均修业时间达到 13.8 个学期，这令当局和教育界人士头痛。当局认为，大学免费教育可能是造成这种现象的原因之一，为了提高大学生延迟毕业的成本，政府考虑将大学由免费教育变为收费教育。

## （五）竞争方式的间接性

经济竞争往往是短兵相接式的竞争。因高等教育竞争主要不是价格竞争，而是质量竞争，而质量评价标准具有模糊性、弱市场性，所以与物质生产相比，知识生产很难定价和市场化，除生源大战之外，包括科学研究在内的大学竞争都不是显性的、面对面的竞争，而是一种隐性的、间接竞争。竞争强度不大。

## （六）竞争结果的缓显性

竞争结果的缓显性，指高等教育的投入与产出有一个较长的时间差。① 中国有句古话"十年树木，百年树人"，反映的就是这一道理。大学竞争结果的缓显性，是由高等教育本身的性质决定的。大学是以知识为核心的组织，其功能就是创造知识、传播知识和应用知识。而创造知识和培养人才的结果都具有长期性的特点，不像企业创造的利润那样马上可以显现出来。首先，人才的成长有一个固定的期间，这个期间可能需要 10 年甚至更长的时间，而一所大学培养出来的人才质量，往往需要几个甚至十几个这样的期间才能为社会所公认。其次，知识创新特别是基本原理、基本理论方面的创新的社会价值需要几十年甚至上百年的时间，才能得到验证。现在一些被奉为圭臬的理论或观点，在历史上曾被当时的主流社会视为"异端邪说"，就是很好的例证。由于高等教育竞争具有结果的缓显性，所以，一国高等教育市场的总体实力格局在短时间内不可能发生显著改变。哈佛大学前任校长博克曾说："学术竞争的过程是奇特的。随着时光的推移，大学的名次变动甚微。事实上，1980 年的前 20 名院校也是 1970 年、1960 年和 1950 年的前 20 名院校——尽管

---

① 李立国：《大学组织特性与大学竞争特点探析》，载《高等教育研究》2006 年第 11 期。

它们内部的相应名次有所变化。"①1991年，先后担任过加州大学伯克利分校校长和加州大学校长的克拉克·克尔系统地分析了1906—1982年间美国大学的声誉排名状况，发现大学声誉的变化过程是缓慢的，在近80年间的时间里，只有3所大学从前15名掉了下来，但落幅不大。②竞争结果的缓显性，表明大学竞争力的提高是一个长期的过程，那种急功近利的"暴发户"式的想法和做法是很难成功的。对于一个学校来说是如此，对于一个国家来说同样如此。

## 第二节　高等教育竞争模式探讨

### 一、探讨高等教育竞争模式的理论基础

目前学术界关于高等教育竞争模式的研究很少，基本上没有可资借鉴的现成理论。本书关于高等教育竞争模式的探讨，以微观经济学中的产业组织理论为基础。这种选择是以高等教育属于产业为前提的。尽管国内高等教育理论界与经济学界在"高等教育产业化"这一命题上曾有过激烈讨论，且至今没有定论，但一般都不否定高等教育的产业属性。③更主要的是，在许多国际组织的统计分类中，教育均被列为"服务产业""第三产业"，如经合组织将教育视为第三产业中的服务业，WTO《服务贸易总协定》将教育划分为服务贸易的第5类。我国国家统计局在1984年首次对产业进行划分时，也将教育分在第三产业的第三层次。既然高等教育具有产业属性，那么依据产业组织的相关理论分析高等教育的竞争模

---

① ［美］德里克·博克：《美国高等教育体制》，载《外国教育资料》1990年第5期。

② ［美］克拉克·克尔：《新一轮争创一流名牌大学的竞争》，载《国外高等工程教育》1993年第4期。

③ 孙喜亭：《教育具有"产业"属性，但教育不是"产业"》，载《高等教育研究》2000年第2期。

式及可行的竞争政策，在理论上是说得过去的。

　　作为微观经济学的一个分支，产业组织理论侧重于从供给角度研究单个产业内部的市场结构、市场行为和经济绩效之间的关系。为了研究市场结构对资源配置的影响，产业组织理论将市场分为完全竞争市场、垄断竞争市场、寡头垄断市场和垄断市场四种形式。所谓完全竞争市场，指竞争充分而不受任何阻碍和干扰的一种市场结构。这种市场有以下几个方面的特征：第一，市场主体数量多，规模小。在一个行业或一个市场中，不管一家企业规模多大，它只能供应市场总供给量的很少一部分。买者数量同样众多，任何一家买主，其购买量在市场总购买量中都微不足道。在这种情况下，任何一家企业都绝不可能通过改变产量的方式来影响价格。第二，产品无差别。一个行业是由生产同类产品的企业组成的，所有企业为市场提供的产品都是同质的，没有任何性能、质量、外观、服务等方面的差别。第三，企业自由进入市场、退出市场，没有任何进退壁垒或障碍。第四，获取利润最大化的目标。所有企业市场竞争的目标就是利润最大化，此外没有其他任何目标。第五，没有任何政府管理。政府不以关税、津贴、生产限额或需求限额等任何手段干预市场。第六，生产要素具有完全的流动性。在一国经济中，生产要素可以从任何一家企业自由转移到另一个企业中去。劳动力可自由调换工作，原料、技术、资金等要素完全自由地流动，工人也不组织工会。第七，完全的信息。买卖双方完全了解市场状况，不但了解现行状况，也了解市场的未来状况，信息不需要任何代价就可以获得。

　　垄断竞争市场是一种介于完全竞争和完全垄断之间的市场组织形式。在这种市场中，既存在激烈的竞争，又具有垄断的因素。其主要特征有：第一，在生产集团中有大量的企业生产有差别的同种产品，这些产品彼此之间都是非常接近的替代品。产品差别不仅指同一种产品在质量、构造、外观、销售服务条件等方面的差别，还包括商标、广告方面的差别和以消费者的想象为基础的虚构的差别。第二，一个生产集团中的企业数量非常多，以至于每个厂商都认为自己行为的影响很小，不会引起竞争对手的注意和反应，因而自己也不会受到竞争对手的任何报复措施的影响。第三，厂商的生产规模较小，因此，进入和退出一个生产集团比较容易。

寡头垄断市场指由少数几家厂商控制整个市场的产品的生产和销售这样一种市场组织。相关市场只有几个竞争者，产品有差别但差别不大，生产厂商对价格有相当的控制度，且进出这一相关市场相当困难。

垄断市场是指相关市场上只有一个生产厂商的市场组织。其主要特点有：第一，市场上只有一个厂商生产和销售商品。第二，该厂商生产和销售的商品没有任何相近的替代品。第三，其他任何厂商进入该行业都极为困难或不可能。垄断市场排除了任何的竞争因素，独家垄断厂商控制了整个行业的生产和市场的销售，所以，垄断厂商可以控制和操纵市场价格。

以克拉克为代表的经济学家运用 SCP 理论对上述四种市场结构的资源配置效率进行了分析。这里的"S"是指市场结构，具体包括：（1）生产者与需求者的集中程度；（2）产品差异程度；（3）市场进入条件；（4）市场透明度。"C"指市场行为，即生产者在市场上相互之间和对需求者一方所采取的行动、经营方针和策略，具体包括：（1）企业计划、规定价格和产量方面的目标和方法；（2）企业的产品政策；（3）企业的销售策略；（4）调整和相互适应竞争者的价格、产品和销售策略的手段。而"P"则指市场结果或市场绩效，指企业在市场竞争中所获得的最终成果的总和，具体标志包括：（1）生产的相对技术效益；（2）与长期边际成本和长期平均成本相关的销售价格水平，以及由此产生的利润率高度；（3）一个部门的产量水平；（4）与狭义的生产成本相关的销售成本；（5）产品的水平、状况，包括外形设计、质量水准以及供给弹性等；（6）整个部门的技术水平，如新产品的开发、生产方法的创新、技术进步的成本耗费及由此带来的效益等。

SCP 理论表明，市场结构、市场行为对市场结果都有直接作用，如高度的市场进入限制，与中等的和较低的市场进入限制相比，对市场结果具有负面影响；通过高度市场进入限制得到保护的高度集中的生产部门比带有中等程度市场进入限制的高度集中生产部门，一般说来会导致更为糟糕的市场结果。因此，为了保护有效竞争，获得令人满意的市场结果，必须运用竞争政策对市场结构和市场行为进行干预。SCP 理论对市场结构、市场行为、市场结果的具体测定及对三者关系的揭示，确定了有效竞争的标准，为制定合理的竞争政策提供了依据。

## 二、分类竞争：高等教育可选择的竞争模式

产业组织理论中的 SCP 理论，为高等教育竞争模式的选择提供了有益的参考。在现实生活中，完全竞争市场根本不可能存在，垄断市场也非常少，市场的常态是垄断竞争与寡头垄断。高等教育市场也是如此，一个国家的领土面积再宽，高等教育机构数再多，也不可能构成一个完全竞争市场。当然，如果一个领土面积很小的国家，很有可能只有一所大学，从而构成垄断市场。但就绝大多数国家而言，高等教育市场是一个垄断竞争市场。在这个市场中，每所学校的规模、办学宗旨、教学内容、图书资料、地图位置、学费标准都有差异，但谁也不能对该市场的价格、产品产生决定性影响，所以，大学之间的竞争是客观存在的：既有同类型、同层次、同水平大学之间的竞争（简称为横向竞争），也有不同层次、不同类型、不同水平大学之间的竞争（简称为纵向竞争）。当然，横向竞争比纵向竞争更激烈。从经验层面观察，横向竞争也是最值得在政策层面予以鼓励的，因为只有水平相当的竞争对手的竞争才是最有意义的。由此我们提出高等教育"分类竞争"概念。

所谓分类竞争，就是按照一定的标准（根据一定的指标体系）将高等教育机构分成若干层级，每一个层级都由一定数量的、实力相当的高等教育机构组成，每一个层级成为一个相对独立的教育市场，国家根据国民经济和社会发展的需要，对不同的教育市场提出不同的要求，将教育资源以项目的形式配置给不同的市场，通过市场机制即竞争机制为各个高等教育机构分配不同的教育资源。

分类竞争是一种有限竞争。这种模式的有限性主要体现在政府必须将高等教育市场划分为若干子市场。这种市场划分体现着国家意志。当然，体现着国家意志的市场划分并不一定得由政府亲自出面，社会中介组织完全可以信任该项工作。分类竞争是一种动态竞争。虽然子市场的划分相对来说是比较固定的，但对一个具体学校而言，它参与何种市场之中的竞争是不固定的。处于一个子市场的学校如果符合另一个子市场的竞争条件，那么它可以通过一定的程序进入另一个子市场。

第一，分类竞争是提高高等教育资源配置效率的需要。高等教育的分类发展可以避免有限教育经费的浪费。近十年来，随着我国高等教育规模的不断扩大及国家对高等教育投入的逐步加大，高等学校的竞争日趋激烈。不少大学都提出了要把自己办成世界一流大学、世界高水平大学的口号，为此，到处"攻关""寻租"：没有硕士点，想方设法做工作；没有博士点，想方设法去突破；对教师施加不切实际的科研压力。总之一句话，有条件要上，没有条件创造条件也要上。虽然对每个高校的竞争行为，特别是努力改善自身办学条件的努力不可一概否定，但不管是具体的高等学校来说，还是从整个社会来说，高等教育资源是极其有限的。那种不顾自身实际条件，不考虑自己的办学特色，一味追求大而全，盲目追求发展水平和发展速度的行为，不仅浪费了社会的教育资源，也浪费了学校的有限资源（西方公共选择理论认为，寻租会导致社会资源的浪费）。在某种程度上，可能也浪费了教师资源。而分类竞争是高校竞争行为的指南，给高校指明了大致的发展方向，可减少竞争的盲目性和无序性，有助于将有限的资源（不管是整个社会，还是学校层面）发挥最大的效用。

第二，分类竞争是提高高等教育国际竞争力的需要。高等教育的国际竞争是高水平竞争，在某种程度上来说，主要是科学研究水平与人才培养水平的竞争。但科学研究并不是每个高校都能完成的任务。西蒙·施瓦茨曼在《大学的科学活动》一文中曾坚定地指出："科学研究在高等教育系统中占中心地位的思想观念不符合历史的事实。历史的事实是：两者重叠是成问题的，常常只在少数名牌大学中出现。如果不对此进行历史的和经验的正确分析，就有把观念形态当作现实，或忽视高等教育系统和以科学研究为己任的其他机构所完成的其他职能的危险。"① 另外，高等学校具有人才场效应，即越是有声望的高校越能吸引优秀的人才，而声望低的学校，即使许以高薪高位，也难以吸引顶级人才，也难以组建高水平的研究团队。所以，校校重科研、人人搞科研是不符合高等教育发展规律的。这样分散了资源，不利于应对国际竞争的需要。而分类竞争有利于科研力量的整合，有利于更快地提升高等教育的国际竞争力。

关于高校分类的必要性，学术界的观点较为一致，其理论依据是大学是多样化的而且应当多样化。至于如何分类，不同学者有不同的观点，不同的国家也有不同的做法。美国卡内基基金会习惯按照学校的学位授予权限进行分类，把高校划分为授予博士学位大学、授予硕士学位大学或学院、授予学士学位学院、授予准学士学位学院等；德国高等学校大致分为综合大学、应用科学大学和艺术学院与音乐学院三种类型；英国高等学校的类型分为一般大学、多科技术学院、开放大学、单科学院和教师进修学院等，对大学又分为古典经院式大学、独立学院制大学、维多利亚式大学、新大学和新新大学等；法国高等学校主要分为综合性大学、高等专业学院、短期技术学院和传统的教育机构等。②

中国是一个大国，领域面积极宽广，人口众多，高等教育机构也数量众多，所有高等教育机构都举办同类型的教育服务是不理性的，所以必须分类。1993年《中国教育改革和发展纲要》就比较明确地提出高等教育要分类发展："制定高等学校分类标准和相应

---

① ［美］伯顿·克拉克：《高等教育新论》，王承绪等译，浙江教育出版社2001年版，第217—218页。

② 张彦通、赵世奎：《高等教育分类办学的多元价值分析》，载《教育研究》2008年第12期。

的政策措施，使各种类型的学校合理分工，在各自的层次上办出特色。"《国家中长期教育改革和发展规划纲要（2010—2020 年）》再次提出要"建立高校分类体系，实行分类管理"。

事实上，我国大学的分类工作早在 20 世纪 50 年代就已经开始，迄今为止，至少有以下几种分类方法：

（1）全国重点高校和一般高校。我国有两类重点大学，一类是政府于 1954 年、1959 年、1960 年、1978 年确定的全国重点大学。到 1981 年底，全国共有 97 所高校被确定为重点高校。另一类是经国家计委批复立项列入"211 工程"建设项目的高校，这类高校原来有 99 所，后有 8 所被调整和合并，现在实际上为 91 所。[①]这两种意义上的重点高校虽然有很大一部分相重合，但也不完全一致。这种分类方法虽然确保了某些高校的重点发展，在某个特定的时间内满足了国家重点建设的需要，带动了全国高等教育的发展，但在另外一方面也从某种程度上挫伤了其他高校的办学积极性，不利于高校之间的竞争，影响了教育资源的合理分配和有效利用。

（2）按学科门类划分各高等学校。1952 年，我国确定了以学科为主线条的大学分类标准，即全国高校主要分为综合大学、理工院校、农业院校、林业院校、医药院校、师范院校、语文院校、财经院校、政法院校、体育院校和艺术院校。这是一种按学科给高等教育分类的方法，这种分类适应了计划经济体制的要求。但是由于大部分高校学科单一、文理分家、小而全，因而不利于人才的培养和学科的交叉融合，不利于边缘学科的产生及综合性重大科研成果的突破，不利于各高校凸显自己的特色，不同学校同一专业的学生可替代性太强。2000 年以来，我国政府对全国高校进行了大规模的合并重组，从根本上改变了 1952 年以来形成的以专业学院为主体的高等教育体制，建立了以多科和综合大学为主体的高等教育体制。

（3）按隶属关系或管理权限进行分类。根据这一标准，我国

---

① 载《中国教育报》2001 年 6 月 6 日第 6 版。

普通高等学校被分为国家教育部所属、中央各专业部委所属和地方政府所属三类。

上述由政府主导的大学分类，主要是从政府的角度而不是从市场（即消费者）的角度出发的，虽然客观上起到了办学形式多元化的效果，但划分标准并不明确和具体，有些划分如"985 学校"、"211 工程"学校属于政治协商的产物，所以，无论哪一种划分方法都无法判别一所大学在国家整个高等教育体系中的位置，也无法准确描述高等教育的布局、结构和规模，所以不利于展开真正的竞争，反而在某种程度上影响了中国高等学校获得办学资源的平等性，影响了中国大学之间的公平竞争。正如香港大学副校长程介明教授所指出的："传统的等级分配资源的哲学引起了不平等，某些大学是根据它们过去的声誉和被期待的贡献，而并不是根据它们当前的表现，得到（资源分配）中的优先权。……第一种不平等由地方经济的不平衡所引起……第二种不平等深深地植根于'重点大学应该得到较大份额的国家分配资金'……这样一种传统。"①

显然，我国迫切需要一个既适合国情又顺应世界高等教育发展潮流，既满足国家利益需要又符合高等教育发展规律的高等学校分类标准。这种分类不应以方便政府管理为目的，而应以促进高等教育公平竞争为目的。因为分类竞争的目的，"是在具有相同特点的大学之间引入竞争机制，通过发挥横向比较和政府对办学资源配置的导向作用，使各类大学做到分工明确、定位准确，形成各自不同的办学特色，以引导大学更好地分级分类办学，最大限度地发挥高等教育资源的效益。"② 目前，有许多研究机构正在研究我国的大

---

① Lene Buchert and Kenneth King（ed.），Learning from Experience：Policy and Practice in Aid to Higher Education，CESO（Centre for the Study of Education in Developing Countries），1995，206.

② 安心：《大学分类制度，影响大学发展的一个重要瓶颈：兼论我国大学分类的利弊》，载《国家教育行政学院学报》2005 年第 4 期。

学分类，有些研究成果如广东管理科学研究院武书连研究员课题组根据学科比例和科研规模对大学进行的分类已经在高等教育界、广大消费者中产生了一定的影响。政府可以在借鉴这些成果的基础上，在各大学的办学目标基本稳定的情形下，建立新的大学分类制度，将我国的高等教育市场细分为几个相对独立的市场，并为每一个相对独立的市场制定竞争规则。

### 三、分类竞争与高等教育公平

教育公平是现代各国教育制度的一个重要价值取向，是社会公平价值在教育领域中的反映和体现。教育公平包括教育市场公平、社会公平和观念公平等几个层面。所谓教育市场公平，是指教育市场机会平等、交易平等、竞争平等，而教育社会公平是指教育财富占有平等和分配的平等。教育市场公平以教育资源最优配置为基本价值取向，属于教育过程层面的公平。教育社会公平以教育内部秩序的稳定为基本价值取向，属于教育结果层面的平等。教育观念公平，则是对教育市场公平和教育社会公平的一个主观价值判断。教育公平具有历史性和阶段性。原始社会与奴隶社会的教育公平属于社会公平，封建社会以后的教育公平以市场公平为主、社会公平为辅。义务教育阶段的教育公平以社会公平为主，非义务教育阶段的教育公平以市场公平为主，兼顾教育社会公平。①

高等教育公平是高等教育发展到一定历史阶段而产生的思想观念。在精英教育阶段，尽管只有极少数人能够接受高等教育，但长期以来人们并不觉得这种现象不公平，即使在高等教育经费全部由国家负担的年代也是如此。只有到了国家实施高等教育大众化、普及化政策吊起了人们接受高等教育的欲求，而无论是国家财政还是社会办学资源都无法满足这种需求之时，高等教育公平才成为全社会所关注的问题。现在，高等教育公平已经成为当代社会人们评价高等教育政策或高校行为或完善高等教育制度的常用标尺，并且有

---

① 郑晓鸿：《教育公平界定》，载《教育研究》1998 年第 4 期。

很多制度或政策如高等教育收费制度、高考加分政策等招致了公平性质疑。

那么，分类竞争是否有悖于高等教育公平这一主流价值呢？表面上看，混合竞争，即不管高等学校的类型，每个学校都有权竞争全部高等教育资源是最公平的，因为它符合公平原则的最基本含义：机会公平。而分类竞争的前提，就是要对高等教育机构按照一定的标准进行分类。这种分类的目的在某种意义上就是为了实施差别政策，所以，很有可能被有些人认为是不公平的。但事实上，以大学功能为基础进行分类竞争，不仅不会影响教育公平，反而能兼顾高等教育的市场公平与社会公平，促进高等教育公平的实现。

第一，不管人们对高等教育公平的含义作何种理解，有一点所有的人都会赞成，即高等教育机会应当向所有人开放，即不管其家庭条件、性别、年龄、地区、种族、民族、信仰，每个人都有机会接受高等教育。当然，这种理想的实现是有条件的，这个条件就是必须有足够的机构来为人们提供高等教育服务。经济学原理表明，如果且只有在市场不存在人为设置的进入障碍，即市场是可自由竞争的条件下，这种供给才是充分的。所以，高等教育自由竞争是实现高等教育公平的重要前提条件。而作为制度形态的分类竞争政策，正是保障高等教育市场自由竞争的政策。

第二，不管人们承认不承认，也不管人们能否准确地进行测量，人与人之间的差异客观存在。基于此，高等教育公平就不应当理解为每个人都应当有同等机会进入同一所大学（毫无疑问这在任何情况下是不可能的），或每个人都有同等机会进入同种类型、同一层次的大学，而应当理解为每个人都有机会接受与其能力相当的大学教育。分类竞争正好符合"公平的教育应该使每个人特有的能力得到发展"这一公平教育理念的要求。

第三，分类竞争是对现行不利于高等教育公平政策的矫正。"高等教育是制度文明的产物，高等教育发展问题以及公平问题的解决必须依靠制度的完善才能实现，目前我国高等教育领域出现的非公平现象大多源于高等教育的制度性障碍。"① 这些制度性障碍，有其自身的惯性，不依靠外力作用很难自动消除。分类竞争，属于国家以促进公平竞争为导向的强制性制度变迁，直接针对现行不公平的教育制度，因而对于高等教育公平有直接的促进作用。

第四，分类竞争是动态竞争。分类竞争中的分类不是封闭的、僵化的，而是开放的、滚动的。它具有阶段性。分类竞争中的分类依据是某一阶段各大学的功能地位与实力。竞争过程可能会改变一所大学的实力和地位，分类竞争考虑到了这种可能性，并以其动态性回应这种可能性，体现了高等教育的市场公平。

第五，分类竞争并不妨碍国家为了实现教育公平而支持经济落后地区高等教育的发展。高等教育的地区发展不平衡源于自然或历史原因，通过国家资源改变这种不平衡的现状，不仅不违背公平竞争原则，反而有利于公平竞争的促进。事实上，随着国家西部大开发战略的实施，国家已经实施了一些促进西部地区高等教育水平提高的措施。譬如，在学科点建设方面向西部地区倾斜、在国家社科基金项目评审方面单列西部项目、在教育部公派出国方面单列计划等。国家为了实现教育公平支持落后地区高等教育的发展与分类竞争并不矛盾。

## 四、分类竞争与教育主权

### （一）高等教育竞争对教育主权的影响

教育主权是一国自主地处理本国教育事务以及独立地处理与别国进行教育合作事务的权力，是国家主权在教育上的具体体现，是包容于国家主权之内的涉及如教育事项的立法、行政、司法的最高权等教育问题的最终决定权。教育主权包括教育立法权、教育投资权、学校审批权和教育监察权。教育立法权是指教育行政机关在法

---

① 张应强、马廷奇：《高等教育公平与高等教育制度创新》，载《教育研究》2002 年第 12 期。

定职权范围内享有的制定法律规范的权力。教育投资权是指教育行政部门根据教育事业的发展，对教育上的投资所具有的决定权和管理权。学校审批权是指教育行政机关对哪些组织和公民可以举办学校的主体资格认定的权力。教育监察权是指教育行政部门对教育事业进行领导、管理和监督的权力。①

　　高等教育竞争对教育主权的影响，源于境外教育机构对本国教育事务的介入。境外教育机构介入本国教育事务，是经济全球化背景下服务贸易自由化，各国教育、科学、文化合作不断加强的产物。在全球化背景下，境外教育机构介入本国教育的方式主要有四种：跨境支付（cross border supply），也称跨境贸易（cross border trade），境外消费（consumption abroad），商业存在（commercial presence），自然人流动（presence of natural persons）。跨境支付即受教育者不离开本国，而是通过网络接受外国教育机构提供的教育服务，主要表现为远程教育、在线学习、虚拟大学等。境外消费指受教育者到教育供给者所在国进行学习，主要形式为出国留学；商业存在是指办学者在另一国设立办学机构或商业设施；自然人流动指人员到另一国提供教育服务。在这四种方式中，跨境支付具有超越时空的特点，很容易绕过本国教育管理体制，因而其对教育主权产生影响的可能性是最大的。而商业存在与自然人流动，本质上仍属于本国的教育活动，要受本国教育法律法规的管辖和约束，所以，它们影响教育主权的可能性相对来说要少一些，而且这种影响更主要的会表现在观念层面上，即本国传统的或主流的文化观、价值观受到异域文化与价值的冲击。至于境外消费，因受教育者相对分散，所以其对教育主权的影响是最少的。

　　尽管境外机构介入本国教育事务可能会对一国的教育主权产生影响，但这种影响仍然具有间接性。真正直接影响一国教育主权的应当是 WTO 规则。WTO 作为一个国际组织，是由主权国家通过契

---

　　①　马焕灵、荣雷：《论教育主权》，载《教育理论与实践》2006 年第 6 期。

约方式建立起来的。自从它被建立的时候起，它就作为一种异化于主权国家的实体而独立存在，并反过来对主权国家的权力进行某种程度上的限制。WTO 规则限制一国教育主权的主要法律规范，是WTO 的基本原则如透明度原则、国民待遇原则、最惠国待遇原则与《服务贸易总协定》。透明度原则、国民待遇原则、最惠国待遇原则等对成员国的立法方式与立法内容（教育立法权）进行了限制，如透明度原则要求成员国及时公开教育服务方面的法律法规，为教育服务提供者创造公平的竞争环境。国民待遇原则要求每一成员在影响教育服务提供的所有措施方面给予任何其他成员的服务和服务提供者的待遇，不得低于其给予本国同类服务和服务提供者的待遇。如果成员国的教育立法违反了这些基本原则，将受到 WTO 的惩罚。《服务贸易总协定》是直接约束成员国教育服务贸易政策的规则。它涵盖了 12 个服务部门，教育服务是其中之一，而高等教育服务又是教育服务的五个分部门之一。所以，《服务贸易总协定》所确立的有关服务贸易规则也适用于高等教育服务贸易。我国于 2001 年加入 WTO，并对教育服务贸易做出了承诺，除军事、警察、政治、党校等特殊领域的教育和义务教育之外，在初等、中等、高等、成人及其他教育服务 5 个项目上，允许外方提供教育服务。这种承诺虽然只是一揽子协议的一部分，但从另一个角度考察，也是应对国际教育竞争、提高我国教育国际竞争力的需要。为此，在某些方面接受教育主权的限制是必要的。

## （二）教育主权维护与分类竞争

教育主权涉及国家的基本政治文化经济利益，是每一个主权国家都必须坚决维护的基本权益。[①] 我国政府在加入《服务贸易总协定》时，已经充分考虑了各种境外介入方式对教育主权可能产生的影响，因而对承诺内容作了审慎选择和限制。

---

① 潘懋元：《教育主权与教育产权关系辨析》，载《中国高等教育》2003 年第 6 期。

高等教育是极其敏感的部门，大多数成员仍对高等教育服务贸易采取审慎的态度，通过实施保护政策来维护本国的教育主权，实现本国的教育目标。所以，目前对高等教育服务贸易自由做出承诺的国家仍然不多。到 2007 年为止，只有 39 个国家（欧盟算作一个国家）在不同程度上同意自由化准入其高等教育服务部门。我国也没有在《服务贸易承诺减让表》中承诺给予"跨境支付"高等教育服务以市场准入与国民待遇。[①] 不过，国家对高等教育商业存在是持鼓励和支持态度的。《中华人民共和国高等教育法》第 12 条第 2 款规定："国家鼓励和支持高等教育事业的国际交流与合作。"《中华人民共和国中外合作办学条例》第 3 条规定："国家鼓励引进外国优质教育资源的中外合作办学。国家鼓励在高等教育、职业教育领域开展中外合作办学，鼓励中国高等教育机构与外国知名的高等教育机构合作办学。"所以，境外高等教育机构的商业存在在我国可能较为普遍。同时，因为《服务贸易总协定》以"促进服务贸易逐步自由化"为宗旨，所以，今后关于服务贸易自由化的谈判有可能将继续进行，境外机构介入高等教育的力度可能会逐步加强。虽然境外资源介入高等教育并不必然会影响教育主权，但潜在可能性仍然存在，采取适当的预防措施是十分必要的。

分类竞争以促进竞争、提高我国高等教育的国际竞争力为宗旨，有助于在一个开放的教育市场中一国教育主权的维护。首先，分类竞争是以功能为基础的分类。一般来说，对教育主权的影响很可能发生在人才培养领域，而在社会服务和科学研究领域中对主权的影响可能很少，分类竞争有利于我国在开放教育市场的时候，根据境外机构介入高等教育的功能类型进行分类监管。其次，教育主权的维护与一国教育实力的大小密切相关。一国教育发展成败的关键在于其教育实力的高低。教育主权的维护在某种程度上依赖其教育国际竞争力的提高，所以提升内力是维护教育主权的法宝。而分类竞争的出发点和归宿就是为了提升我国的教育国际竞争力。

---

① 韩秀丽：《跨国高等教育的国际法规制》，载《比较教育研究》2007年第 11 期。

# 第三章　法律在促进高等教育竞争中的作用

## 第一节　高等教育与法律关系的历史考察

### 一、高等教育与法律的相对分离

两千多年以前，古希腊学者亚里士多德就强调，教育"应由法律规定，并且应属于国家的事务"。① 可见教育与法律的关系很早就引起了人们的关注。近代著名思想家孟德斯鸠在《论法的精神》中也曾指出："教育的法律是我们最先接受的法律。"② 19 世纪末，德国学者施泰因也曾倡导国家运用法律手段对教育事业进行干预，主张国家以立法形式对教育进行管理。③ 尽管如此，在 20世纪中叶以前的大部分时间里，法律与高等教育并无太多的直接联系，两者基本上处于一种相对分离的状态：国家的法律不直接适用于高等教育机构，高等教育机构的内部事务由学校管理，高等教育机构中的内部纠纷、学生与学生之间的纠纷、学生与教师之间的纠纷，抑或是学生与学校、教师与学校之间的纠纷，也不管是学术纠纷还是非学术纠纷，都由学校全权处理，政府无权过问。即使是学

---

① 转引自张焕庭：《政治论——西方资产阶级教育论著选》，人民教育出版社 1964 年版，第 562 页。

② ［法］孟德斯鸠：《论法的精神》（上册），张雁深译，商务印书馆 1961 年版，第 29 页。

③ 参见周光礼：《法律制度与高等教育》，华中科技大学出版社 2005 年版，第 6 页。

校与外界的纠纷，哪怕是日常经济活动中的纠纷，也由教会或国王特别授权，由大学全权审理。如 1158 年，教皇弗雷里克一世为波洛尼亚大学发布谕令："大学教授有裁判权，凡外人与大学诉讼时，均由大学审理。" 1200 年，巴黎大学获得的一项特权规定："城市居民须维护大学生的权益，市民不得将变质肉卖给学生，不得在啤酒内掺水，不得缺斤短两，违者亦由大学法庭加以审查。"①

　　法律与高等教育保持较远的距离，首先，是由欧洲当时的政治斗争格局决定的。近代大学起源于中世纪的欧洲，而活跃在中世纪欧洲政治舞台上的主要政治力量是代表精神世界的教会与代表世俗世界的王室。这两支力量有时相互依存，有时又互相斗争。为了巩固和扩大自己的势力范围，两支政治力量都建有自己独立的法律体系和裁判机构。因当时的大学数量少、规模小，社会影响不大，对权力斗争格局影响不大，所以，无论是教会还是世俗政府，都觉得没有必要将大学纳入自己的势力范围。其次，高等教育活动自身的特质也是法律远离高等教育的重要原因。高等教育"以穷尽人类社会以及宇宙的一切真理为己任，形成科学的知识、观念以及科学的方法，拓展人类的发展能力和发展空间。它以多种专业知识领域为基础，实行正义、能力和自由的发展空间"，是一个"具有自身演化、发展规律和内在逻辑的独立系统"，"任何来自于外部的强制和干预都无助于高等教育的发展，只能是或拔苗助长或彻底摧毁。因此，人们基于对高等教育发展规律性的认识，强调'教育中立性（neutrality scolaire）和禁止一切教化（indoctrination），实行教育活动的自律性和独立的教育行政'"。② 最后，高等教育活动参与者的素质也是法律远离高等教育的重要原因之一。高等教育机构由"一批掌握社会智慧和道德水准的知识分子"组成，其管理

① 滕大春：《外国教育通史》，山东教育出版社 1989 年版，第 136—137 页。

② 陆兴发：《中国高等教育办学自主权问题的研究》，东北师范大学博士学位论文 2002 年 3 月，第 83 页。

者与教员具有超出常人的特殊品德，"有能力洞察事物的发展规律，正确地决定行止"，① 所以对高等教育事务进行监管在很大程度上是不必要的。

当然，即使是在中世纪，法律与高等教育的分离也不是绝对的。在中世纪大学发展历史上，教会和君权势力对大学进行干预和控制，包括法律干预和控制的事例也时有所见。如 1224 年，弗雷德里克二世颁布特许状，规定那布勒斯大学的所有教师、学生和课程类型都要在政府的统治之下；1446 年，法国国王查理七世废除了巴黎大学的司法特权，将大学的民事诉讼统统交给高等法院管辖；1499 年，国王路易十二废除了巴黎大学教师的停课权和教师、学生作为"教士"身份享有的民事、刑事审判豁免权。② 就连极力主张大学自治的现代教育强国美国，在其建国初期，也曾围绕政府是否有权对高等教育进行管制发生过激烈冲突。以"独立宣言"起草者杰佛逊为代表的政治家从国家利益出发，呼吁国家干预高等学校，并着手过问和整顿殖民地时期原有的学院，这种主张遭到旧学院办学者的强烈反对和抵制。这种干预与反干预的冲突，最后上升到了司法层面。1816 年，新罕布什尔州政府与达特茅斯学院董事会就美国建国前最早建立的九所"常春藤盟校"之一的达特茅斯学院的控制权对簿公堂。

总体考察，在第二次世界大战之前，各国对高等教育的干预是非常谨慎的，立法者与行政机关很少对高等教育机构施加责任或义务。司法机关也高度尊重高校对其学生与教职员工的内部管理。

## 二、法律对高等教育的渗透

大约从 20 世纪 60 年代开始，随着高等教育机构与教育项目的

---

① William A. Kaplin；Barbara A. Lee. The Law of Higher Education. Jossey - Baww A Wiley Imprint.，2006. p. 9.

② 龙献忠：《治理理论视野下的政府与大学关系研究》，湖南大学出版社 2007 年版，第 89 页。

不断增多，政府对高等教育的干预逐步加强，法律与高等教育的关系发生了革命性变化：学生、教员与其他雇员开始不断对学校提出诉讼，法律在校园中发挥的作用越来越重要，也越来越明显。一方面，调整一般民事关系的法律规范如合同法、劳动法、侵权法等及调整经济关系的法律规范如税法等不断侵入高等教育这一自治领地；另一方面，大多数国家出台了专门调整高等教育关系的高等教育法。如美国于 1965 年制定了《高等教育法》并在 1968 年和 1972 年对其加以修正，形成了两个修正案；法国于 1984 年制定了《法国高等教育法》；英国于 1988 年制定了《教育改革法》。高等教育基本法对高等教育的目的、性质和原则及其他关于高等教育公共资源的重大问题作出了规定。如《法国高等教育法》共分 6 部分 69 条。第一部分主要规定了高等教育的含义、性质、任务以及实施高等教育的基本原则。第二部分规定了法国公共高等教育各阶段的入学资格、培养目标及其管理。第三部分规定了法国公立高等学校的法人资格及其权利义务、学校的设置程序以及不同种类公立学校的管理体制、学校内部各种委员会的组成与财务制度等。第四部分至第六部分就受教育者、教育人员、中介机构等问题作了规定。除基本法外，各国政府还制定了单项性立法。如美国制定了《高等教育设施法》《职业教育法》《初高等学校教育法》《人才发展培养法》《国际教育法》《职业教育发展法》等；日本制定了《国立学校设置法》《国立学校特别会计法》《学校教育法》《大学设置基准》等；澳大利亚制定有《高等教育财政法》《2003 高等教育支持法》等。此外，还有大量的实施条例或细则及中央或政府教育行政管理部门颁布的规章。

　　法律向高等教育领域的渗透，主要有以下几个原因：①

　　第一，受教育权作为基本人权的确立。在只有少数人能够接受高等教育的时代，高等教育被视为一种特权，这是法律与高等教育

---

　　① William A. Kaplin; Barbara A. Lee. The Law of Higher Education. Jossey - Baww A Wiley Imprint. , 2006. pp. 3 - 4.

相对分离的重要原因。从 18 世纪开始，随着各国对教育的重视，受教育作为一种权利观念开始进入学者的研究视野与政府的工作议题，并在部分法律文件中得到了体现。1793 年，《雅各宾宪法》首次对受教育权作出了明确规定："人民享有受教育权、工作权和接受社会救济的权利。"第二次世界大战以后，受教育权开始进入国际法领域。《联合国宪章》《世界人权宣言》和《经济、社会、文化权利国际公约》都有确认和保护公民受教育权的内容，如《世界人权宣言》第 26 条主张"人人都有受教育的权利""高等教育应根据成绩而对一切人平等开放"。目前，受教育权已成为当代各国宪法和法律所保障的公民基本权利之一。为了保障人们有接受高等教育的机会，各国政府通过立法不断增加高等教育经费投入，建立更多的高等学校。接受高等教育的人越多，高等教育的特权观念也就随之淡化，高等教育的豁免权也就失去了依据。高等教育活动也像其他社会活动一样，受国家法律的调整。另外，接受高等教育权作为一种基本人权，如果受到了侵犯，国家有义务提供救济措施。这是法律渗透到高等教育领域中的政治、法律原因。

第二，高等教育机构面临的经济压力越来越大。随着高等教育事业的发展及高等教育竞争的逐步加强，高等教育机构对政府资助的依赖性也逐步加强。高等教育机构对政府资助的依赖，动摇了高等教育机构的政治中立性：高等教育机构越来越多地接受政府的干预和指导。另外，高等教育机构面临的经济压力导致资源竞争，并因此使与基金、薪水、预算有关的争端发生的可能性增加。同时，经济压力刺激了作为替代性收入来源的企业性活动的增多。高校教师的企业性活动使他们与其所属机构的传统关系变得紧张，而高等学校自身的企业性活动将它不断地推入商业性市场并使他们遇到的法律诉讼的可能性增加。

第三，随着高等教育大众化的推进，高等教育成本分担制度的广泛实施，市场经济体制对个人利益、自由、要求、主张的重视，高等教育的服务产出观为越来越多的人所认同，学生消费者第一的观念逐步深入人心。随着高等教育从卖方市场向买方市场转变和教育消费主义的产生，学生的权利意识，特别是作为民事主体的权利意识逐步增强，学生与学校之间的法律纠纷越来越多。

# 第二节 法律在促进高等教育竞争中的作用

从第一节关于法律与高等教育关系的探讨来看，法律对高等教育的介入，首先是基于政府对高等教育管理与控制的需要。不过，即使是管理性高等教育法律、法规，也具有促进高等教育发展的功能，因为，高等教育的发展与社会经济发展基本上是同步的，法律必须为高等教育适应社会经济的发展提供指南。本节拟从促进高等教育竞争的角度，对西方国家高等教育立法的作用进行简要回顾。

## 一、法律在促进英国高等教育竞争中的作用

英国是世界高等教育强国之一。尽管英国人长期以来坚守自由主义、学术自治的信条，对高等教育奉行不干预政策，但现代英国高等教育的发展离不开英国政府的协调和支持。自 20 世纪 60 年代开始，英国政府对本国高等教育现状的调研、对英国高等教育和其他国家高等教育的比较、对未来高等教育发展趋势的预测和设想，一直没有间断，并形成了两个对英国高等教育发展具有重大影响的报告：《罗宾斯报告》（1963）和《迪尔英报告》（1997）。同时，英国政府高度重视通过法律手段来保证报告中提出的目标与设想能够得到贯彻和实现。据有关学者统计，20 世纪 60 年代以来英国发布了 20 多个高等教育法令。[①] 所以，法律在促进英国高等教育体制转换与高等教育竞争方面起了非常重要的作用，主要表现在以下两个方面：

第一，通过法律手段推动高等教育大众化的进程。英国大学虽然有 800 多年的历史，但长期以来，英国大学奉行的是精英教育路

---

① 张建新、陈学飞：《英国高等教育改革法述评》，载《清华大学教育研究》2004 年第 2 期。

线，所以，大学并不多。1963 年，英国才有 24 所大学。迫于社会、政治、经济等各方面变革的压力，20 世纪 60 年代，英国政府成立了以罗宾斯为首组建的高等教育委员会，罗宾斯委员会提交了长达 335 页的《高等教育报告》，即《罗宾斯报告》。《罗宾斯报告》提出要改变传统的精英教育模式，指出高等教育的目标是为人们提供在社会生活竞争中需要的技术和才能，国家的办学方针首先是使那些有能力、有条件、有愿望接受高等教育的人获得高等教育机会。《罗宾斯报告》"开创了……英国高等教育新时代……在英国高等教育发展史上具有里程碑的作用"。① 为了落实《罗宾斯报告》提出的目标，1966 年，英国政府颁布了《关于多科技术学院与其他学院的计划》，建立了二元制高等教育体制，即把高等教育分为"自治"型大学高等教育和"公共控制"型非大学高等教育两个部分。大学部分实行"高贵"的通识教育，非大学部分实行"普通"职业教育。二元制高等教育体制的建立使英国高等教育从精英体系演变成了"精英—大众"高等教育体系，使英国接受高等教育的人数大规模增加，为英国社会经济的发展培养了大批实用型科技人才。②

第二，通过法律手段建立高等教育市场，促进高等教育竞争。在英国，"高等教育被视为一种产品或消费品，像任何一种能出售的商品一样，可以被购买、销售或者拍卖"，政府的责任就是构建高等教育机构赖以生存的"教育市场"。③ 基于此种认知，20 世纪 80 年代，英国政府一方面通过立法（1988 年《教育改革法》）明确提出了高等教育要加强与工商业界建立联系，要为经济发展服务

① 张建新、陈学飞：《英国高等教育改革法述评》，载《清华大学教育研究》2004 年第 2 期。

② 参见张建新、陈学飞：《英国高等教育改革法述评》，载《清华大学教育研究》2004 年第 2 期；刘晖：《从〈罗宾斯报告〉到〈迪尔英〉报告》，载《比较教育研究》2001 年第 2 期。

③ 田圣炳：《英国高等教育中的政府干预》，载《辽宁高等教育研究》1996 年第 4 期。

的目标，把发展高等教育的指导思想从《罗宾斯报告》的"所有具备入学能力和资格并希望接受高等教育的青年都应获得接受高等教育的机会"修正为"所有有能力并希望从高等教育中受益的人都应该有接受高等教育的机会"，另外一方面重视通过法律手段促进各类高校的竞争。1966 年建立的二元制高等教育体制虽然在促进高等教育大众化方面起了很大的促进作用，但这种体制所做的"大学与多科技术学院和其他学院之间日益严重的人为区分"不利于不同高校之间的公平竞争。为了平衡各类高校竞争发生的条件，1992 年，英国议会颁布了《继续教育和高等教育法》，废除了大学与多科技术学院的二元划分。该法规定，多科技术学院可以采用"大学"之称号，具有和大学相等之地位，享有自行颁授学位之权力。《继续教育和高等教育法》的颁布标志着英国高等教育二元制的终结，统一、公平高等教育市场的建立。

## 二、美国高等教育的发展与立法保障

美国既是高等教育大国也是高等教育强国。"作为世界高等教育发展强国和西方法律制度较完备的国家，其高等教育的形成、发展、强盛无不渗透着一种法治化力量。"[①] 法律在促进美国高等教育竞争中的作用主要有四个方面。

第一，确认了私立高等教育机构的法律地位。美国的高等教育机构从一开始就主要由私人募集资金设立。到目前为止，美国的高等教育事业仍然由私立学校主导。然而，美国私立高校的发展也不是一帆风顺的，也曾遭受过政府公权力的挑战。1819 年达特茅斯学院诉伍德沃德案就是一个例证。达特茅斯学院位于美国东北部的新罕布什尔州的汉诺威小镇，是美国著名的 8 所"常春藤盟校"之一。1779 年，首任院长去世之后，其子约翰·惠洛克接任。惠洛克是一位革命家，在美国独立战争中功勋卓著，但对学院的管理

---

① 姚云：《美国高等教育法治化演进及其特点》，载《华东师范大学学报》（教育科学版）2004 年第 1 期。

却出现了问题。其工作作风和教学风格遭到学院董事会批评，但他认为学院是他家的，不仅不虚心接受批评，而且还攻击董事会滥用学院公款、干涉学院教学。于是，学院董事会于1815年依据学校章程炒了惠洛克的鱿鱼。

惠洛克对此不满，请求州议会采取法律措施恢复其院长职位。州议会遂组成调查小组前去学校考察。校董事会向调查小组揭发了惠洛克滥用职权、损害学校利益的种种不当行为，但州议会判惠洛克获胜，并于1816年6月27日通过了一项改变达特茅斯学院性质的法律。这项法律修改了达特茅斯学院原来的特许状，把学院转为公立大学，由州长和州政府选派的监事会管理。州长认为这样做的主要理由是州政府有权决定以何种方式来管理大学。

董事会不接受新罕布什尔州议会通过的法律，拒绝结束学院的办学行为，强调任何捐赠慈善机构都拥有不可侵犯的"权利、特权和财产"。董事会的抗命带来了对他们新的惩罚：对抗命的学院董事会成员和教授每人罚款500美元。

学院董事会向州法院控告新罕布什尔州议会擅订法律，未经正当程序剥夺了他们的财产权，破坏了具有契约效力的特许状，损害了他们被宪法所保护的契约权利，要求法院宣布州议会通过的改变学院性质的法律无效。但新罕布什尔州的各级法院均站在州政府一边，判原告败诉。作出这种判决的主要理由是达特茅斯学院非私人财产，系公共机构，即使该校最初系由董事会出资创办，董事会也不能把它仅仅作为私人财产。该校具有公共性质，州政府已经继承了原有的英王殖民地帝国的一切权力和责任，作为代表公民利益的州议会有权修改原来的特许状，把达特茅斯学院改为公立大学。

学院董事会拒不屈服，案件上诉至美国最高法院。大法官马歇尔认为："法人是一个人为的、不可分的、无形的、只能存在于法律的思考中。……作为纯粹是法律的创造物，法人拥有它根据最初的特许状所转让的特权，或有明文规定，或是自其存在之日起附带而来的。此外，它还有能够最好地实现其目标的那些特性。……这其中，最重要的就是它的永久性，如果还有别的话，便是它的个体性能；被许多人恒久继承的财产权利可以被看作是同一的，看作是一个单个人的行为。这些特权和特性使一个社团能够管理自己事务，掌管自己财产……"① 达特茅斯学院案确立了美国私立高校的法律地位，保证了美国私立学院的独立和自治权以及与此密不可分的学术自由权。② 私立高校在法律的保护下快速壮大，形成了与公立高校竞争发展的局面。

第二，通过立法确保联邦政府资助高等教育机构的目标能够实现。美国属于联邦制国家。根据联邦宪法的规定，发展教育属于州政府的权利，联邦政府无权干预。但高等教育发展所面临的经济困难及各州教育机会的不平等客观上要求联邦政府对高等教育进行干预。为了解决宪法上无权及现实需要之间的矛盾，同时，也为了使美国高等教育发展符合美国社会的政治、经济发展方向，联邦政府根据美国宪法前言作出的联邦可促进一般福利的规定，主动采取联邦资助的形式引导和促进美国高等教育的发展。

美国独立之后，在 1783 年至 1787 年，国会先后颁布了几个土地法令，要求新建立的城镇留出一个地段来资助公立教育。1862年，美国制定了《莫雷尔法案》。法案规定，各州凡有国会参议员或众议员 1 人，可以获得 3 万英亩的赠地；各州应将此赠地销售收入用于支持至少一门农业科学技术课程的讲授。根据此法案，联邦将 1743 万英亩的联邦土地赠送给各州，建立了 69 所赠地学院，农业和工艺职业技术教育学院得到了极大的发展。《莫雷尔法案》的颁布使联邦政府对高等教育的拨款逐步制度化。为了加强国防，鼓励和支持教育计划的扩展与改进，满足国防的重大需要，1958 年，美国国会颁布了《国防教育法》，规定联邦政府必须拨出 10 亿多美元专款改善教育状况。《国防教育法》开创了由联邦政府直接拨款、全面扶持教育的先例。继《国防教育法》之后，1963 年美国

---

① Dartmouth College v. Woodward, 17 U. S. 518, 634 (1819).

② 任东来等：《美国宪政历程：影响美国的 25 个司法大案》，中国法制出版社 2004 年版，第 55 页。

国会又通过了《高等学校设备法》，由联邦政府向高等学校提供建设、改建和改善各种教育设施的大批资金，以促进高等教育的迅速发展，使青年一代有广泛的机会充分发展个人才智。1965 年，美国国会通过《高等教育法》，设立了旨在向州政府和高等院校提供资助以招募教师、培训教师和建立后备教师制度的"提高教师质量"项目，旨在对符合资格的高等教育机构的教学设施、校舍维修、图书馆、教师培训、系科建设、研究生院创建进行资助的"教育机构资助"项目，以向公立和私立高等学校提供定期的全面资助。该法自 1965 年 11 月 8 日完成立法后，经历了 1968 年、1972 年、1976 年、1980 年、1986 年、1992 年、1999 年、2005 年8 次重要的修订和补充、扩展。此外，为了促进教师、研究人员、学生特别是研究生与世界各国的交流，使美国的研究生教育日益国际化，吸引优秀人才接受研究生教育，并在研究生的培养过程中充分吸收国际办学经验、吸收世界先进科技和文化知识，充分实现研究生培养过程中的国际合作，美国国会还于 1946 年通过了《富布赖特法》，于 1961 年修订，改称《双边教育和文化交流法》，又于1966 年通过了《国际教育法》。

第三，保护大学学术自由。前文已经述及，联邦政府对高等学校的教学活动并不直接进行干预，所以在政府与高校之间的关系上，大学的自治水平包括学术自主权是相当高的。但在现实中，也发生了其他机构或团体侵犯学术自由的情况。譬如，在 19 世纪晚期，在社会生活中居于霸主地位的大财阀对美国大学教师的学术自由权利产生了较大影响，财阀以其不可撼动的社会地位导致一系列大学教授被解雇事件的发生。如布朗大学校长安卓斯有关自由人本位制的立场为学校董事会所不容，他被要求放弃自己的立场，至少保证不在公开场合表述自己的观点。安卓斯拒绝接受这一要求，并愤然辞职。由于在城市有轨电车所有权、东方移民政策问题上所持的观点，斯坦福大学的罗斯教授招致斯坦福夫人的不满，被迫离开斯坦福大学。同样，对铁路经纪人的批判也导致芝加哥大学的贝美斯教授离开芝加哥大学。威斯康星大学的伊利教授有关劳工问题、公司权力滥用、马克思社会主义思想的研究成果被一些人指控为蛊惑人心，煽动社会动乱。伊利先是被免去经济学联合会秘书长的职务，后又接受专门调查组的调查。为免于解除教职以及陷入其他困境，伊利接受了学校董事会的言论审查和相应的学术活动限制。[1]在这些案件中，司法机关对保障学术自由发挥了重要作用，典型案例有"伊利案"[2]和"尼尔林案"。前者是关于威斯康星大学经济学教授伊利博士发表了涉及劳工问题的文章而被校方指控为煽动公众闹事的事件。后者是关于宾夕法尼亚大学教师尼尔林在任职一年后，因校董事会推测他持有自由的社会观点而被大学开除。美国最高法院先后裁定两位教师胜诉。这些判例维护了教师的正当权益、维护了学术自由。

第四，维护高等教育竞争机制。竞争、民主、自由是美国人所普遍奉行的信条。在美国人看来，任何领域、任何形式的垄断，都与这个国家的主流价值观格格不入。所以，美国制定了世界上最早的反垄断法，并建立了健全的执法机构负责该法的实施，旨在维护自由、公平的市场竞争机制，防止经济过度集中侵害公民的财产权利甚至人身权利，确保其民主政治体制不为少数经济大亨所控制。虽然反垄断法最初是针对经济领域特别是19世纪末20世纪初的合并浪潮而制定的，但联邦司法机构并没有将其适用范围局限于经济领域，而是将其扩展至教育、医疗、科技、体育、文化等各个领域。自20世纪60年代开始，美国联邦法院受理了几起高等教育反垄断案件，虽然这些案件大都以和解方式结案，但通过反垄断法诉讼有效地维护了高等教育公平竞争机制。关于美国高等教育反垄断的详细情况，本书将有专章介绍。

美国高等教育法律制度具有鲜明的特征。首先，美国每一次高等教育立法基本都与联邦资助有关，以致有学者认为，《高等教育

---

[1]　王保星：《美国大学教师的学术自由权利：历史的视角》，载《高等教育研究》2004年第6期。

[2]　Erie R. R. v. Tompkins, 304 U. S. 64（1938）.

法》"实质上是一部高等教育拨款法，是美国联邦通过拨款手段对美国高等教育体系进行引导和调控的全记录"。而联邦资助又与美国的教育发展状况及联邦政府的教育政策有关。所以，美国法律与促进高等教育发展的一般关系可以被描述为：高等教育政策（引导高等教育向符合社会发展方向）—拨款（资助）—立法。细言之，美国联邦政府并不是通过对州政府、高等教育机构的教育事项进行直接干预的手段来影响或控制美国的教育事业，而主要是通过资助的方式引导高等教育向符合社会发展的方向发展。与此相关的第二个特征，就是联邦政府的援助都是有法律约束的，不仅联邦援助要取得国会的许可，而且对援助资金的使用也有严格的法律规定。高等教育机构可以不接受联邦政府的援助，不受联邦政府的影响和控制，但是一旦接受联邦政府的援助，对援助资金的使用就必须符合相关的法律规定。第三个特征是立法的民主性，即每一部与教育有关的联邦法律，从法案提出之日起到最终获得通过，要经过广泛的讨论或辩论。如著名的《莫里尔法案》是美国国会议员莫里尔于 1857 年为了发展农业实用学科而提出来的由政府赠地发展农学院的议案。该议案提出之后，首先遭到中西部和南部议员的强烈反对，继又受到美国总统詹姆斯·布坎南的否决，直到 1862 年才最终由美国总统林肯签署成为法律。由于在相当长时间内联邦政府并没有设立教育行政机构，所以，在美国高等教育立法中行政机关的作用较小。开门立法，确保了立法的民主性和科学性。

## 三、法律在促进日本高等教育竞争中的作用

日本拥有相当完备的高等教育法律制度。[①] 这些教育法律制度在促进日本高等教育的发展和改革中发挥着重要的作用。[②] 自 1886

---

[①] 杨一心：《日本高等教育法规评价》，载《江苏高教》1996 年第 6 期。

[②] 满达人、王汉杰：《略谈日本高教立法》，载《政治与法律》2001 年第 1 期。

年近代高等教育史上第一个大学法令——《帝国大学令》颁布之后，日本政府就非常重视通过立法手段解决其高等教育发展所碰到的问题。譬如，在 19 世纪末，专门学校的发展碰到了一些困难，日本政府遂于 1903 年颁布了《专门学校令》，对专门学校的定义、设置、招生、学习年限等事项作了详细规定，结束了 19 世纪末以来专门学校竞争的无序状态，促进了专门学校的发展。具体来说，法律在促进日本高等教育竞争中的作用，主要有以下两个方面：

第一，确立了私立高校的法律地位，建立了国家援助私立高校的制度，促进了私立高校的发展。日本的高等教育机构起初以公立高校为主。尽管一些私立专门学校不断要求升格为大学，但在 1877 年东京大学成立到 1917 年这 40 年间，日本政府始终没有批准。所以，在此期间日本高等教育出现了公立高校一统天下的局面。1918 年，日本政府颁布了《大学令》，承认了私立大学的合法性，公立高校一统天下的局面被打破。1919 年至 1922 年，即《大学令》公布之后的短短 4 年，有 16 所由专门学校升格而成的私立大学得到批准认可，其中包括早稻田大学、庆应义塾大学、明治大学、同志社大学、立命馆大学等著名学校。① 为了保证众多的私立高校拥有符合法律规定的物质设施条件，日本政府专门制定了《私立学校法》（1949 年制定，1987 年最后修改）、《私立大学振兴助成法》（1975 年）和《国家对私立大学的研究设施提供补助规程》等法律，明确了私立高等学校的公共性质和国家应承担的义务。如《私立大学振兴助成法》指出："为了在学校教育中更好地发挥私立高校的重要作用，本法律对国家和地方公共团体设立学校规定助成措施，以便改善私立高校的教育条件，减轻私立高校中学生的负担，完善私立高校的经营，使私立高校健康发展。"该法明确规定："国家对设置私立大学和高等专科学校的法人补助为该校

---

① 胡建华：《百年回顾：20 世纪的日本高等教育》，载《南京大学学报》（哲学·人文科学·社会科学）2001 年第 4 期。

教育和研究所需日常经费的二分之一。"同时补充说明："国家对私立大学中的学术振兴、私立大学和私立高等专科学校的特定领域、课程的振兴认为有必要时可以根据上述条款的规定，对学校法人增加补助费。"《国家对私立大学的研究设施提供补助规程》第 1条规定："本法律为了促进私立大学的学术研究，对私立大学的研究设施，国家提供补助经费，以振兴日本的学术。"第 2 条规定："国家对学校法人在预算之内，根据政令，对学校法人设置的私立大学所从事的基础研究提供必要的补助，如学术需要的机械、器具、图书的三分之二的经费由国家提供补助。"这些法律的颁布有效地改善了私立高校的物质设施，为私立高校依法办学提供了物质保障。① 正是因为有这些法律作保障，所以，私立高校在日本高等教育结构中占有相当大的比重。据有关资料介绍，1999 年，私立高等教育机构数与私立高等教育机构在校生数分别达到了日本高等教育机构与在校生总数的 75.9% 和 75.0%。这种比例，世界少见。②

　　第二，推动国立大学法人化运动，增强公立高校的竞争力。日本的国立大学长期以来奉行中央集权模式，行政化现象非常严重：国立大学是文部省的分支机构，是政府行政组织的组成部分，学校无自主权；所有的大学教师都是公务员，学校终身雇佣；科研经费按人头分配，缺乏必要的竞争机制。20 世纪 90 年代，日本经济持续衰退，为了减轻财政压力，同时，也是为了进行产业转换、振兴经济，日本政府把国立大学的改革和发展作为提升日本经济国际竞争力的起点。

　　国立大学法人化运动，开始于 1997 年桥本内阁时期提出的行政改革，其间经过了大量的调查和反复的辩论，最终（2003 年 4

---

　　① 杨一心：《日本高等教育法规评价》，载《江苏高教》1996 年第 6期。

　　② 胡建华：《百年回顾：20 世纪的日本高等教育》，载《南京大学学报》（哲学·人文科学·社会科学）2001 年第 4 期。

月）由日本国会以立法（《国立大学法人法》）的形式予以推行，于 2004 年正式实施。国立大学法人化运动的目标包括四个方面：（1）将国立大学由国家行政机构转变为独立的法人实体，提高国立大学的自主性。（2）引入开放的、社会化的运营机制，吸纳校外人士参与学校管理，提高国立大学的办学能力。（3）建立有别于国家公务员的新人事制度，发挥教职工的积极性和创造力。（4）引入"第三方评价制度"，建立客观、可信度高的"独立评价系统"，促进国立大学间公平竞争。①

根据《国立大学法人法》及相关法案的规定，文部省对国立大学的影响大大削弱，其权力只局限于"制定大学发展中期目标""根据国立大学法人的意见和建议任命和解雇大学校长""任命监事监督大学法人的业务"等少数事项，而国立大学的权力则大大增加，除可以自主决定经费使用之外，还享有自主决定设立或废除内设机构等广泛权力。

国立大学法人化运动的实质是理顺政府与国立大学的法律关系，明确政府和大学的权利和义务，使政府与大学之间的关系由行政关系向法律关系转化，使高校成为独立自主的办学实体，借以调动高校的积极性，增强国立大学的竞争力。

尽管国立大学法人化改革仍在进行之中，其最终结果还不明确，但实践证明，大学法人化之后，日本各大学的竞争意识普遍提高了。首先是大学之间的竞争意识增强了，为了在竞争中获得较好的生源和较多的科研经费，各大学对自己的体制进行了大幅度的调整，对科研、学科设置、产学结合等做了新的具体的规划。尤其是那些处于中下等地位的国立大学，对于大学的存亡有较强的危机感，更是想方设法争取发展空间。其次，各大学完善了内部竞争体制，过去那种干好干坏一个样的现象受到猛烈冲击。取得科研经费，要靠研究者去努力争取，这大大调动了教师努力从事科研、争

---

①　宋石平：《日本国立大学法人化改革评析》，载《教育发展研究》2007 年第 6 期。

取科研经费的积极性。①

# 第三节　中国高等教育法治评价

## 一、中国高等教育法治实践

### （一）高等教育立法

中国的高等教育立法始于清朝末年。其时，遭受内忧外患的清政府为了寻求"救亡"之道，被迫进行教育改革，以全盘模仿西方教育模式来创制中国的"高等教育"，希望从中能够学习到西方国家的发展经验，走自强之路。1901 年，清廷启用管学大臣张百熙着手学制制定工作。1902 年 8 月 15 日，清政府正式公布了中国近代第一部学校系统章程《钦定学堂章程》（又称《壬寅学制》）。1904 年 1 月，清廷再次颁布由张百熙、张之洞、荣庆拟定的清末最重要的教育法规《奏定学堂章程》（又称《癸卯学制》）。这两部法律以创立学堂、改革书院、取消私学、重视技术性、专门性人才的培养为宗旨，②奠定了中国现代教育制度的基础。

民国时期，尽管政局动荡不安，但政府依然重视教育立法，加强对教育的控制。其间颁布的教育法律、法规多达上千件，其中涉及高等教育的立法有《大学令》（1912 年）、《大学规程》（1913 年）、《国立大学职员任用及薪俸规程》（1917 年）、《女子高等师范学校规程》（1919 年）、《国立大学条例》（1924 年，取代《大学令》和《大学规程》）、《大学教员资格条例》（1927 年）、《国立京师大学校职员薪俸规程》（1927 年）、《私立大学及专门学校立案条例》（1927 年）、《大学条例及专门学校条例》（1928 年）、

---

① 宋志勇：《日本国立大学的法人化改革》，载《日本学论坛》2005 年第 1 期。

② 潘懋元等：《中国高等教育百年》，广东高等教育出版社 2003 年版，第 75—94 页、第 134—145 页。

《大学组织法》（1929 年）、《大学规程》（1929 年）、《大学研究院暂行组织规程》（1934 年）、《学位分级细则》（1935 年）、《大学法》（1948 年）、《专科学校法》（1948 年），内容涉及大学办学宗旨、内部管理、师资管理、教育经费、学位授予等各个方面。

新中国成立后 30 年，虽然也有一些规范高等教育的法律文件，如《高等学校暂行规程》（1950 年）、《专科学校暂行规程》（1950 年），但总体来说立法层次不高、规范性不强。真正的高等教育立法是改革开放以后开始的。1980 年，全国人大常委会颁布了新中国成立以后第一部高等教育法《中华人民共和国学位条例》。迄今为止，由全国人大常委会颁布的与高等教育有关的法律有：《学位条例》（1980 年）、《教师法》（1993 年）、《教育法》（1995 年）、《职业教育法》（1996 年）、《高等教育法》（1998 年）、《民办教育促进法》（2002 年）；由国务院颁布的与高等教育有关的行政法规有：《学位条例暂行实施办法》（1981 年）、《普通高等学校设置暂行条例》（1986 年）、《高等教育自学考试暂行条例》（1988 年）、《教学成果奖励条例》（1994 年）、《教师资格条例》（1995 年）、《中外合作办学条例》（2003 年）、《民办教育促进法实施条例》（2004 年）。此外，教育行政管理部门还颁布了大量的规章，如《高等学校实验室工作规程》（1992 年）、《高等学校招生全国统一考试管理处罚暂行规定》（1992 年）、《社会力量办学印章管理暂行规定》（1991 年）、《普通高等学校教育评估暂行规定（1990 年）》、《高等学校校园秩序管理若干规定》（1990 年）、《普通高等学校学生管理规定》（1990 年）、《普通高等学校档案管理办法》（1989 年）、《高等教育自学考试命题工作规定》（1992 年）、《高等学校知识产权保护管理规定》（1999 年）、《中华人民共和国中外合作办学条例实施办法》（2004 年）、《关于普通高等学校招收和培养香港特别行政区、澳门地区及台湾省学生的暂行规定》（2004 年）、《民办高等学校设置暂行规定》（2004 年）、《社会力量办学教学管理暂行规定》（2004 年）、《高等教育自学考试开考专业管理办法》（2004 年）、《研究生学籍管理规定》（2004 年）、《关于授予具有研究生毕业同等学力人员硕士、博士学

位的规定》（2004 年）、《专业学位设置审批暂行办法》（2004 年）、
《关于授予国外有关人士名誉博士学位暂行规定》（2004 年）、《高等
教育自学考试实践性环节考核管理试行办法》（2004 年）、《高等学
校培养第二学士学位生的试行办法》（2004 年）、《成人高等学校设
置的暂行规定》（2004 年）、《广播电视大学暂行规定》（2004 年）、
《研究生院设置暂行规定》（2004 年）、《高等学校本科专业设置规
定》（2004 年）、《高等职业学校设置标准（暂行）》（2004 年）、《高
等学校聘请外国文教专家和外籍教师的规定》（2004 年）、《普通高
等医学教育临床教学基地管理暂行规定》（2004 年）、《高等学校教
师培训工作规程》（2004 年）、《高等学校医疗保健机构工作规程》
(2004 年)、《普通高等学校定向招生、定向就业暂行规定》（2004
年)、《普通高等学校毕业生就业工作暂行规定》（2004 年)，等等。

## （二）高等教育纠纷司法解决实践

随着公民法律意识的觉醒和不断增强，高等教育领域中的纠纷
也逐渐增多，有一少部分纠纷最终上升到了司法程序。1999 年，
刘燕文诉北京大学拒绝颁发学位行政诉讼案，首开新中国成立后高
等教育诉讼的先河。

原告刘燕文系北京大学 92 级无线电电子学系电子、离子与真
空物理专业博士研究生。1994 年 4 月 27 日，刘燕文通过北京大学
安排的笔试考试，并于当年 5 月 10 日通过了博士研究生综合考试，
成绩为良。之后，刘燕文进入博士论文答辩准备阶段。1995 年 12
月 22 日，刘燕文提出答辩申请，将其博士论文《超短脉冲激光驱
动的大电流密度的光电阴极的研究》提交学校，由学校有关部门
安排、聘请本学科专家对该论文进行评阅和同行评议。其中同行评
议人认为论文达到博士论文水平，同意答辩；评阅人意见为"同
意安排博士论文答辩"。1996 年北京大学论文学术评阅、同行评议
汇总意见为"达到博士论文水平，可以进行论文答辩"。1996 年 1
月 10 日，刘燕文所在系论文答辩委员会召开论文答辩会，刘燕文
经过答辩，以全票 7 票通过了答辩。系论文答辩委员会作出决议

"授予刘燕文博士学位，建议刘燕文对论文作必要的修订"。

1996 年 1 月 24 日，北京大学校学位评定委员会召开第 41 次会议，对 29 名博士学位申请者的学位论文等进行全面审核。对刘燕文博士学位论文的审核，校学位评定委员会最终以无记名方式投票，由于 6 票赞成、7 票反对、3 票弃权，赞成票未过全体成员半数，校学位评定委员会据此作出不授予刘燕文博士学位的决定。北京大学也就据此不予颁发刘燕文博士生毕业证书，只发给其博士结业证书。1999 年 9 月 24 日，刘燕文向北京市海淀区人民法院提起行政诉讼，状告北京大学及北京大学学位评定委员会，要求北京大学为其颁发博士研究生毕业证书，要求校学位委员会在合理的时间内对其申请重新评议并作出决定。一审法院经过审理，判决被告北京大学在判决生效后两个月内向刘燕文颁发博士研究生毕业证书，责令被告北京大学学位评定委员会于判决生效后 3 个月内对是否批准授予刘燕文博士学位的决议审查后重新作出决定。此案上诉到北京市第一中级人民法院后，二审法院以原审法院未能查清诉讼时效问题为由，撤销原判，发回重审。① 海淀区法院审理认为，公民不服行政主体作出的具体行政行为，应当在法定的起诉期限内提起行政诉讼。原告于 1996 年 4 月 1 日签字领取的结业证书上，写明了"论文未通过，未达到毕业要求，予以结业"。原告对被告作出的颁发结业证书予以结业这一决定提起行政诉讼的期限，应当根据 1991 年通过的《最高人民法院关于贯彻执行〈中华人民共和国行政诉讼法〉若干问题的意见（试行）》第 35 条规定计算，即从签字领取结业证书之日算起，至 1997 年 7 月 1 日止。原告于 1999 年 9 月向海淀区法院提起行政诉讼，已经超过法定起诉期限。2000 年 3 月 10 日起实施的《最高人民法院关于执行〈中华人民共和国行政诉讼法〉若干问题的解释》，虽然对起诉期限进行了修改，但是

---

① 详见《北京市海淀区人民法院行政判决书》（1999）海行初字第 103 号、第 104 号，北京市第一中级人民法院行政裁定书（2000）一中行终字第 43 号。

原告的起诉期限在该解释发布之前已经届满，故不能适用该解释。①

刘燕文诉北京大学案引起了社会的广泛关注。随后，不断有大学生或大学教师就录取、学籍、学位、职称等方面的纠纷与自己所在的学校对簿公堂，如田永诉北京科技大学拒绝颁发毕业证、学位证行政诉讼案（1999 年），黄渊虎诉武汉大学招生纠纷行政诉讼案（2000 年），林某诉西北大学拒绝授予职称行政诉讼案（2001 年），刘兵诉天津市轻工业学院开除学籍处分行政诉讼案（2000 年），林某诉厦门大学行政纠纷案（2005 年），程某诉复旦大学不服开除学籍处分及拒不颁发毕业证、学位证案（2004 年）等。

上述案件发生在学生与学校、教师与学校之间，即学生、教师为了维护自己的权益状告自己所在的学校。下述案件却发生在学校与政府之间，即高等学校不服政府的行政决定而采取法律手段。

2009 年 3 月 27 日，陕西省学位办组织来自北京、江苏和陕西的 21 位专家，在陕西宾馆召开了第 11 次博士学位授权立项建设单位评审会议，最后投票确定两所大学为拟立项建设单位，西北政法大学落选。由于落选院校及其部分师生的强烈不满，3 月 30 日，陕西省学位办紧急召集 8 所学校的党委书记、校长开会，就有关事项进行了说明。

4 月 11 日，陕西省学位委员会两位副主任委员召集 8 所学校的校领导开会并宣布：鉴于有的参评学校申报存在"材料不规范""数据不真实"等问题，严重影响评审结果的公正，各学校应按照统一标准重新填报材料；省学位委员会将在严格评审所有申报材料并对各申报学校投票表决后排队，公示两个得票最高的学校作为拟立项建设单位；所有申报内容和数据的真实性由学校负责，学位委员会将不再审查材料的真实性；如果接到造假举报，一经查实，将一票否决，排名在后的学校依次递补；3 月 27 日的专家组评审结果仅作为参考。

---

① 《刘燕文诉北大案被驳回》，载《中国青年报》2000 年 12 月 20 日。

4月14日，省学位委员会以举手表决的方式，维持3月27日专家组评审意见。4月16日，省学位委员会再次召集8所学校的校领导，宣布了此决定。4月20日，西北政法大学正式向陕西省政府递交了《行政复议申请书》，请求对陕西省学位委员会确定的第11次博士学位授权立项建设单位进行重新评审。4月24日，陕西省人民政府受理了这一行政复议申请。①

刘燕文诉北大案、西北政法大学提出的博士学位授权立项建设行政复议案，分别是大学生、高等学校寻求法律手段、维护自身权利的第一案，虽然维权的希望最终都没有实现，但两案对促进我国高等教育法治的进程都具有非常重要的意义。

## 二、中国高等教育法治评价

中国的高等教育法制建设虽然起步较晚，但从数量上考察，高等教育立法还是比较多的，内容也较为丰富，特别是1999年颁布的《高等教育法》，对我国高等教育的基本任务、原则、高等教育基本制度、高等学校的设立条件和程序、高等学校的权利与组织机构的设置、高等学校教师任职资格与职称评聘、高等学校学生的权利和义务、高等学校的经费来源与财务制度等方面都作了规定，使我国高等教育的一些基本活动有了法律依据。在实践上，也出现了通过法律手段状告母校、状告上级主管部门，维护自身合法权益的人，并且司法机关、上级主管部门受理了这类诉求，这是我国高等教育法治的重大进步。但从总体上考察，我国的高等教育制度还存在诸多缺陷，远远不能满足高等教育现代化的需要。

第一，立法内容具有浓厚的计划经济色彩，没有体现高等教育全球化、市场化的需要。前文已经论述，随着经济全球化的不断深入，高等教育的全球化、市场化成为一个普遍趋势，高等教育的竞争也日趋激烈。基于这种情势，世界各国都放松了对高等教育的管

---

① 杨彦：《西北政法大学申报博士点失利申请行政复议》，载《人民日报》2009年4月27日第11版。

制，进一步扩大了高等学校的办学自主权，使高等学校真正成为独立自主的法人。我国的高等教育法理应顺应这种趋势，放松对高等学校和高等教育的管制，重在引导高校的发展。虽然自1985年开始，中共中央、国务院多次出台重要的教育改革文件，提倡"高校自主办学"，虽然《高等教育法》是在我国已经实施市场经济的背景下制定的，但其内容仍然深深打上了计划经济的烙印。典型的特征就是，在赋予高等学校自主权的相关条款中，对高校自主权的行使作了许多限定。如"总则"第11条规定："高等学校应当面向社会，依法自主办学，实行民主管理。"再如，第四章"高等学校的组织和活动"第32条规定："高等学校根据社会需求、办学条件和国家核定的办学规模，制定招生方案，自主调节系科招生比例。"第33条规定："高等学校依法自主设置和调整学科、专业。"这些条款明确提到了高校可以"自主"决定招生、学科、专业设置等重大事情，但无一例外地，"自主"前面都有"依法"或"国家核定"等限定性词语。这里的"法"包括教育行政管理部门、其他政府部门的所有管理性规范，而依据这些规范，高等学校有限的"自主"权几乎完全落空。譬如招生权，是高等学校应当享有的非常重要的自主权利，但根据《高等教育法》第32条的规定，学校的招生自主权限定在"调节系科招生比例"方面，而对整个学校的招生规模却无权决定，必须听命于"国家核定的办学规模"，即国家发改委每年下达给学校的招生计划。有些高校生源较好，有能力而且也愿意招收更多的学生，但是因"指标"限制往往不能如愿。有学者说：《高等教育法》引入了市场机制，增强了质量与效率意识，注重大学与市场的关系，"标志着市场本位制度范式在我国的正式确立"。但事实上，高等教育机构的设立，必须经过教育主管部门批准；高等教育机构的学位、学历必须得到教育主管部门的承认；高等教育机构的学科建设，必须经教育主管部门审批；高等教育机构的招生，必须得到教育主管部门准许；高等教育机构的负责人，必须由教育主管部门任命。教育主管部门根据高等教育机构的行政级别、学科建设、学生人数下拨教育经费。所以，高等教育机构名义上是法人，事实上自主权较少。

第二，高等教育法律制度的实施力度不大、司法化程度不高。法律的生命力在于它的实施。高等教育法律制度要发挥其规范高等教育的作用，促进其立法宗旨的实现，必须保证它的实施。《高等教育法》第 7 条规定："国家按照社会主义现代化建设和发展社会主义市场经济的需要，根据不同类型、不同层次高等学校的实际，推进高等教育体制改革和高等教育教学改革，优化高等教育结构和资源配置，提高高等教育的质量和效益。"第 60 条规定："国家建立以财政拨款为主、其他多种渠道筹措高等教育经费为辅的体制，使高等教育事业的发展同经济、社会发展的水平相适应。""国务院和省、自治区、直辖市人民政府依照教育法第五十五条的规定，保证国家兴办的高等教育的经费逐步增长。""国家鼓励企业事业组织、社会团体及其他社会组织和个人向高等教育投入。"1993 年国务院《中国教育改革和发展纲要》提出"教育投入到 2000 年要达到 GDP 的 4% 以上"。但迄今 20 年过去了，这一目标仍未实现。这是高等教育法律制度没有得到有力实施的表现之一。高等教育法律制度实施力度不大的另一个表现，就是其司法化程度不高。虽然前文我们已经述及高等学校的学生或高等学校开始通过法律手段来维护自身的合法权益，但总体来说，高校学生、老师及高校本身仍然不太习惯通过法律手段来维护其权益。深圳市人民政府设立了南方科技大学，试图在中国高等教育改革中另辟蹊径，但当他们的改革碰上了软钉子教育行政主管部门始终不予审批的时候，南方科技大学不是通过法律手段来解决这一问题，而是采取不太切合实施的消极逃避方法，决定自行颁发学位，彻底摆脱对教育行政主管部门的依赖。

第三，高等教育立法理念缺失。这一点从法律、法规、行政规章的名称中就可以看出来。虽然调整、规范高等教育活动的法律、法规、行政规章很多，但绝大多数属于"暂行条例""暂行规定""暂行办法"。所谓"暂行条例""暂行规定""暂行办法"，是只在短时间内有效并适用的条例、规定和办法。而之所以要"暂行"，可能是因为立法所涉及的利益难以调和但又不得不采取某种应急措施，或立法当局对某些特定事项的发展方向和发展规律难以把握，没有明确的立法思路，法律实施效果也难以预料，因而不得不"摸着石头过河"。我国高等教育立法中大量的"暂行条例""暂行规定""暂行办法"，正是高等教育立法理念缺失的表现。

### 三、以促进竞争为核心理念重构高等教育制度

1998 年 9 月 27 日，《华盛顿邮报》发表了英国首相布莱尔的一个重要观点："教育应被置于特别优先的地位。较高的教育水平是今后进行国际竞争和进入一个广阔社会的关键……一个国家必须同时拥有一套良好的全民教育系统和一套培养智者的教育系统。这一点至关重要。若想使我们的国家在下一世纪兴旺昌盛，则此二者缺一不可。"[①] 布莱尔的观点启示我们，各国在经济领域中的竞争将逐步转化为教育竞争，特别是高等教育领域的竞争。

对此，我国中央政府也有清醒的认识。2010 年 7 月，国家出台的《中长期教育改革和发展规划纲要（2010—2020 年）》提出，高等教育的发展任务是："到 2020 年，高等教育结构更加合理，特色更加鲜明，人才培养、科学研究和社会服务整体水平全面提升，建成一批国际知名、有特色、高水平的高等学校，若干所大学达到或接近世界一流大学水平，高等教育国际竞争力显著增加。"

怎样提高高等教育的国际竞争力？对于这个问题，可能仁者见仁智者见智，但是有一点可能是公认的，即"要使中国的高等教育充满生机和活力，实现科教兴国，就必须像经济体制改革那样来一个制度创新，通过若干个创新的制度组合，实现最终的体制改

---

① ［英］布莱尔：《新英国》，世界知识出版社 1998 年版，第 204 页。转引自朱坚强：《教育经济学发凡》，社会科学文献出版社 2005 年版，第 61 页。

革"。① 之所以强调制度创新在高等教育事业发展中的重要性，是因为制度"是推动高教事业发展的决定性因素"。制度"是决定高校发展的内生变量，也是决定高教事业发展的内在要素"。②

根据经济学的研究成果，制度创新有两种模式：强制性制度变迁和诱致性制度变迁。强制性制度变迁是由政府主导的制度变迁模式。该模式的优点就是能在较短的时间内推行新的制度，缺点是这种制度变迁不一定符合客观需要。诱致性制度变迁是由市场主导的制度变迁模式。这种模式的优点是因其是经过实践反复"试错"形成的，因而能够顺应经济社会发展的需要，其缺点是，需要很长的时间。强制性制度变迁的制度供给主体是单一的、垄断性的，而诱致性制度变迁的制度供给主体是多样化的、竞争性的。

我国高等教育的制度变迁同其他社会制度的变迁一样，遵循强制性制度变迁的路径。在这种制度变迁路径中，制度的供给主体是政治精英而不是学术精英。高等教育基本制度的内容都是由政治精英们预设的。正如一位研究高等教育制度的学者所说："中国现代高等教育制度是在排斥市场经济的背景下发展起来的。传统的社会主义教育行政与管理理论对市场竞争机制的排斥，同中国根深蒂固的'学在官府''学而优则仕'的封建传统、长期重行政权威、轻专家治校、重学术研究、轻产业实践的政策观念相结合，使中国最初对高等教育产业化管理制度和市场竞争机制的排斥力更强。"③

这种制度变迁模式是新制度生成的巨大障碍。由于"政府和法律没有给予高等学校以独立的实体身份，没有给予学校领导和教师以熊彼特意义上的'企业家'或'创业者'的地位和身份"，

---

① 崔玉平：《高等教育制度创新的经济学分析》，北京师范大学出版社2002年版，第5页。

② 崔玉平：《高等教育制度创新的经济学分析》，北京师范大学出版社2002年版，第7—8页。

③ 崔玉平：《高等教育制度创新的经济学分析》，北京师范大学出版社2002年版，第6页。

"这一方面导致'试错'精神的缺乏；另一方面，未被政府许可的'试错'式的制度创新给试错者带来的风险和机会成本会更大。所以，没有外部的冲力或者撞击力，内部的无效率制度均衡将会长久维持下去"。①

显然，强制性制度变迁模式已经不能适应我国高等教育事业发展的需要，中国的高等教育创新必须加入诱致性制度变迁的因素，必须调动市场主体的积极性。因为，"制度规则是人们之间互动的结果，而不是前提。有竞争才会有竞争规则，有不公平的竞争才会有对公平竞争规则的诉求。规则是内生的，是竞争当事人在博弈活动中对'公平'的理解基础上形成的"。② 只有"经过成员多次博弈之后形成的组织制度"才是"最有效率的，最容易被全体接受或认同，也最具有创新性"。"怕乱、怕风险、怕出事而不允许人们参与竞争和博弈，组织制度的创新步伐就会迟迟不能来临"。③

2010 年 10 月，配合《国家中长期教育改革和发展规划纲要》，国务院发布了《关于开展国家教育体制改革试点的通知》（国办发〔2010〕48 号），鼓励各地区、各学校对高等教育的人才培养模式、管理方式、办学模式、民办教育的发展环境等进行大胆探索，正式开始了新的一轮教育体制改革。与以往的教育体制改革不同，这次改革充分调动了各地区、各高等学校进行制度创新的积极性，是在利用诱致性制度变迁的有利因素，采用"备案制"，而不是行政许可制。但是这种试点工作仍是由政府发起的，仍然带有计划的色彩，仍然是一种政府主导的强制性制度变迁，至多是政府主导下的有限的诱致性制度变迁模式。尽管如此，这种制度变迁仍是可取

---

① 崔玉平：《高等教育制度创新的经济学分析》，北京师范大学出版社 2002 年版，第 65—66 页。

② 盛洪：《竞争规则是如何形成的？——联通进入电信业后的案例研究》，载《中国社会科学季刊》（香港）1998 年春季卷，总第 22 期。

③ 崔玉平：《高等教育制度创新的经济学分析》，北京师范大学出版社 2002 年版，第 56 页。

的。但是这种模式还没有通过立法的形式固定下来。当前国家正在着手《高等教育法》的修改,[①] 这次修改应将促进高等教育的竞争、包括制度竞争作为一个非常重要的内容写进《高等教育法》。因为,"经验表明:排斥市场竞争机制,割裂与市场经济的联系,缺乏效率和创新意识,高等教育就死气沉沉,缺乏动力和活力;面向市场经济,引入竞争机制,……高等学校就充满活力"。[②]

---

[①]　教育部于 2005 年成立了高等教育法修订草案起草小组,2007 年高等教育法的修订列入《国家教育事业发展"十一五"规划纲要》。《国家中长期教育改革和发展纲要》规定:"根据经济社会发展和教育改革的需要,修订……职业教育法、高等教育法、学位条例……等法律。"

[②]　崔玉平:《高等教育制度创新的经济学分析》,北京师范大学出版社 2002 年版,第 6 页。

# 第四章　中国高等教育
# 竞争现状与问题

## 第一节　竞争因素在高等教育体制中的引入

### 一、高等教育体制改革历史回顾

新中国成立以后，为适应大规模经济建设的需要，有效地组织全国高等学校有计划地培养各级各类建设人才，政务院于 1952 年 12 月通过了成立高等教育部的决定。1953 年，高等教育部主持了 1950 年颁布的《关于高等学校领导关系的决定》的修改和补充工作，并于同年 10 月颁布了《关于修订高等学校领导关系的决定》。修改后的《决定》强调高度集中统一的高等教育管理体制，指出："中央人民政府高等教育部必须与中央人民政府各有关业务部门密切配合，有步骤地对全国高等学校实行统一与集中的领导"，并要求"凡中央高等教育部所颁布的有关全国高等教育的建设计划……财务计划、财务制度……人事制度……教学计划、教学大纲、生产实习教程以及其他重要法规、指示或命令，全国学校均应执行。其有必须变通办理时，须经中央高等教育部或由中央高等教育部报请政务院批准"。这种体制保证了中央对教育事业的领导，对恢复和建立国内的教学秩序、提高教育质量、保证教育事业有计划按比例发展起到了重要作用，但也不可避免地带来了统得过死、管得过多、卡得过严的弊端，压抑了地方和学校的自主性、积极性和创造性。1956 年，高等教育部部长杨秀峰在第一届全国人大四次会议的报告《高等教育工作中的几个主要问题》中指出："现有高等学校的事业体制、计划体制、财政体制、领导关系等，过多地强调了集中统一，影响和限制各业务部门和地方上办理高等教育事业的积极性，应当加以改变。"

1958 年，中共中央发出《关于高等学校和中等技术学校下放问题的意见》。《意见》要求："除了少数综合大学、某些专业学院和某些中等技术学校仍旧由教育部或者中央有关部门直接领导以外，其他的高等学校和中等技术学校都可以下放，归各省、市、自治区领导。"《意见》还决定改变统一招生制度和毕业分配办法。一般的高等学校和中等专业学校可以就地招生，各校招生时间可以不必划一。由于中央对权力下放缺乏宏观调控，且缺乏相应的制度约束，地方发展教育的积极性、灵活性变成了盲目性，高等学校数量成倍增加，由 1957 年的 229 所增加到 1960 年的 1289 所，超出了国民经济的承受能力和教育系统的能力，教育事业陷入混乱状态。针对"教育革命"大发展带来的混乱，1960 年 10 月，中央批准了《教育部关于全国重点高等学校暂行管理办法》，指出："全国重点高等学校的领导和管理，由中央教育部、中央各主管部门与地方分工负责，实行双重领导（教育部主管的学校）或三重领导（中央各业务主管部门主管的学校），上下结合，各负专责。"

经过 20 世纪 60 年代初的调整，在总结经验的基础上，1963 年 5 月 21 日，中共中央、国务院颁发了《关于加强高等学校统一领导、分级管理的决定（试行草案）》，建立了中央和省、市、自治区两级管理制度，并具体规定了中央、地方两级行政机关管理高等学校的主要职责。其中教育部的主要职责是：编制高等教育的发展规划和事业计划；审核高等学校的设置、停办和领导管理关系的改变；提出高等学校的发展规模和修业年限的方案；批准高等学校的专业设置；规定高等学校教学计划和教学大纲的制订原则，并组织制订指导性的教学计划和教学大纲；审核高等学校科学研究机构的设置、调整和撤销的方案；确定招收研究生的高等学校名单、专业和招生计划，对高等学校的研究生培养工作实行统一的管理；组织高等学校的招生工作；提出任免直接管理高等学校正、副校

（院）长的建议；制定高等学校教师的培养、进修、提升和调动的规章制度；对高等学校的思想政治工作、教学工作、科学研究工作和学生的生产劳动，进行督促和检查等。同时规定：在省、市、自治区党委的领导下，省、市、自治区政府和高教（教育）厅局根据中央规定的方针政策、各项计划和规章制度，进行中央授权的工作，直接管理一部分高等学校，并在工作中同时对教育部负责。

自1977年起，我国高等教育进入拨乱反正时期，但这一时期的管理体制仍以强调集权为主。1978年2月，国务院转发教育部关于恢复和办好全国重点高等学校的报告，指出，"对全国重点高等学校要实行统一领导，分级管理。"1979年8月30日，教育部党组向中央提出《关于提议重新颁发〈关于加强高等学校统一领导、分级管理的决定〉的报告》。9月18日，中共中央转批了这一报告，重新恢复了1963年确定的"中央统一领导，中央和省、市、自治区两级管理"的体制。这样，我国的高等学校就形成了条块分割的结构布局，即一部分高校由教育部、中央各部门管理；另一部分高校由各省、市、自治区管理。条块分割的高等教育管理体制虽然有其积极意义，如分行业办学使人才培养具有很强的针对性，但弊端也很明显，即高等学校缺乏应有的活力。

1985年，在总结教育工作历史经验的基础上，中共中央作出了《关于教育体制改革的决定》。《决定》指出，传统的教育管理体制存在严重的弊端，已不能适应我国改革开放、经济体制改革和世界范围内新技术革命兴起形势的需要，"高等教育体制改革的关键，就是改变政府对高等学校统得过多的管理体制"，高等教育体制改革的方向是"国家及其教育管理部门要加强对高等教育的宏观管理和指导"，同时"要改变政府对高等学校统得过多的管理体制，在国家统一的教育方针和计划的指导下，扩大高等学校的办学自主权，加强高等学校同生产、科研和社会其他各方面的联系，使高等学校具有主动适应经济和社会发展需要的积极性和能力"。"为了调动各级政府办学的积极性，实行中央、省（自治区、直辖市）、中心城市三级办学体制"；此外，"为了加强党和政府对教育工作的领导，成立国家教育委员会，负责掌握教育的大政方针，统筹整个教育事业的发展，协调各部门有关教育的工作，统一部署和指导教育体制的改革"。

党的十四大的召开，标志着我国开始建立社会主义市场经济体制的阶段。为积极主动适应这一变革，1992 年 11 月，国家教委发布了《关于加快改革和积极发展高等教育的意见》。1993 年 1 月，国务院批转了此《意见》，指出：进一步改革原有的国家集中计划和政府直接管理的办学体制，逐步建立国家统筹规划和宏观管理、学校面向社会自主办学的新体制；高等教育办学体制的改革目标是理顺政府、社会和学校三者之间的关系，按照政事分开的原则，使高等学校真正成为自主办学的法人实体，明确学校的权利和义务、利益和责任，进一步促进学校面向社会自主办学。

1993 年 2 月，中共中央、国务院颁发了《中国教育改革和发展纲要》，对高等教育管理体制改革提出了新的要求，即"改革在计划经济体制所形成的'包得过多''统得过死'弊端，初步建立起与社会主义市场经济体制和政治体制改革、科技体制改革相适应的新的教育体制"。《纲要》指出，高教体制改革，主要是解决政府与高校、中央与地方、国家教委与中央各业务部门之间的关系，逐步建立政府宏观管理、学校面向社会自主办学的体制；在政府与学校的关系上，政府要由对学校的直接行政管理，转变为以法规"拨款"、信息服务等为主的宏观管理，扩大高校的自主权，使高校真正成为面向社会自主办学的法人实体；在中央与地方的关系上，中央要简政放权，扩大省级部门的教育决策权和包括对中央部门所属学校的统筹权，确立中央与地方分级管理、分级负责的教育管理体制。1993 年，中共中央在《关于建立社会主义市场经济体制若干问题的决定》中，也提出"高等教育要改革办学体制"的要求。至此，我国高等教育开始打破"条块分割"的局面，基本形成中央、省（自治区、直辖市）两级管理，以地方统筹为主，实行政府宏观管理、学校面向社会自主办学的新的管理体制。这种管理体制在 1998 年通过的《高等教育法》中得以确认，该法第 7

条规定:"国家按照社会主义现代化建设和发展社会主义市场经济的需要,根据不同类型、不同层次高等学校的实际,推进高等教育体制改革和高等教育教学改革,优化高等教育结构和资源配置,提高高等教育的质量和效益。"第 13 条规定:"国务院统一领导和管理全国高等教育事业。省、自治区、直辖市人民政府统筹协调本行政区域内的高等教育事业,管理主要为地方培养人才和国务院授权管理的高等学校。"第 14 条规定:"国务院教育行政部门主管全国高等教育工作,管理由国务院确定的主要为全国培养人才的高等学校。国务院其他有关部门在国务院规定的职责范围内,负责有关的高等教育工作。"

## 二、竞争因素在高等教育领域中的引入

经过 60 多年的不断改革,中国的高等教育事业取得了举世瞩目的成就,无论是办学机构还是招生人数,都在成倍增长,科研水平(数量与质量)也在不断提高。在体制改革方面,随着政府对高等教育管制的逐步放松,"传统的教育理念正在发生质变,高等学校中正在出现新的教育价值观,并逐步地影响着高等学校的运行"。"市场竞争"正在"取代或部分取代以自上而下的行政管理为基础的传统高等学校的运行机制","调整这一领域运行的是建立在等价交换、公平竞争基础上的市场经济规则,而不是超经济的政治力量"。①

首先,国家逐步放宽了民间资本、外国资本进入高等教育行业的限制。1980 年,新中国建立了第一所民办高校——北京自修大学,打破了国家一统高教天下的局面。1982 年《宪法》明确规定:"国家鼓励集体经济组织、国家企业事业组织和其他社会力量依照法律规定举办各种教育事业。"中共中央、国务院于 1985 年颁布的

---

① 劳凯声:《教育体制改革中的高等学校法律地位变迁》,载劳凯声主编:《中国教育法制评论》(第 5 辑),教育科学出版社 2007 年版,第 10—11页。

《关于教育体制改革的决定》明确指出，"要鼓励各民主党派、人民团体、社会组织、离退休干部和知识分子、集体经济单位和个人，遵照党和政府的方针政策，采取多种形式和办法，积极自愿地为发展教育事业贡献力量。"为了落实 1982 年《宪法》及中共中央、国务院的决定，1987 年，教育部颁布了《关于社会力量办学的若干暂行规定》，使中国的民办教育走上了有法可依的法制轨道。进入 20 世纪 90 年代，政府陆续制定颁布了《社会力量办学条例》（1997 年）等一系列法规，促进了高等教育办学主体的多元化。截至 2009 年，我国有民办高校 656 所，中外合作办学机构 45 所，其中本科 33 所、硕士 12 所。① 民办高校和中外合作办学的发展不仅在一定程度上解决了我国办学经费不足的问题，而且打破了国家垄断高等教育的局面，为中国高等教育注入了新的活力。

其次，高等学校的独立主体地位逐步确立和加强。市场主体地位独立是市场竞争能够展开的前提条件，地位不独立、利益不独立，竞争就无法展开。高校的独立主体地位是随着高等学校自主权的逐步扩大而不断增强的。1979 年 12 月，复旦大学校长苏步青等有识之士发出"给高等学校一点自主权"之后，教育部于 1983 年 6 月在上海交通大学实施"放权"试点，同意上海交通大学"为社会开展科技服务；实行经费包干制；推行多层次多形式的合同办学；扩大招收研究生；成立管理学院；审批副教授和重点学科教授"等。② 1986 年 3 月，国务院正式颁布了《高等教育管理职责暂行规定》，决定扩大高等学校管理权限。扩大的权利包括：在完成国家下达的人才培养任务的前提下接受委托培养生、自费生；接受委托培养生、自费生，举办函授、夜大及社会技术服务和咨询所得，可用于发展事业、集体福利和个人奖励；自行选择设计施工单

---

① 1979 年《中外合作经营企业法》及其《实施细则》禁止外资进入包括高等教育在内的教育领域。1986 年，新中国成立了第一个中外合作办学机构南京大学——约翰斯·霍普金斯大学中美文化研究中心。

② 《上海交大将扩大管理权限》，载《文汇报》1983 年 6 月 9 日第 1 版。

位，自行审定设计文件，调整长远和年度基建计划；任免除副校长之外的其他各级行政人员，聘任、辞退教师和辞退职工；经批准的学校，可以评定教授、副教授任职资格，审定授予硕士学位的学科、专业，增补博士生研究生导师；根据社会需要调整专业服务方向，制定培养方案、教学大纲、选用教材，进行教学内容和方法的改革；自行决定参加科研项目的投标，提供社会服务；开展对外交流活动，自行负责出国人员的政治审查。创收部分自主安排使用主管部门核定的年度事业经费。1992 年，原国家教委决定扩大其直属高校的办学自主权。1993 年，中共中央、国务院颁布的《中国教育改革和发展纲要》决定："在政府和学校的关系上，要按照政事分开的原则，通过立法明确高等学校的权利和义务，使高等学校真正成为面向社会自主办学的法人实体。"1993 年及以后，扩大了具有硕士学位授权的单位及学科、专业范围；下放博士生指导教师的审查权限；向一些少数重点大学下放了博士学位授权学科、专业的审批权，等等。1998 年 8 月颁布的《高等教育法》第一次以法律形式确立了高等学校的独立法人地位。该法第 30 条规定："高等学校自批准设立之日起取得法人资格。"高等学校法人地位的确立，使高等学校成为独立的利益主体，为了争取办学经费，实现高等学校的可持续发展（高等学校的独立利益），各高等学校必须不断提升其人才培养质量。

最后，高校经费分配与科研管理开始引入竞争机制。高校经费分配经历了"基数＋发展""综合定额＋专项补助"（后改为"普通基金＋专项基金"）"按学校规模、按综合定额"方式的变迁。1985 年以前，高等教育拨款采取"基数＋发展"方式。1985 年至1999 年，采取"综合定额＋专项补助"方式。1999 年之后，实行"按学校规模、按综合定额"拨款。这些拨款方式都是非竞争性拨款。大约从 20 世纪 80 年代后期开始，高校经费分配开始引入竞争机制，比较突出的可能要数"211 工程"和"985 工程"专项基金的分配。虽然"政治协商"在两个专项基金的分配方面仍然起主要作用，但竞争因素开始在其中发挥一定作用，"211 工程"高校评选采取的是公开竞争，而"985 工程"高校评选采取的是非公开竞争。而且，入选"211 工程"和"985 工程"高校并不代表着高校能自动获得一定额度的经费资助。要获得专项基金的资助，还必须进行项目申报。[①] 与专项基金的竞争性相比，科研经费分配的竞争性更为显著。2001 年 11 月，国务院办公厅转发了科技部等部门制定的《关于国家科研计划实施课题制管理的规定》，随后又发布了配套文件——《国家科研计划课题招标投标管理暂行办法》和《国家科研计划课题评估评审暂行办法》，明确了今后国家科研计划实施课题制管理。此后，高校对科研课题的管理基本上采用此制度。

课题制是国际通用的研究、开发活动组织形式。根据规定的相关定义，课题制是指按照公平竞争、择优支持的原则，确立科学研究课题，并以课题（或项目）为中心、以课题组为基本活动单位进行课题组织、管理和研究活动的一种科研管理制度。其特点有：（1）责任人负责，即课题责任人是课题组所有成员的核心，在课题任务进程和财务预算中具有充分的自主决定权。（2）重视监督。相关机构将对课题责任人、依托单位、中介机构和评议专家进行评估、制约，必要时，重大课题要实行监理制度和重大事项报告制度。（3）公开透明。课题制尤其要强调审批、评审程序的公开，包括课题内容、评审专家、评审步骤等方面的公开，以便接受各有关方面的监督，有必要或有条件时，实行公开的招标投标。程序公开往往是内容公平公正的必要前提。就课题制的优越性而言，可以说，它打破了传统的以单位为中心的计划任务管理模式，更适合科学技术发展规律和市场经济的要求，可以提高资源配置的效率，充分发挥科技人员的创新潜能。同时，项目的竞争从一定意义上说是人才的竞争（作为课题责任人的优秀人才）、组织管理的竞争（研究梯队构成、科技资源整合）和政策制度的竞争（调动科技人员

---

① 王莉华：《我国高等教育的绩效专项经费改革及其完善思路：以"211 工程"和"985 工程"为例》，载《中国高教研究》2008 年第 9 期。

积极性、主动性的合理政策制度）。因此，课题制在高等学校全面推行后，对高校科技管理工作产生了巨大影响，活跃了高等学校的科研活动。①

# 第二节　高等教育中的不正当竞争问题

高等教育领域中的不正当竞争是随着竞争因素在高等教育领域中的引入及高等教育竞争的加剧而出现的。不正当竞争现象在高等教育各个领域中都不同程度地存在，目前主要表现在招生与教学科研领域。

## 一、招生中的不正当竞争

招生可能是我国高等教育领域中竞争最为激烈的领域。改革开放以后，我国高等学校的数量越来越多，而应届高中毕业生在逐年减少，但高等教育的总体供需矛盾并不十分突出。不过，随着 985 学校、211 学校等由教学型大学向研究型大学的转型，重点大学争夺尖子生、优秀毕业生的竞争日趋激烈。2011 年 7 月，华东地区两所名校为争夺优质生源而明争暗斗就是一例。② 另外，一般本科院校，特别是专科学校、职业学院，因知名度不大，生源严重不足，对生源的争夺也非常激烈。面对激烈的竞争，各个高校采取了许多竞争手段包括不正当竞争手段。

## （一）发布虚假广告

广告是最常见也是最重要的竞争手段。正当的广告可以解决高考招生中考生与学校之间的信息不对称问题，使考生能上满意的学校、读自己感兴趣的专业，学校能招到满意的学生。但在招生竞争

---

① 周艳敏、张雪仪：《高校科研课题管理体制研究》，载《中州大学学报》2007 年第 1 期。

② 《复旦交大明战生源》，载《潇湘晨报》2011 年 7 月 4 日 A04 版。

中，有些学校利用虚假广告误导学生，损害考生的利益。高校的虚假广告有：（1）校名缩水，把"专修""研修""职业"等字眼拿掉；（2）刻意隐瞒重要信息，在文凭性质等问题上含糊其词；（3）编造计划名额，一些没有国家计划名额的学校自己编造出名额来欺骗考生；（4）模糊办学资格，一些只有考试培训或者专科教育资格的学校谎称自己能招大学本科；（5）夸大办学条件；（6）虚假承诺，等等。

案例一：某翻译学院虚假广告案

2004年10月下旬，国内一些报刊和网站相继刊登了这样一条消息：据美国《洛杉矶时报》报道，在"美国50州高等教育联盟"进行的"中国最受尊敬大学"问卷调查中，某翻译学院名列第十位；在"中国最受尊敬大学校长"问卷调查中，该院院长丁某位列第二。这条消息一经刊出就引起许多人的质疑。有关调查结果表明，报道中所说的排名是该翻译学院自费在《洛杉矶时报》刊登的一则广告，所谓的"美国50州高等教育联盟"是一个2004年5月下旬在加州注册的公司，他们只用5天时间就完成了"对美国高校进行调查"和"对中国民办高校进行研究"的工作。据了解，该翻译学院是一所1986年成立，从事专科和非学历本科教育的民办学校。该翻译学院这种在国外报刊自费刊登虚假广告，然后以偷梁换柱的手法将广告内容"翻新"为新闻报道，在国内许多大型网站上加以传播的做法属于典型的不正当竞争。①

案例二：某科技职业学院虚假广告案

2004年6月22日，《钱江晚报》刊登了一所名叫"江西科技学院"的民办高校发布的招生广告，宣称："学校有部分内部招生名额，可以降分扩招录取……详情请查阅浙江省高招办的《招生考试专刊》。"经查，浙江省高校招生办主编的考生手册中并无江西科技学院这所学校。江西科技学院其实是由某科技职业学院缩水

---

① 《教育虚假广告现象值得关注》，http：//www.cctv.com/news/science/20050116/100186.shtml。

而成，为了吸引考生报考，招生学校故意去掉了"职业"二字。另外，这所只能招收全日制普通专科、进行自考等助学教育的学校，还在招生广告中宣称能招收4年制大学本科学生，并对学校教学设备、运动场地、后勤生活做了许多不符合事实的虚假宣传。①

## （二）冒用名校校名或标志招生

有些普通高等学校假冒名校的学校标识，或故意将自己的学校名称、标识与名校的校名或标志相混淆，造成学生和家长误认。例如，西北某育才专修学院以"联合办学"为招牌，让招生老师用"第四军医大学委托培养"本科学生的名义，将大量学生骗至学校。中途却给学生发放"第二军医大学"的学生证。学生毕业时，100多位学生中坚持留下来完成学业的剩余86名学生拿到手里的竟然是"湖南中医药大学"的专科毕业证，而这些毕业证竟然是通过中介机构办来的。后来这些毕业证又被证实是假的。② 这些打着知名大学幌子骗人的多是一些中小民办学校，这些学校以前多数挂靠在知名大学的院系下，或和这些高校的老师私人联合办全日制自考班。正规高校停招自考生后，这些学校只好独立办学，为了生存不惜欺骗学生。另外，还有一些高校的院系负责人或个别老师为了一己私利，偷偷和这些学校联合办学，这也助长了民办学校"傍名牌"的违法行为。此外，还有的民办高校打着与名校联合办学的招牌，利用名校的影响力扩大自己的生源。

## （三）虚假承诺

2008年6月30日，华中某大学广东招生组老师通知顺德一中副校长林楚燕，"顺德一中的考生高考总分理科610分以上、文科600分以上"第一志愿填报该校，"确保录取"。7月1日，该校再

---

① 中央电视台"时空连线"栏目：揭开民办大学虚假广告招生骗局，http://www.cctv.com/news/science/20040805/100437.shtml。

② http://edu.sina.com.cn/gaokao/2010-08-18/1106263628.shtml.

次表示理科 606 分以上、文科 595 分以上确保录取。7 月 12 日，顺德一中接到该校招生办老师通知。结果是该校最后录取分数线为理科 611 分、文科 601 分。原来只有 19 个学生填报了该校志愿，得到必录的承诺后，有 52 个填报了，录取分数线一出来，全校有 16 个高分考生落榜。①

## 二、教学科研领域中的不正当竞争

教学科研领域中的不正当竞争有许多表现形式，如在科研项目申报中虚拟前期成果和材料，将别人的项目申请书稍作修改作为自己的项目申报，剽窃他人研究成果；违反规定，打听评委名单；违规会见通讯评委或会议评委，施加不正当影响甚至贿赂评审专家等，但最突出的不正当竞争形式是行政权力与学术的结合。课题组选取了当下最受各高校重视的高等学校教学名师奖、高等教育国家级教学成果奖一等奖，对担任行政领导职务的教师占各奖项或项目的比例进行了统计。这里所指的担任行政领导职务的教师，是指申报奖项时担任行政领导职务的教师。申报奖项之前担任过行政职务，但申报时已不在任，或获奖之后新任行政职务者，不在本统计范围之内。

高等教育教学成果奖是国务院确定的国家级奖励。1988 年 4 月，原国家教委发出《关于加强普通高等学校本科教育工作的意见》，提出了加强普通高等学校本科教学工作的 10 条措施，明确 1989 年召开全国高等学校教学工作奖励大会，以后每四年进行一次。自此，每四年一次的普通高等学校国家级教学成果奖励制度正式确立。1989 年，党和国家领导人江泽民、李鹏出席了普通高等学校教学成果奖励大会并向获奖代表颁奖。1994 年 3 月，国务院发布了《教学成果奖励条例》，在高等学校中形成了由国家法律确定的、与国家自然科学奖、技术发明奖、科技进步奖科技"三项奖"并列的国家级教学成果奖励制度。设立国家级教学成果奖，

---

① 《10 余位高分考生遭忽悠：华中科技大学承诺"必录"却食言，当事方协调未果》，载《潇湘晨报》2008 年 7 月 19 日第 1 版。

是国家实施科教兴国战略的重要举措，体现了国家对高等学校教学工作的高度重视。根据《教学成果奖励条例》第 14 条的规定，"获得教学成果奖，应当记入本人考绩档案，作为评定职称、晋级增薪的一项重要依据。"因该奖项属于国家级奖项，所以，各高校非常重视，获得此殊荣的教授在各个方面都会受到学校的优待。

由于不能获得获奖人员的原始申报材料，课题组成员只能通过网络查询各个学校、学院的相关网站获取获奖人员的相关信息，而 2000 年以前的信息大多数难以通过网络获得，所以，课题组只统计了 2001—2009 年担任行政职务的高校教师获得国家级教学成果奖一等奖的情况（见下表）。

2001—2009 年担任行政职务的教师获高等教育国家级教学成果奖一等奖情况

| 届别 | 获奖项目总数 | 行政领导教师数 | 行政领导占获奖教师的比例 |
|---|---|---|---|
| 第四届（2001） | 59 | 35 | 59.3% |
| 第五届（2005） | 59 | 45 | 76.3% |
| 第六届（2009） | 64 | 60 | 90.4% |
| 总计 | 182 | 140 | 77% |

"高等学校教学名师奖"由教育部于 2003 年根据中央领导同志"教授要上讲台"的指示要求设立，当时为教育部的常设行政性表彰奖励项目，每三年评选出 100 名名师奖获奖教师。2007 年 1 月，教育部、财政部联合下发《教育部财政部关于实施高等学校本科教学质量与教学改革工程的意见》，决定实施"质量工程"，并将"高等学校教学名师奖"评选表彰工作纳入"质量工程"，决定从 2007 年开始，将原来每三年评选一次改为每年开展一次。此奖项的目的，在于鼓励教授上讲台，奖励长期在教学第一线教书育人，在教学改革、师资队伍建设上做出突出贡献的教师，从而带动高等学校加强教学队伍建设，深化教学改革，从根本上提高教学质量。至今，已经开展了六届"高等学校教学名师奖"评选工作。以下是自 2003 年至 2011 年历届高等学校教学名师奖中担任行政领导职务的教师的获奖情况。

**2003—2011 年担任行政职务的教师获高等学校教学名师奖的情况**

| 届别 | 获奖教师人数 | 行政领导教师数 | 行政领导占获奖教师的比例 |
|---|---|---|---|
| 第一届 （2003） | 100 | 26 | 26% |
| 第二届 （2006） | 100 | 44 | 44% |
| 第三届 （2007） | 100 | 62 | 62% |
| 第四届 （2008） | 100 | 58 | 58% |
| 第五届 （2009） | 100 | 61 | 61% |
| 第六届 （2011） | 100 | 64 | 64% |
| 总计 | 600 | 315 | 52.5% |

从上述统计表中可以看出，担任行政职务的教师获高等教育国家级教学成果奖一等奖的比例相当高，平均占 3/4 强，而且越往后越高，最高的一届是第六届（2009），达到 90%。高等学校教学名师奖中担任行政职务的教师的获奖比例虽然略低于此比例，但平均也占一半以上（52.5%），最高的一届达到 64%。

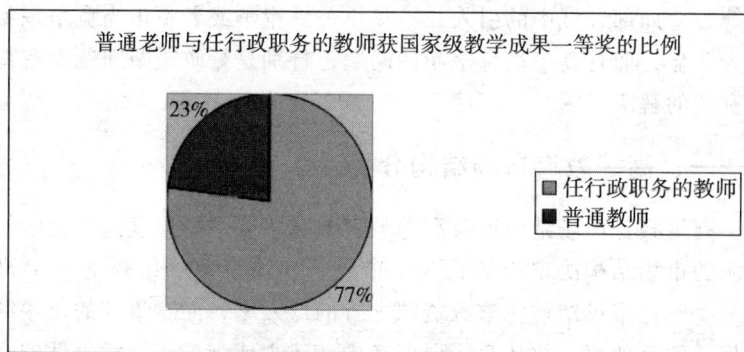

普通老师与任行政职务的教师获国家级教学成果一等奖的比例

如前所述，本统计所依据的任职信息来源于各高校、各学院的网站，同时因时间跨度较大，所以，统计数据可能并不十分精确。不过，从课题组所在学科、所在高校、所在省份的情况来看，担任行政职务的教师的获奖比例要高于本统计表中的比例。以教学名师奖为例，课题组所在学科的教学名师 100% 担任了行政职务，所在高校的教学名师 100% 担任了行政职务，所在省份的教学名师至少

90％担任了行政职务。课题组将历届高等教育国家级教学成果奖一等奖、高等学校教学名师奖的获奖名单作为附件附在了书后，读者可与笔者一样作同样的测试。需要说明的是，这里统计的行政领导不包括全国人大常委会专业委员会委员，全国政协常委或委员，国务院学科评议组成员，全国专业教学指导委员会委员，国家重点实验室、教育部（省）重点实验室、省级研究中心正副主任，全国性研究会会长、理事长。

# 第三节　高等教育中的垄断问题

我国的高等教育体制改革与国家的经济体制改革是同步进行的，改革所遵循的路径也是由政府主导的自上而下进行的渐进式变迁路径。这种改革力度相对来说较为温和，进程也较为缓慢，所以，尽管30多年时间里我国的高等教育事业改革取得了显著的成绩，但存在的问题仍然不少。从竞争的角度考察，随着竞争机制在高等教育局部领域中的引入，不仅不公平竞争或者不正当竞争现象较为明显，而且高等教育垄断的问题，特别是行政垄断问题没有得到有效的解决。

## 一、高等教育市场结构分析

高等教育市场结构反映高等教育的竞争或垄断程度。根据哈佛学派的市场结构决定市场行为、市场行为决定市场绩效的 SCP 理论，垄断性市场结构将导致资源配置的低效率，而竞争性的市场结构将导致高效率。故从政策层面考虑，建立或维护一个竞争性的高等教育市场结构对一国高等教育事业的发展来说是非常有益的。有学者对我国高等教育的市场结构进行了研究。他首先将高等教育的地理市场界定为全国市场，然后，根据在校生规模这一指标，对我国高等教育市场的 Cn4 即在校生规模最大的 4 所学校占全国在校生规模的比例与 Cn8 在校生规模最大的 8 所学校占全国在校生规模的比例进行了测量。测得的结果是上位 4 所高校的市场集中度始终保持在2.5%左右，上位8所高校的集中度在4.3%左右，由此得出了我国高等教育的市场结构属于原子型或垄断竞争型结构的结论。[①] 这种分析方法其实是存在问题的，正如该作者在其论文中的后半部分所分析的，每个学校的生源质量差别很大。根据现在高考招生分批次录取的制度，参加第一批招生的高校的生源质量与参加第二批招生的高校的生源质量的差距是相当大的，他们根本不可能在同一个市场上竞争。至于专科学校与普通本科的差别，不管是生源还是师资力量，抑或是实验与图书资料，差别就更大，所以，根据在校生规模测量我国高等教育的市场结构，对于分析我国高等教育的竞争问题几乎没有意义。

分析高等教育的市场结构，首先要合理界定相关市场，即高等学校在一定时期内就高等教育事业进行竞争的产品范围和地域范围。尽管有许多高校的生源与服务范围具有较强的地域性，但整体考察，笔者赞同将相关地理市场界定为全国市场的观点。但对产品市场应当作进一步的界分。笔者认为，可以根据教育行政管理部门关于高等教育的统计口径划分相关产品市场。目前官方对我国高等教育机构的统计口径有两个：一个是办学层次，即根据学校的人才培养层次，分为研究生培养机构、普通高校、成人高等学校与民办的其他高等教育机构；另一个是投资主体，即根据学校资金的主要来源，分为中央高校、地方高校与民办高校。一般来说，不同层次的人才培养目标与要求有很大差别，所以不同层次的高等教育机构之间很少有直接的竞争，应属于不同的相关产品市场。据此，我们可以将我国的高等教育划分为四个相关市场，即研究生培养市场、普通本专科生培养市场、成人教育市场与其他市场。

我们可以分两项指标，对中央高校、地方高校、民办高校在这四个市场的结构情况进行分析：一个是高等教育学校（机构）数，另一个是在校生规模。根据教育行政管理部门公布的高等教育学校

---

① 钟卫东：《我国高等教育市场结构研究》，载《工业技术经济》2005年第3期。

（机构）数统计资料，可以将自 2002 年以来教育部统计的高等教育学校（机构）数做表如下。

**高等教育学校（机构）（Number of Higher Educational Institutions）**

单位（Unit）：所（Institutions）

|  |  | 2002 | 2003 | 2004 | 2005 | 2006 | 2007 | 2008 | 2009 |
|---|---|---|---|---|---|---|---|---|---|
| 研究生培养机构 | 中央 | 377 | 371 | 369 | 370 | 371 | 371 | 374 | 373 |
|  | 地方 | 351 | 349 | 400 | 396 | 396 | 424 | 422 | 423 |
|  | 民办 | 0 | 0 | 0 | 0 | 0 | 0 | 0 | 0 |
|  | 总计 | 728 | 720 | 769 | 766 | 767 | 795 | 796 | 796 |
| 普通高校 | 中央 | 111 | 111 | 111 | 111 | 111 | 111 | 111 | 111 |
|  | 地方 | 1154 | 1268 | 1394 | 1431 | 1480 | 1502 | 1514 | 1538 |
|  | 民办 | 131 | 173 | 226 | 250 | 276 | 295 | 638 | 656 |
|  | 总计 | 1396 | 1552 | 1731 | 1792 | 1687 | 1908 | 2263 | 2305 |
| 成人高等学校 | 中央 | 20 | 19 | 19 | 17 | 15 | 14 | 14 | 14 |
|  | 地方 | 585 | 537 | 484 | 462 | 427 | 397 | 384 | 368 |
|  | 民办 | 2 | 2 | 2 | 2 | 2 | 2 | 2 | 2 |
|  | 总计 | 607 | 558 | 505 | 481 | 444 | 413 | 400 | 384 |
| 民办的其他高等教育机构 |  | 0 | 1104 | 1187 | 1077 | 994 | 906 | 866 | 812 |

根据该表格可以看出，在研究生培养市场上，700 多家研究生培养机构全部为中央政府或地方政府所属高校，民办研究生培养机构为零。所以，中央高校与地方高校占有 100% 的市场份额，一直居于垄断地位。以 2009 年为例，在研究生培养机构中，中央所属高校 373 所，占 796 家研究生培养机构的 46.86%；地方高校共 423 家，占 53.14%。在普通本专科人才培养市场上，虽然没有形成中央高校与地方高校绝对垄断的局面，民办高校占有一定的市场份额，且绝对数目在逐年增加，2002 年为 131 所，2003 年 173 所，2008 年与 2009 年增加到 600 多所，但是民办普通高校占全国普通高校的比例仍比较低。再以 2009 年为例，该年全国普通高校共

2305 所，其中民办普通高校 656 所，只占全国普通高校数的 28.46%。需要特别说明的是，2008 年之后，民办普通高校的数量之所以大幅度增加，主要是原来设在各个高校的二级学院独立为独立学院。事实上，这些独立学校与主办学校仍有千丝万缕的联系，还谈不上属于真正独立的办学实体。如果将这一因素考虑进去，则民办高校的市场份额更少。成人高等教育市场也基本上由国家垄断。从上表可以看出，民办成人高等教育一直只有 2 家，不到成人高等教育市场的 1%。

再从在校生规模来看，1996 年，我国民办普通高校的普通本专科在校生仅 1.2 万人，只占全国普通高校在校人数 302 万的 0.4%。2001 年，民办普通高校的本专科在校人数突破了 10 万大关，达到了 151000 人，但占全国普通高校在校生人数的比例仍很低，只有 2.1%。2004 年，民办普通高校的在校生规模达到 139 万，占全国普通高校在校人数的比例也首次超过了 10%。迄今为止，民办高校的在校生的比例仍然保留在 15% 左右。到 2008 年，民办高校在校生 401 万，占全国高等学校在校生 2569 万 15% 左右的比例。

民办高校普通本专科在校生占普通本专科生比例

| 年度 | 民办普通本专科在校生（人） | 普通本专科生（人） | 比例（%） |
|---|---|---|---|
| 1996 | 12000 | 3021079 | 0.40 |
| 1999 | 46000 | 4085874 | 1.13 |
| 2000 | 72000 | 5560900 | 1.29 |
| 2001 | 151000 | 7190658 | 2.10 |
| 2002 | 317453 | 9033631 | 3.51 |
| 2003 | 810000 | 11085642 | 7.31 |
| 2004 | 1398080 | 13334969 | 10.48 |
| 2005 | 2098509 | 15607767 | 13.44 |
| 2006 | 2769091 | 17388441 | 15.92 |

（数据来源：康宁：《中国高等教育资源配置转型程度指标体系研究》，第 112 页）

总之，尽管国家允许民办资本、外国资本进入高等教育领域，但目前，民办高校、中外合作办学机构的数量仍然很少，在校生规模占全国普通高校在校生的规模也较少。所以，不管是从高等教育学校（机构）数考察，还是从在校生规模来看，目前中国的高等教育仍属于国家垄断的局面。

## 二、高等教育市场行为

高等教育机构绝大多数为中央政府或地方政府出资设立，使得我国高等学校的行为具有高度的一致性和协调性。这种行为在限制竞争的性质与后果上与经济领域中的经营者协议限制竞争的行为是一样的。不一样的是，高等学校间的协调不是通过契约来约束各方，而是通过具有强制性的行政力量来约束，因而这种协同比经济领域中的协调行为更牢固、更持久。我国高等教育机构的协同一致主要表现在以下几个方面。

### （一）招生

招生是高等学校人才培养的第一步。招生数量的多少与质量的高低与高等学校的声誉、竞争力等有非常密切的联系。在理论上，招生是各个高校自己的事情，但由于我国的大学招生与中小学招生一样，承载着促进教育公平的重任，所以，自 1977 年起，大学招生都是由政府统一组织和协调的：统一命题、统一考试、统一阅卷、统一划定预录分数线、统一下达招生计划。虽然 30 多年来，大学招生制度一直在变，如 1991 年，湖南、云南、海南三省率先进行考试科目的改革，改变了以往全国一张试卷、一种高考模式的状态；2003 年，全国 22 所高水平大学进行自主招生改革试点，试点高校可以在当年国家下达的本科招生计划总数的一定比例内自主确定招生录取办法。但总体来说，1977 年确定的高考招生制度至今没有实质性的变化。根据 1986 年 3 月 12 日国务院发布的《高等教育管理职责暂行规定》的规定，全国高等教育事业发展规划和年度招生计划由国家教育行政主管部门编制，所以，目前各个大学仍然不能自己决定每年的招生计划，即使学校的生源好，而且有条件、有能力、也有愿望多招收一点学生，但国家下达的招生计划具有刚性约束力，即使是享有自主招生权的学校，也不能突破。

## （二）专业设置

1989 年以前，高等学校的专业设置必须由教育部批准。1978 年《教育部关于讨论和试行教育部重点高等学校暂行工作条例（试行草案）的通知》明确规定，高等学校专业的设置、变更和取消，必须经过教育部批准。1989 年以后，国家教育行政管理部门开始下放专业设置权。同年 4 月，国家教委颁布了《普通高等学校本科专业设置暂行规定》，其中第三章"专业设置的审批权限"规定："普通高等学校专业设置，实行区别情况、分别由高等学校、学校主管部门和国家教育委员会分工负责审定和审批的办法。""在专业目录中同类相近专业的范围内调整专业，或在本专业类范围内拓宽专业、改用目录内业务范围较宽的专业名称者，由学校自主负责审定，报学校主管部门备案，同时抄报国家教委。""增设专业目录内的本科专业，按学校归属，分别由中央有关部委、各省、自治区、直辖市和计划单列市高教主管部门负责审批，报国家教委备案。""增设专业目录以外的专业，由国家教委负责审批。"为了适应社会主义市场经济体制和改革开放的需要，1998 年 7 月，国家教委对《普通高等学校本科专业设置暂行规定》进行了修订，颁布了《普通高等学校本科专业设置规定》。《设置规定》沿袭了原有的审批体制，但新增了一些设置条件，如"学校年度增设专业数一般不超过 3 个"。同年 8 月《高等教育法》颁布，其中第 33 条规定："高等学校依法自主设置和调整学科、专业。"为了贯彻实施《高等教育法》，进一步扩大高等学校的办学自主权，1999 年教育部对 1998 年颁布的《普通高等学校本科专业设置规定》又作了修订。新《规定》对专业设置审批权作了一些微调，规定："省、自治区、直辖市教育行政部门统筹协调本行政区域内高等学校的专业设置、调整工作。国务院有关部门审核或审核所属学校专业，应征求学校所在省、自治区、直辖市教育行政部门的意见。""高等学校依据高等学校本科专业目录，在核定的专业设置数和学科门类内自主设置、调整专业。""高等学校设置、调整专业目录外的专业，由学校主管部门按规定程序组织专家论证并审核，报教育部批准。""设置、调整国家控制布点的专业，由学校主管部门审核，报教育部批准。""国家控制布点的专业由教育部确定并公布。"2000年9月，教育部办公厅下发了《关于近期高等学校本科专业设置几个具体问题处理意见的通知》，将部分专业设置审批权下放给地方教育行政部门，同时，规定财政学、金融学、法学等12种本科专业为国家控制布点的专业。2001年10月，教育部发布了《关于做好普通高等学校本科学科专业结构调整工作的若干原则意见》，提出："国家在建立和完善本科专业评估、提供招生就业信息服务和宏观调控制度的基础上，进一步扩大高等学校学科专业设置自主权。""北京大学、清华大学等若干所国家重点建设高等学校，经教育部批准，可自主设置本科专业。"同时强调在本科专业的设置和管理上，各级地方教育行政部门"要严格标准、规范程序、加强监督和检查"。2007年教育部办公厅下发了《关于进一步加强和改进高等学校本科专业备案和审批管理工作的通知》，提出要"加强专业建设，严格控制年度专业增设总量"。"严格控制增设新的《目录》外专业"。可见，尽管教育行政管理部门一直在强调要进一步扩大高等学校的专业设置权，但是30多年来，专业设置权一直掌握在教育行政管理部门手中，高等学校享有的专业设置权非常有限。

## （三）教学计划

虽然《高等教育法》明确规定"高等学校根据教学需要，自主制订教学计划、选编教材、组织实施教学活动"。但是，目前，高校教学计划的自主权是受到限制的。四年制本科必须开设马克思主义基本原理，毛泽东思想、邓小平理论和"三个代表"重要思想概论，中国近现代史纲要，思想道德修养与法律基础四门思想政治理论课程。除了这些硬性的限制之外，还有一些软性限制，如各专业教学指导委员会制订的指定性教学计划，国家教育部门组织编写的各类重点规划教材、统编教材、精品课程事实上对各高校也有约束作用。

（四）收费

　　早在 1978 年，我国普通高等学校就开始招收"自费走读，不包分配"的自费生。1985 年，中共中央《关于教育体制改革的决定》提出要改革大学招生计划制度，高校招生增加"委托培养"和"自费生"两种类别，自费生应交纳一定数量的培养费。1993 年，中共中央、国务院发布《中国教育改革和发展纲要》，提出要"改革学生上大学由国家包下来的做法，逐步实行收费制度，高等教育是非义务教育，学生上大学原则上均应缴费"。1996 年 12 月，当时的国家教委、国家计委、财政部联合颁布了《高等学校收费管理暂行办法》。该办法第 3 条明确规定："高等教育属于非义务教育阶段，学校依据国家有关规定，向学生收取学费。"1998 年《高等教育法》第 54 条规定："高等学校的学生应当按照国家规定缴纳学费。"上述文件记载了我国高等教育收费制度的变迁过程，也标志着我国高等教育收费制度从部分收费向全面收费转型、从部委规定上升为基本法律保障这一过程的完成。然而，不容否定的是，现行的收费制度是有明显缺陷的。尽管相关部门早已认识到制定统一的收费标准不可取，如 1992 年国家教委、财政部、国家物价局联合发布的《关于进一步改革和完善普通高等学校收费制度》就指出，全国制定统一的普通高等学校收费标准和办法不能适应改革开放的新形势和各地各校的具体情况，普通高等学校可根据本地区、本校和学科特点研究拟定收费标准，后来颁布的《高等学校收费管理暂行办法》也规定，"不同地区、不同专业、不同层次学校的学费收费标准可以有所区别。""学费标准的调整，由省级教育、物价、财政部门……根据本行政区域内的物价上涨水平和居民收入平均增长水平提出方案，报省级人民政府批准后执行。"但目前我国的学费既没有体现成本分担原则，也没有体现物价上涨因素。有学者曾经对高校学术声望、学费水平、学生资助以及"净"支付之间的关系做过研究，发现一般院校的平均学费水平和学生的实际"净"支付要高于"211"非

"985"高校,"211"高校要高于"985"高校。学生资助水平则相反。"985"和"211"高校的学费水平面明显低于一般院校,"净"支付也明显少于一般高校。这意味着"越是接受高水平的、高回报率的教育,收费标准相应较低,越是接受相应低水平的、低回报率的教育,收费标准相应较高"。这明显不符合大学收费的成本补偿、优质优价的原则,不符合教育成本分担的收费制度的本意。① 另外,尽管社会各届对高等学校的高收费意见很大,但是现在的学费标准还是 2000 年确定的收费标准,高校收费标准十多年未变。② 在通货膨胀率持续增高、办学成本不断增加的情况下,学费十多年不变也不符合成本分担原则。

**按学术声望分类的样本高校中的私人付费和公共资源分配（元）**

| 学校学术声望 | 985 高校 | 211 高校 | 一般院校 | 总体水平 |
|---|---|---|---|---|
| 学费 | 4885.93 | 5066.46 | 6106.59 | 5340.42 |
| 住宿费 | 846 | 887 | 963 | 905 |
| 奖、助学金 | 1549.99 | 1069.18 | 946.14 | 1144.95 |
| 学生贷款 | 673.49 | 546.16 | 426.95 | 537.07 |
| 勤工助学 | 396.95 | 420.72 | 253.41 | 370.47 |
| 净支出 | 2872.28 | 3720.53 | 6199.67 | 4137.59 |
| 净支出占家庭人均收入的比例（%） | 33.03 | 51.88 | 101.71 | 56.62 |
| 净支出占家庭总收入的比例（%） | 10.07 | 15.28 | 29.90 | 16.86 |

（数据来源：李文利：《高等教育财政政策对入学机会和资源分配公平的促进》,载《北京大学教育评论》2006 年第 2 期。）

高等教育优质不能优价、学术声誉与收费标准倒挂现象的出现有很多原因,但其中一个非常重要的原因,是高等学校的收费是由政府而不是高等学校自己决定。根据《高等学校收费管理暂行办法

---

① 朱晓刚：《成本分担,优质优价:从"精英取向"转向"大众取向"的高校收费政策研究》,载《煤炭高等教育》2007 年第 1 期。

② 王芳：《对完善我国高校收费定价体制的研究:从法律视角看我国高校收费体制》,载《价格理论与实践》2007 年第 1 期。

的规定》，政府一方面限定了大学收费标准的制定标准（成本补偿）："学费标准根据年生均教育培养成本的一定比例""由国家教委、国家计委、财政部共同作出原则规定"（现阶段的最高比例为25%）；另一方面，掌握了各高等学校收费标准的最终决定权："国家规定范围之内的学费标准审批权限在省级人民政府。""学费标准的调整，由省级教育、物价、财政部门按照第五条规定的程序，根据本行政区域内的物价上涨水平和居民收入平均增长水平提出方案，报省级人民政府批准后执行。"出于教育公平的考虑，政府在审批各学校的收费标准时，考虑的重点不是不同学校，特别是不同层次、不同质量的高校学生均培养成本问题，而是收费标准差别不能太大，这使得各个高校的收费标准具有高度的协同性，没有差异化。

高等教育行政许可事项表（不完全列举）

| 事项 | 内容 | 依据 |
|---|---|---|
| 机构设置 | 高等学校、研究生院的设置标准由国家教育行政管理部门制定；高等学校、研究生院的设置、撤销和调整由国家或省级教育主管部门审批 | 《高等教育管理职责暂行规定》；《高等教育法》；《普通高等学校设置暂行条例》 |
| 人事任免 | 高等学校党委正副书记和正副校长的任免，按干部管理权限由学校干部主管部门审批或报中央、国务院审批，并送国家教委备案；高等学校经批准建立的研究生院，院长一般由校长或副校长兼任，其任免由学校报主管部门审批 | 《高等教育法》；《关于高等学校各级领导干部任免的实施办法》（国家教委1987年3月颁布） |
| 招生 | 高职（专科）、本科、研究生招生计划，由国家教育行政主管部门、发展改革委员会共同编制下达至各省或高校，各地各部门必须严格执行，不得擅自扩大招生规模，招生计划与新生学籍电子注册和学历证书电子注册挂钩 | 《高等教育管理职责暂行规定》；国家发展改革委员会、教育部关于年度招生工作和招生计划安排的相关政策 |
| 专业设置与教学内容 | 高等学校的基本专业目录与专业设置标准由国家教育行政管理部门制定；四年制本科必须开设马克思主义基本原理，毛泽东思想、邓小平理论和"三个代表"重要思想概论，中国近现代史纲要，思想道德修养与法律基础四门思想政治理论课程 | 中共中央《宣传部教育部关于进一步加强和改进高等学校思想政治理论课的意见》（教社政〔2005〕5号） |

续表

| 事项 | 内容 | 依据 |
|------|------|------|
| 收费 | 高校学费标准按属地化原则管理。国家现行高校收费政策有规定的，执行现行规定；没有规定的，由省级教育行政部门综合考虑实际成本、当地经济发展水平和居民经济承受能力等因素提出意见，报同级价格、财政部门审核，并经省级人民政府批准后执行 | 1996年《高等学校收费管理暂行办法》<br>教育部、国家发展改革委、财政部《关于进一步规范高校收费管理若干问题的通知》（教财〔2006〕2号） |
| 学位学科 | 学士学位、硕士学位、博士学位，由国务院授权的高等学校授予 | 《学位条例》；《关于审定学位授予单位的原则和办法》 |
| 质量评估 | 普通高等学校教育质量评估由各级人民政府及其教育行政部门组织实施。合格评估（鉴定）由国家教育委员会组织实施，鉴定合格的学校，由国家教育委员会公布名单并发给鉴定合格证书；经鉴定不合格的学校，由国家教育委员会区别情况，责令其限期整顿、停止招生或停办。办学水平综合评估，由上级政府和有关学校主管部门组织实施 | 《普通高等学校教育评估暂行规定》 |

## （五）学校领导干部由上级主管部门任免

根据原国家教育委员会 1987 年发布的《关于高等学校各级领导干部任免的实施办法》（〔87〕教干字 005 号）规定，普通高等学校"党委正副书记和正副校长"的任免，"按干部管理权限由学校干部主管部门审批或报中央、国务院审批，并送国家教委备案。""高等学校党的纪律检查委员会的书记，应配备专职的相当于校党委副书记一级的干部，其任免由学校报主管部门审批。"

## 三、高等教育市场绩效

经济学研究成果表明，垄断性市场结构最没有效率。美国经济学家米尔顿·弗里德曼认为，政府垄断和竞争不充分是学校办学质量低下的首要原因。他说，19 世纪后半叶以来建立起来的公共教育制度是一种政府的垄断。由于对其缺乏必要的市场竞争的约束，无论从经济、社会、教育上看都是失败的，因为它导致效率低下，资源浪费。① 由于我国高等教育一直存在政府垄断问题，因此绩效也不是很理想。

第一，政府垄断高等教育导致产品同质化现象严重，培养的人才不能适应市场需要。产品同质化，即不同生产者所生产的产品在功能、质量等方面具有一致性。高等教育产品的同质化，主要是指各高等学校培养的人才在知识结构与知识水平方面具有一致性，②具体表现有三个方面：（1）各高校所开设的专业雷同比例较大。有研究者统计，2005 年，84.17% 的本科高校开设了英语专业，79.17% 的本科高校开设了计算机科学与技术专业，60.49% 的本科高校开设了法学专业，56.63% 的本科院校开设了国际贸易与经济，58.2% 的本科高校开设了艺术设计，52.07% 的本科高校开设了电子信息工程专业。③（2）同专业所开设的课程基本相同，除政治、英语、计算机等公共课程之外，同专业所开设的专业课也大都相同。（3）不同学校相同专业培养的人才水平也大致相同。产品同质化的后果，就是就业市场竞争激烈，结构性失业严重：一方面"无业可就"，另一方面"有业无人就"。关于高等教育同质化的原因，有部分学者认为，主要是专业审批权下放之后，专业设置准入门槛低，审批部门把关不严。从某种意义上说，这种观点有一定道理。不过笔者认为，高等教育同质化的根源，在于政府垄断了高校专业设置权。只要高校专业设置都出自政府之手，那么各高校人才培养模式雷同、培养质量同质就是不可避免的。

第二，政府垄断高等教育导致高等学校学术创新程度低。创新是高等教育的重要功能，正是因为高等教育具有创新功能，高等教

---

① 参见［美］米尔顿·弗里德曼：《资本主义与自由》第六章"政府在教育方面的作用"，张瑞玉译，商务印书馆 1999 年版。

② 陈庭来：《对我国高等教育同质化现象的思考》，载《南阳师范学院学报》2009 年第 2 期。

③ 邓岳敏：《我国高校专业设置趋同问题探析》，载《广东工业大学学报》（社会科学版）2009 年第 2 期。

肓才边缘中心化，由游离于社会的边缘过渡到社会的中心，成为现代社会的轴心组织机构和动力站。① 然而，在垄断性高等教育结构中，政府不仅是高等学校的举办者和管理者，而且也是评价者。为了对高等学校的办学质量进行监督，政府制定了各种评价指标，用以作为考核高等学校办学质量的重要依据，各高等学校又将这些指标作为考核教师的重要依据，从而使得办学质量评价行政化。不仅教学质量的评估由政府主导，而且学术成果质量也按照行政机构的级别来衡量，把对教师学术水平的评定等同于对学术刊物、学术奖励以及学术项目的级别的评定，同时更把对学术刊物、学术项目、学术奖励的评定等同于对刊物/奖励/项目的主办单位的行政级别的评定。这种评价机制依据学者、学术行为以及学术成果与政治权力中心的距离远近来评价学术的价值与重要性，淡化了学术的独立品格，压抑了知识分子的批判精神和创新精神。② 最近 10 多年来，中国的学术产量已经排至世界前列，但学术创新度不高，整体上缺乏国际竞争力。据有关学者研究，虽然我国高等教育国际竞争力综合得分排名向前有所推进，从 1999 年的 26 名上升为 2006 年的 22 名，并且步入了高等教育较强国家行列，但是从各单项指标来看，我国离高等教育强国的标准还有相当大的距离。③ 国家科技部研究表明，我国每年有省部级以上的科技成果 3 万多项，但能大面积推广产生规模效益的仅占 10%—15%；每年的专利技术有 7 万多项，但专利实施率仅为 10% 左右；科技进步对经济增长的贡献率约为 39%，其中高新技术对经济增长的贡献率仅为 20%，远远低于发达国家 60% 的贡献率；一些耗费大量人力、物力和财力研究出的

① 陆兴发：《中国高等教育办学自主权问题的研究》，东北师范大学博士学位论文 2002 年 3 月，第 104 页。

② 陶东风：《高校改革与"填表"教授》，载《社会科学报》2008 年 12 月 11 日第 8 版。

③ 参见周群英、徐宏毅、胡绍元：《高等教育国际竞争力比较研究》，载《武汉理工大学学报》（社会科学版）2010 年第 6 期。

科技成果，甚至被鉴定为国内首创、国际领先的成果，因无法运用而被束之高阁。[①]

第三，政府垄断高等教育滋生了大量寻租活动。"寻租"即寻求租金，公共选择学派将其描述为人们凭借政府保护进行的寻求财富转移而造成的浪费资源的活动。[②] 寻租的产生有两个基本条件：（1）政府控制某些稀缺资源，这些资源通过政治过程而不是市场过程予以分配。当政府不履行任何资源分配职责，而仅仅保护其公民的生命、财产安全和监督自愿达成合同的执行，即政府最小时，因无租金可寻而不会产生寻租。（2）存在具有独立法律地位、有追求自身利益最大化特性之居民、企业或其他组织。当政府决定一切，即政府最大时，居民、企业或其他组织完全受政府支配，没有自己独立的意志与利益要求，因无人寻租，寻租行为也不会产生。[③] 寻租存在的区域介于最小政府与最大政府之间，在这一区间，寻租规模与政府干预强度与范围呈正相关关系，即政府干预越多，寻租行为也越多。目前中国的高等教育体制正处于从最大政府向最小政府过渡的时期，所以，高等教育中的寻租现象比较严重。高等教育寻租的主要表现：学校向主管部门和计划、财政等权力部门寻租，以争取更多的招生指标、经费拨款、省部级重点实验室、学科基地、学科点、硕博士点等。寻租行为将导致稀缺资源的浪费。寻租行为浪费社会资源是寻租经济学的重人发现。在寻租活动中，寻租的个体成本与社会成本是不一致的。寻租的个体成本即个体寻租者所愿意支付的寻租成本总是少于预期收益，如果寻租成本大于预期收益，他就不会寻租。但寻租的社会成本（个体寻

---

① 张建新、廖鸿志：《高等教育浪费探析》，载《学园》2010 年第 4 期。

② 张军：《特权与优惠的经济学分析》，立信会计出版社 1995 年版，第 32—34 页。

③ 《经济社会体制比较》编辑部：《腐败：货币与权力的交换》，中国展望出版社 1989 年版，第 107—108 页。

租成本总和）往往大于租金本身，这是因为寻租市场也是竞争性市场，只要有租金存在，就存在希望得到租金的竞争者，而每个竞争者对于其他竞争对手花多少代价去寻租是无知的，即在寻租市场上也存在信息不对称问题，为了获得租金，寻租者往往提高自己的寻租投入，直至与租金接近。这样，必定产生社会浪费。[①]

第四，垄断性高等教育结构也导致高校内部资源配置的浪费。国家的高等教育管理模式传导至高等学校，导致高等学校内部的资源配置方式与国家高等教育资源配置模式高度同质。由于绝大多数高校都属于公立高校，都为同一个投资主体所有和控制，所以，绝大多数的高校治理结构和资源配置方式都具有同源性和同质性。即在组织特征上，统一实施党委领导下的校长负责制，学校领导由上级主管理部门任命，学校中层干部由学校领导决定或任命。通过这种垂直的纵向管理体制，高校的内部组织机构高度行政化，高等院校内科层式管理机关林立，机构臃肿，行政编制庞大，因人设事，人浮于事，冗员增多，官僚习气严重，行政开支庞大。在学术资源配置方式上，也以行政手段为主。有人曾经撰文指出："高校和科研机构有一个比较常见的事实，谁是领导，谁所属的专业或单位往往发展就快。""这里除了该群体的自身努力外，有时候也包含政策的倾斜和关系的谙熟，其本质上还是权力的置换和越界。更有甚者，某些高校领导在任时利用手中的行政权力纷纷划分自己的学术势力范围，垄断和分割学术资源。""他们所垄断的不光是教学资源，还有研究资源。研究项目通常掌握在领导手中，除了自己留一部分之外，再分给自己所信赖的人。""没有权力的学者们的研究需要被忽视了。他们只能靠自己的学术良心，自求多福。"[②] 结果

---

① 郝保伟、毛亚庆：《高等教育寻租的制度分析》，载《清华大学教育研究》2006 年第 5 期。

② 郝志东：《把脉沉疴，重塑大学：大学的功能及其问题》，载《南方周末》2011 年 3 月 3 日第 31 版。

是，一些院系、学科经费严重短缺，而另一些院系、学科手握巨额经费用不完。没有时间做学问的学术官僚掌握着大量学术资源，而有时间和精力做学问的一线教师因拿不到课题、项目，经济拮据，无法全身心做学问。财力、物力和人力浪费都非常严重。

# 第五章　竞争性高等教育结构与法律保障

## 第一节　高等教育强国的高等教育结构

高等教育结构是指高等教育系统内各组成部分之间的联系方式和比例关系，它是一个多维度多层次的复杂的综合结构，大致可分为宏观结构和微观结构两大部分。宏观结构主要包括层次结构、科类结构、形式结构、能级结构、地域结构（即布局）、管理体制结构等。微观结构主要包括学科专业结构、课程结构、教材结构、队伍结构、各类人员的知识结构等。本章对高等教育结构的探讨是从宏观结构即投资主体这一角度来阐述的，主要是指公立学校与私立学校（在我国，还包括外资办学机构）之间的结构关系。从经济学的角度考察，竞争性高等教育结构的效率比垄断性结构要高。1994 年世界银行发表了有关《高等教育：不同经验的参考》（Higher Education：The Lessons of Experience）一书，倡导高等教育发展可转向多样化，国家（政府）不应垄断高等教育，反之，应积极鼓励私人及非官方的办学模式及方法，甚至主张采取多渠道集资及多元化办学等措施。虽然这一倡议的初衷并非是要求各国建立竞争性的高等教育结构，但这一倡导符合产业经济学关于竞争性结构优于垄断性结构之理论。众所周知，现代大学教育制度发端于欧洲，但现代高等教育强国并不在欧洲，而是在美国。美国之所以能做到后来者居上，就是它重视通过法律手段保护私立高等教育机构的合法权益，建立了竞争性的高等教育结构。

## 一、世界高等教育强国美国的高等教育结构

美国人对自己在高等教育方面所取得的成就一直非常自豪，并且绝大多数人将这种成就的取得归功于竞争机制，认为竞争是美国高等教育立于不败之地的法宝。诺贝尔经济学奖得主、人力资本理论的先驱之一加里·贝克尔曾经说："无论是推动教育发展，还是促进啤酒生产，我都相信竞争的巨大作用。在高等教育领域，美国世界领先，而这个领域是美国竞争进行得最为激烈的领域。竞争是极为重要的。"[1] 哈佛大学亨利·罗索夫斯基教授认为："……对于美国拥有一大批在世界上领先的大学这件事，我……已将其部分地归功于这种学校之间的竞争制度了。""美国大学存在于现实世界之中，在那里，领先的地位受到挑战，有时还被迫为新来者腾出空间，甚至被其所取代。世界上领先的大学有很大一部分位于美国，对这一点，我已经部分地归于高等学府之间的竞争的效应。"[2] 哈佛大学前校长德里克·博克教授在分析美国高等教育的特点时指出："美国高等教育的显著特点之一是高等院校相互竞争非常激烈，大学之间为师资力量、学生、资金甚至运动队而竞争。这种竞争是全面竞争，竞争目标不是单一的。……其他发达国家与美国相比，高等教育缺少竞争，例如西德，即使大学有竞争，也很少受到鼓励。"[3] 伯顿·克拉克于 1978 年指出："美国高等教育的第二个特点是院校之间在寻求经费、人员和用户方面激烈竞争。"[4] 美国促进高等教育竞争的方式多种多样，但最重要的应当是竞争结构的

---

[1] 转引自王继平：《美国教育的市场化改革及其启示》，载《中国成人教育》2000 年第 5 期。

[2] ［美］亨利·罗索夫斯基：《美国校园文化——学生、教授、管理》，谢宗仙等译，山东人民出版社 1996 年版，第 200 页。

[3] ［美］德里克·博克：《美国高等教育》，乔佳义编译，北京师范学院出版社 1991 年版，第 6 页。

[4] 约翰·范德格拉夫等：《学术权力——七国高等教育管理体制比较》，王承绪译，浙江教育出版社 1989 年版，第 106 页。

存在，即公立学校与私立学校并存。

美国的高等学校在殖民地时期就已经建立，这一时期的高等学校主要是教会开办的私立大学，如哈佛大学（1636 年）、耶鲁大学（1701 年），到 1776 年脱离殖民统治独立以前，美国一共成立了 10 所私立大学。① 从 1776 年到南北战争（1861—1865 年）时期，政府开始举办高等教育。1795 年，第一所州立大学在北卡罗来纳州成立。1816 年新罕布什尔州政府试图将私立的达特茅斯学院收归州立学校，激起了该校的强烈反对，上诉到美国最高法院。1819 年法院裁决，达特茅斯学院获胜维持独立。该判例确认了私人团体（尤其是教会）的办学许可权，刺激了教会办学的积极性。尽管在这一时期州立高校也得到了一定发展，但是总的来说，私立大学仍占绝对优势。1860 年，全美共有 264 所高校，其中州立院校仅占17 所。

第二次世界大战结束之后，虽然随着《军人权利法案》《国防教育法案》及《高等教育法》的颁布实施，美国公立高校迅速扩大，私立高校的发展势头不及公立高校，但私立高等学校的数量仍然一直多于公立高校。据有关统计，1970 年，全美共有高等学校2837 所，其中私立高校 1517 所。1982—1983 学年，美国有高等院校 3280 所，其中私立高校 1787 所。1987 年，全美有高等学校3389 所，其中私立高校为 1841 所。美国私立高校不仅数量多，而且办学水平高、办学层次齐全。在办学水平上，有一批代表美国高等教育质量和水平的世界一流的私立高校。据 1995 年 9 月 18 日《美国新闻与世界报道》报道，1995 年在排名前 25 位的美国高校中，私立高校占了 23 位，公立高校仅占 2 位。在 1995 年美国高校

---

① 它们是哈佛学院（Harvard College）、耶鲁学院（Yale College）、威廉和玛丽学院（William and Mary College）、新泽西学院（New Jersey College）、国王学院（King's College）、皇后学院（Queen's College）、费城学院（Philadelphia College）、罗得岛学院（Rhode Island College）、达特茅斯学院（Dartmouth College）、宾夕法尼亚学院（Pennsylvania College）。

最佳研究生院的排名中，最佳工程研究生院、最佳工商研究生院、最佳法律研究生院和最佳医学研究生院大多数是私立高校，排名在第一位的全部是私立高校，它们分别是麻省理工学院、耶鲁大学和哈佛大学。① 迄今这一排名仍未有明显变化。在办学层次上，私立高校与公立高校一样，涵盖了从 2 年制高校到博士大学再到研究型大学的所有大学类型。

**美国高校办学模式下分层定位（1999 年）**

| 高校类型 | 二年制高校 | 其他四年制高校 | 学士学院 | 硕士学院和大学 | 博士大学 | 研究型大学 | 合计 |
|---|---|---|---|---|---|---|---|
| 公立高校 | 1037 | 58 | 123 | 277 | 65 | 86 | 1646 |
| 私立高校 | 622 | 565 | 757 | 280 | 48 | 40 | 2312 |

从上表②可以看出，虽然美国私立研究生大学不到公立大学的一半，但学士学院和其他四年制高校的数量都远远超过了公立高校，这表明在美国实现高等教育大众化和普及化的过程中，私立高校承担了更多的责任。同欧洲许多国家相比，美国的高等教育尽管历史不比它们长，但大众化和普及化的速度却比它们快，原因之一就是美国高等教育充分发挥了市场机制的作用，私立高等学校有较好的生存和发展空间。在市场机制起主要作用的环境中，政府的行为被限制在最低程度。各高等院校有权制定自己的长远规划、发展政策和竞争策略，政府没有权力进行干预。政府的职责是引导市场竞争机制的建立，制定和解释市场的"游戏规则"，并监督规则的执行。因此，市场机制保证了私立高等院校不受政府的控制和干预而自主地参与市场决策与竞争。同时，市场竞争的严酷也向高等院校施加了无形的压力。高等院校必须通过竞争获得发展所需的资

---

① 马立武：《二战后美国私立大学的发展及其对我国高等教育发展的启示》，载《大学教育科学》2004 年第 1 期。

② 参见张炜：《美国私立高等学校规模结构效益讨论》，载《中国高教研究》2005 年第 8 期。

源，这就要求各院校必须对市场变化保持敏锐的洞察力，不断创新，不断提高办学质量。成熟的市场机制、完备的法制环境和监管机制，保证了美国高等教育市场的公平竞争，促进了高等教育的健康发展。①

竞争性的高等教育结构为美国高等教育的竞争提供了基础性条件。在此条件下，美国政府又采取了一些积极主动的措施，鼓励、规范公私立高等教育机构进行公平竞争。美国政府用于鼓励、规范高等教育竞争的措施主要有以下几个方面：

第一，竞争性财政资助制度。美国各级政府向高等院校提供了大量的财政资助，除了州政府向公立院校提供的经费属于固定拨款外，其他资助都是以科研合同和补贴的形式提供的，如联邦研发（R&D）资助、学生财政资助等。在过去20多年里，联邦政府和州政府的政策将价格机制作为对学术项目进行资助的分配框架。在1972年对《高等教育法》进行重新修订时，国会拒绝把根据入学人数向各院校提供公式化的资助的政策写进法律。相反，立法官员认为向学生直接提供资助是实现高等教育机会均等和利用市场力量提高高等教育质量的最有效的方法。因此，联邦资助的重点开始由向院校提供资助转向对学生直接进行资助。向学生直接提供资助的主要形式包括政府的助学金、政府提供贴息的常规贷款等。直接的学生资助使学生及其家长成为学术项目的更加理性的消费者，鼓励学生和家长考虑其购买的服务的质量和成本，迫使各高等院校不得不更加重视学生的要求和需要。在州一级，州政府对公立高等教育的资助不断倾向于采取"高学费—高资助"的模式。这导致公私立院校之间教育服务项目的价格更加平均，更具有竞争性。20世纪50—70年代，联邦政府向学生提供的资助以学生的经济状况为基础，资助的重点是贫困家庭的学生。20世纪80年代以来，随着对高等教育质量的关注，联邦政府在继续实行以贫困学生为基础的

---

① 张旺：《试析美国高等教育的市场竞争机制》，载《山西师大学报》（社会科学版）2005年第2期。

资助政策的同时，开始将竞争机制引入学生资助中。近年来，各州也相继将竞争机制引入对高等院校的财政资助。科罗拉多、康涅狄格、佛罗里达、密苏里、南卡罗来纳、田纳西、弗吉尼亚和怀俄明等州已经开始实施或正在考虑实施以业绩为基础的资助政策，或者根据一系列学术标准向各院校分配州政府的资助或奖金。以业绩为基础的资助政策的目的是激励各院校在学生的学业和就业率方面达到一致同意的标准，使各院校对获得的公共资金更加负责，这种资助政策将重点从对过程的规范转向对优异的结果的奖励。俄克拉荷马高等教育未来公民委员会也建议以财政激励代替政府管制促进高等教育的发展。该委员会建议在一个竞争性的框架内实施财政激励措施，各高等院校通过提出实现州政府目标的有效建议而相互竞争财政资助，获胜的院校可以获得州政府的财政奖励以实施他们提出的建议。

第二，通过公共政策规范高等教育市场。为了避免市场竞争的消极作用，美国各级政府利用公共政策对市场力量进行了必要的规范，以使高等教育竞争更好地为公共利益服务。美国政府的公共政策主要从三个途径对高等教育市场进行宏观调控：

（1）通过公共政策改变高等学校运行的法律和价值框架，影响高等教育的基本状况。其中，产权界定是最重要的影响高等学校运行的公共政策，通过授予个人和组织控制高等学校资产包括有形资产和无形资产的权利，政府制定了高等教育市场竞争的基本框架。

（2）通过公共政策解放和刺激市场以影响高等教育市场的商品和服务价格，影响市场结构。在这一方面，主要是通过反垄断法律制度，对高等教育领域中有损于竞争结构的行为进行干预。自20世纪70年代起，美国司法部发起了数起针对高等教育服务的反垄断诉讼，其中美国诉布朗大学案产生了很大影响。通过反垄断法对高等学校及其行业协会限制竞争的行为进行干预，目前在世界上独一无二，这一制度保证了高等教育竞争性市场的有序运行。

（3）通过公共政策直接影响高等教育市场购买者和消费者的行为。政府规范市场行为的重点是规范入学或特定项目的开展，要求提供与项目有关和与服务质量有关的信息，以便使消费者个体更好地作出决定。随着高等教育机构与商界合作的不断加强，联邦政府对高等教育机构与商界合作的规范也相应加强，旨在增加信息和利益冲突的透明度，以保证科学研究者能够在其开展的实验中作出充分的决策。高等教育机构被要求向科学实验的参与者提供充足的信息，以便参与者对所参与的实验作出理智的判断。从 1995 年开始，从美国公共卫生局获得资助金的科学家必须报告与他们所在的高校在管理方面的冲突。高校科研人员从公司获得的年收入超过10000 美元的，必须公开；拥有公司的股份超过 5% 的，也必须公开。高等教育机构被要求将存在的任何利益冲突告知联邦政府。而美国食品药品监督管理局（FDA）则有自己专门的信息披露要求，高校科研人员在相关的公司所拥有的股份超过 50000 股或者获得研究成本之外的收入超过 25000 美元时都必须向 FDA 报告，但 FDA并不将这些情况向社会公开。

## 二、亚洲高等教育强国日本的高等教育结构

日本的高等教育机构有大学、短期大学、高等专门学校和专修学校专门课程 4 类。大学的学制一般为 4 年，短期大学的学制为 2年，大学和短期大学都只招收高中毕业生，在法律上都被称之为"大学"。高等专门学校为非大学的高等教育机构，学制为 5 年，招收初中毕业生。专修学校是进行类似于学校教育的教育场所，不能颁发学校教育的毕业文凭，所以，多数日本人所讲的高等教育机构是指前三类。根据经费来源和管理体制的不同，日本高等教育形式分为国立、公立和私立三种。国立高等院校由中央政府设立和负担经费，公立高等院校由各自治体即地方政府设立和负担经费，私立高等院校由学校法人设立和负担经费。

日本私立大学的建立，始于明治维新时期。明治维新初期，因日本政府无力大规模举办大学，以 1868 年应庆私塾的设立为开端，

日本现代私立高校得到迅速发展。尽管自 1877 年东京大学（国立）的成立以及 1886 年《帝国大学令》出台后，日本政府一直极力控制私立大学的设立，但私立大学在数量上仍居主导地位。1940年，日本有私立大学 26 所，占大学总数的 55.3%；私立专门学校122 所，占专门学校总数的 63.2%。第二次世界大战后，日本政府逐步改变了压制、歧视私立高校的政策，从"严格控制"转向"私学自由""振兴私学"，私立大学发展成燎原之势，[①] 形成了以私立大学为主体，国立、公立、私立三种形式并存的高等教育结构。据徐国兴的统计，在 2004 年，日本私立大学学校数有 542 家，占日本大学总数（709 家）的 76.4%；学生数 206 万人，占日本大学人数总数（280 万）的 73.4%；私立短期大学数 451 家，占全日本短期大学总数（508 家）的 88.76%；短期大学学生数近 22 万人，占全日本短期大学学生数 23 万余人的 91.66%。所以，无论是从学校数还是从在校学生人数考察，私立大学都是日本高等教育的主力军。[②]

根据机构的设置与发展过程划分，日本私立高等教育机构有如下三种类型：

（1）自主团体型。由国立大学教师或社会活动家构成并拥有卓越领导人的知识分子团体所创办的私立高等教育机构。举办者创办高校的主要动机在于推动国家的近代化进程。在这些私立高校创办者中，相当一部分持有与当时的明治政府相异的政治观点。如早稻田大学、应庆大学等创建于明治时代后期的部分著名私立大学基本属于这种类型。在多数情况下，这类高校的创办者实际参与高校的教学或管理工作。

（2）赞助者型。由拥有充足财源的社会组织主要是国外基督

---

① 苟朝莉：《鉴日本私立大学发展史，思中国独立学院办学路》，载《中国高等教育》2007 年第 13、14 期。

② 徐国兴：《日本国立大学和私立大学结构和功能分化的比较研究》，载《大学教育科学》2007 年第 2 期。

教传教士或佛教宗派的宗教组织或财团直接创办或得到其经费支持。

（3）企业家型。其典型特征是，学校举办者在最初阶段多数创办以中等教育机构为主，在学校进入成熟阶段之后创办短期大学，最终在此基础上发展为四年制本科院校。学校创办人往往通过将自己的亲属纳入董事会的方式，巩固自己在学校管理运作中的权威，引退时，举办者往往指定其亲属为其后任。

传统上，政府对私立大学一直采取"不支持不控制"的政策。虽然政府对大学设置有严格规定，但一旦私立大学的设立者达到这些标准，政府对设立私立大学没有不批准的理由。一旦私立大学被批准设立，文部科学省就很难再对私立大学行使过多的行政控制，但是私立大学也很难得到政府的经常性财政支持。进入 20 世纪 70 年代以后，随着日本经济腾飞成功，高等教育大规模扩招，随之而来的是高等教育尤其是私立高等教育办学条件恶化，政府对私立大学的财政支持成为当务之急。日本国会于 1975 年通过《私立学校振兴法》，开始对私立大学进行经常性财政支持，同时也出台了对私立大学的限制政策，比如扩招规模超过一定程度，政府的财政补助就会降低甚至为零。但自 20 世纪 80 年代后期以来，来自政府的财政支持下降。从历史发展趋势来看，和国立大学相比，政府对私立大学的财政支持并不多。①

尽管私立大学获得的国家援助较少（其原因，一方面是因为私立大学害怕政府干预而不愿接受援助，另一方面也是因为政府财政本身不足），但政府给私立高校的税收优惠政策是平等的。1952年，日本政府一方面考虑到私立学校的公益性，除非进行营利性事业，原则上不用交纳法人税、所得税、居民税、固定资产税等地方税。另一方面为了促进对国家、地方公共团体以及公益法人等的捐款，政府采取了对捐款者的纳税优惠政策。对私立学校的捐款者比

---

① 徐国兴：《日本国立大学和私立大学结构和功能分化的比较研究》，载《大学教育科学》2007 年第 2 期。

一般的捐款者得到更为广泛的优惠政策。①

除了税收优惠政策之外，政府在其他方面努力促进公立高校和私立大学之间的竞争。为了确保公私立高校之间的竞争，日本政府分别在1957年、1970年和1975年颁布了《国家对私立大学科研设备补助法》《私立振兴财团法》和《私立学校振兴资助法》等法律，使私立大学获得政府资助有了法律保障。目前，除了在获得国家资助方面私立高校比国立、公立高校要低得多之外，在师资、生源、学生奖学金方面，私立高校与国立、公立高校的竞争基本上是公平的。"师资竞争上，政府对公私立高校之间的教师待遇尽可能做到一视同仁。无论是在教师的聘任、职称评定，还是在教师工资待遇等方面，政府均能平等对待公私立高校，私立高校教师也无不公平感。""在生源竞争上，由于日本各私立高校都有自己历史所形成的特点和自主性。政府十分尊重私立高校考试与招生过程中的自主权，这使私立高校与公立高校在生源竞争上体现出公平性。""在学生奖助学金方面，政府对待公私立高校的学生在做法上体现出公平原则，一视同仁地将育英奖学金扩大到私立高校，甚至优惠或'区别对待'私立高校的学生。一定程度上说，公立高校处于竞争的非公平状态。这有助于高等教育机会均等的实现，有助于私立高校生源的保证和健康发展。"②

## 第二节　促进垄断性结构向竞争性结构转变的法律措施

我国高等教育机构数量多，目前已有3000家左右，且总体来说，规模都不算太大。需要接受高等教育服务的学生也数量众多。

---

①　毛勇：《日本公私立高校公平竞争探析》，载《高等教育研究》2009年第4期。

②　毛勇：《日本公私立高校公平竞争探析》，载《高等教育研究》2009年第4期。

所以，从理论上来说，我国高等教育符合完全竞争市场的特点。不过，每个高等教育机构所提供的教育服务存在差别，这种差别表现在高等教育机构提供服务的地点、提供服务的内容等方面，因此，每个高等教育机构收取的服务价格有差异。另外，高等教育行业有市场准入限制，而且一如前文所述，高等教育行业存在明显的信息不对称问题。所以，我国的高等教育市场似乎属于既有垄断又有竞争的垄断竞争结构。果真如此，则我国的高等教育市场结构是一种有效率的结构。而事实上，我国高等教育效率较低，创新程度也较低。原因在于，大部分高等教育机构都不具有真正独立的法律地位，它们大多为中央政府或地方政府投资和控制，所以，我国的高等教育市场属于垄断市场，最多只能归为寡头垄断市场。根据西方经济学的研究成果，完全竞争市场最有效率，垄断竞争市场次之，而垄断市场、寡头垄断市场的效率是较低的。基于此，《国家中长期教育改革和发展规划纲要（2010—2020年）》提出，"到2020年，高等教育结构更加合理，特色更加鲜明，人才培养、科学研究和社会服务整体水平全面提升，建成一批国际知名、有特色、高水平的高等学校，若干所大学达到或接近世界一流大学水平，高等教育国际竞争力显著增强。"这一目标，简单地说，就是"特色""竞争""高水平"。所以，我国的高等教育市场结构必须重构。

美国、日本发展高等教育的经验告诉我们，竞争是提高高等教育质量的法宝，要不断提高我国的高等教育质量，提升其高等教育的国际竞争力，就必须通过法律手段加快由垄断性高等教育结构向竞争性高等教育结构的转变：一方面，尽可能快地使公立高校成为真正独立的法人实体（下章将作专门论述），另一方面，要鼓励民间资本、外国资本进入高等教育市场，加大私立高校在各类高等教育机构中的比重。

## 一、促进民办高校发展的法律措施

### （一）民办高等教育发展的法律障碍

我国民办高校的发展始自1985年，虽然政府一直重视发展民办教育，例如，早在 1982 年《宪法》就有"国家鼓励集体经济组织、国家企业事业组织和其他社会力量依照法律规定举办各种教育事业"的规定。2002 年，全国人大常委会颁布了《民办教育促进法》，取代了 1997 年由国务院颁布的《社会力量办学条例》，提升了国家促进民办教育发展的立法层次和立法权威。但综观该法的全部内容（共十章 68 条）不难发现，除"总则"第 6 条，第七章"扶持与奖励"第 44 条至第 48 条，第 51 条等少数条款具有"促进"一词之应有含义以外，绝大多数条款都属于管理性规范，甚至是义务性规范，即民办学校"应当"怎样。所以，与其说《民办教育促进法》是促进型法，还不如说属于管理型法，或者说名义上是"促进"法，实质上是"管理"法。同时，因为《民办教育促进法》中的"促进"型规范都非常原则、非常抽象，需要具体执行部门予以细化或具体化，而经过各部门、各地方政府的进一步解释之后，这部法律的"促进"效应也进一步淡化。归纳起来，目前民办高校发展所面临的法律问题主要有以下几个方面：

1. 准入条件限制

我国高等教育行业实行市场准入制度。《高等教育法》第 25 条规定："设立高等学校，应当具备教育法规定的基本条件。""大学或者独立设置的学院还应当具有较强的教学、科学研究力量，较高的教学、科学研究水平和相应规模，能够实施本科及本科以上教育。大学还必须设有三个以上国家规定的学科门类为主要学科。设立高等学校的具体标准由国务院制定。""设立其他高等教育机构的具体标准，由国务院授权的有关部门或者省、自治区、直辖市人民政府根据国务院规定的原则制定。"《民办教育促进法》第 10 条规定："民办学校的设置标准参照同级同类公办学校的设置标准执行。"根据该规定，在高等教育市场准入方面，民办学校与公办学校的设置条件是一样的，不存在什么差别。不过，从国务院、教育部制定的具体标准来看，两者之间的差别待遇较为明显。目前，关于高等学校的设置标准，有法律约束力的文件是 1986 年 12 月 15 日国务院制定的《普通高等学校设置暂行条例》（以下简称《暂行条例》）和 1993 年原国家教委发布的《民办高等学校设置暂行规定》（以下简称《暂行规定》）。

《暂行条例》第二章关于高等学校"设置标准"的规定如下：

第六条：设置普通高等学校，应当配备具有较高政治素质和管理高等教育工作的能力、达到大学本科毕业文化水平的专职校（院）长和副校（院）长。同时，还应当配备专职思想政治工作和系科、专业的负责人。

第七条：设置普通高等学校，须按下列规定配备与学校的专业设置、学生人数相适应的合格教师。（一）大学及学院在建校招生时，各门公共必修课程和专业基础必修课程，至少应当分别配备具有讲师职务以上的专任教师二人；各门专业必修课程，至少应当分别配备具有讲师职务以上的专任教师一人。具有副教授职务以上的专任教师人数，应当不低于本校（院）专任教师总数的 10%。（二）高等专科学校及高等职业学校在建校招生时，各门公共必修课程和专业基础必修课程，至少应当分别配备具有讲师职务以上的专任教师二人；各门主要专业课程至少应当分别配备具有讲师职务以上的专任教师一人。具有副教授职务以上的专任教师人数，应当不低于本校专任教师总数的 5%。（三）大学及学院的兼任教师人数，应当不超过本校（院）专任教师人数的四分之一；高等专科学校的兼任教师人数，应当不超过本校专任教师的三分之一；高等职业学校的兼任教师人数，应当不超过本校专任教师的二分之一。少数地区或特殊科类的普通高等学校建校招生，具有副教授职务以上的专任教师达不到（一）、（二）项要求的，需经国家教育委员会批准。

第八条：设置普通高等学校，须有与学校的学科门类和规模相适应的土地和校舍，保证教学、生活、体育锻炼及学校长远发展的需要。普通高等学校的占地面积及校舍建筑面积，参照国家规定的一般高等学校校舍规划面积的定额核算。普通高等学校的校舍可分期建设，但其可供使用的校舍面积，应当保证各年度招生的需要。

第九条：普通高等学校在建校招生时，大学及学院的适用图书，文科、政法、财经院校应当不少于八万册；理、工、农、医院校应当不少于六万册。高等专科学校及高等职业学校的适用图书，文科、政法、财经学校应当不少于五万册；理、工、农、医学校应当不少于四万册。并应当按照专业性质、学生人数分别配置必需的仪器、设备、标本、模型。理、工、农院校应当有必需的教学实习工厂或农（林）场和固定的生产实习基地；师范院校应当有附属的实验学校或固定的实习学校；医学院校至少应当有一所附属医院和适应需要的教学医院。

第十条：设置普通高等学校所需的基本建设投资和教育事业费，须有稳定的来源和切实的保证。

《暂行规定》第九条规定，设置民办高等学校，应具备下述基本条件：

配备坚持党的基本路线，大学本科毕业以上文化水平，具有高等教育工作经验，管理能力较强，并能坚持正常工作的专职正、副校长。还应配备有副教授以上职称的专职学科、专业负责人。

配备政治素质较高、业务能力与专业设置、在校学生人数相适应的稳定的教师队伍。各门公共必修课程、专业基础和专业必修课程，至少应有讲师或讲师以上职称的教师1人。每个专业至少应有2名具有副教授以上职称的教学骨干。

设置的专业数一般在3个以上；在校学生规模应达到500人以上，其中高等学历教育在校学生规模应不少于300人。

有固定、独立、相对集中的土地和校舍。校舍一般应包括教室、图书馆、实验室（含实习场所及附属用房）、校系行政用房及其他用房5项，合计建筑面积参考指标为：文法财经类学校每生10平方米，理工农医类学校每生16平方米。占地面积应满足校舍建筑用地和供学生体育活动的场地。

按所设专业和学生人数配备必要的教学仪器设备和适用图书。实验课及实习条件应达到各专业教学的基本要求。

要有与建校相应的建设资金和稳定的经费来源。建校、办学费用由申办者自行筹措，并需有关部门审核、验资。其资金数额由省级人民政府规定。

比较民办高等学校的设置条件与普通高等学校的设置条件，尽管在形式上前者的要求比后者的要求确实要低一些，但由于民办高校资金来源渠道窄、规模小，而且很难从政府手中无偿获得教学用地，所以，这些条件看似简单，实则难以达到。

2. 营利性限制

教育方面的基本法如《教育法》《高等教育法》都禁止以营利为目的举办高等教育机构。《教育法》第25条规定："国家鼓励企业事业组织、社会团体、其他社会组织以及公民个人依法举办学校及其他教育机构。任何组织和个人不得以营利为目的举办学校及其他教育机构。"《高等教育法》第24条规定："设立高等学校，应当符合国家高等教育发展规划，符合国家利益和社会公共利益，不得以营利为目的。"虽然《民办教育促进法》第51条规定"民办学校在扣除办学成本、预留发展基金以及按照国家有关规定提取其他的必需的费用后，出资人可以从办学结余中取得合理回报"，但根据官方的理解，这里的"合理回报"并不等于允许"营利"。

3. 产权归属不明

1999年底，江西省蓝天职业技术学院院长于果立下一份遗嘱，将其1993年投资300万元创办的、资产评估高达3个亿的学校"无偿捐献给国家"。这份遗嘱经媒体公布后在教育界、法律界引发了一场争论。争论的焦点是民办学校的产权归属于国家还是投资者，民办学校的创办者个人是否有权处置学校资产。从立遗嘱者的主观认识层面来看，毫无疑问，他认为自己是这所学校的所有者，拥有学校资产的产权，但他愿意将这份资产无偿捐献给国家而不是由其子女来继承。不过，江西省教育厅有关部门却认为：民办学校不是投资者的私人财产，投资者无权处置民办学校财产。于果把3个亿的学校交给国家是件好事，但"捐赠"二字使用不当，因为这3个亿的财产中有相当一部分本来就属于国家。① 江西省教育行政主管部门与投资者之所以在一些语词方面产生歧异，是因为当时

---

① 《一份遗嘱引发议论》，载《民办教育电子信箱》2001年第15期。

相关法律制度对民办高校的产权归属不明确。国务院于 1997 年发布的《社会力量办学条例》（现已废除）没有就民办高校的财产权作出规定，只是在第五章"教育机构的变更与解散"中规定："教育机构清算的剩余财产，返还或者折价返还举办者的投入后，部分由审批机关统筹安排，用于发展社会力量办学事业。"这一条规定一方面承认举办者的投入应属于个人所有，学校停办时返还，另一方面又规定由审批机关统筹，用于发展社会力量办学事业。这种明显自相矛盾的规定，使人无所适从。

2002 年全国人大常委会颁布的《民办教育促进法》试图解决这一问题。其第五章"学校资产与财务管理"第 35 条规定："民办学校对举办者投入民办学校的资产、国有资产、受赠的财产以及办学积累，享有法人财产权。"第 59 条第 2 款规定民办学校清偿债务后的剩余财产，"按照有关法律、行政法规的规定处理"。然而，它仍然留下了一些悬而未决的问题。首先，"法人财产权"这一概念尽管在其他法律文件如《公司法》中早已出现，但自其产生之日起就广受学界诟病，因为这一概念是为了解决国有资产产权不明问题而被发明出来的，其内涵和外延都不清晰。用一个内涵和外延都不清晰的概念来界定民办学校的财产权，虽然没有使问题更复杂化，但也没有解决任何问题。而第 59 条第 2 款属于准据性法律规范，这一规范的有效实施有赖于其他法律制度的明确规定，然而时至今日，人们仍然没有看到类似的规定。

所以，在 2007 年底北京召开的第四届中国教育家大会上发生了两件让人深思的事情：第一件事情是，安徽一家私立学校自称办学业绩和效益都不错，借助广告宣传在大会上火了一把之后，立即宣布：从 2008 年开始，学校将全部资产（包括有形资产和无形资产）无偿捐赠给当地政府，学校从此转为公办。许多人对此举不理解。第二件事情是在大会举办的"民办教育论坛"上，一位来自西安的著名民办教育家说他投资办学 10 多年，没用国家一分钱，反而"为国家"创造、积累了 30 多亿元的教育资产。为什么说"为国家"呢？因为这些资产的产权不明晰，名义上是学校的，可学校无权处置，既不能抵押也不能转让，甚至连贷款担保都被确认无效。他感慨："目前，我们面临的最大敌人是政策!"而这一切的根源还是在于教育产权制度。在目前的教育产权制度状况下，民办高等教育的产权状况可谓"你的不是你的，我的不是我的；公的不是公的，私的不是私的。有道是：见山不是山，见水不是水；见山又是山，见水又是水"。

不许营利、财产归属不明，严重挫伤了投资者的积极性。在一次有关民办教育的会议上，当一位行政官员说民办学校创办者别想从学校拿回一分钱的投资时，当场就引起了许多董事长和校长的抗议。一位民办学校的创办者愤怒地说："这等于把私人财产充作公有。"民办学校的创办者因为害怕自己的投资被充公，往往采取各种手段秘密转移学校资金。有的在学校之外另外设立一个公司，学校所需要的资产全部由公司购买，并由公司出租给学校使用，由学校支付租赁费，一有风吹草动，自己的投资可以安全地回收；有的则以奖金的形式在行政管理人员和教师间分配学校的资金，实行"三光"政策——分光、用光、花光；还有的则放弃了投资民办学校的想法。① 据报道，以外语培训闻名全国的新东方学校尽管收入很高，完全可以凭自己的经济实力建设独立的校舍，但因为产权不明确，学校宁愿每年花 3000 万元的租金到处租房子，也不愿意盖校舍。北京的民办高校拥有自己校舍的还不到 10%。多数民办高校只能四处租房，铺设教学点，有的学校的教学点达 20 多个，虽然方便了求学者，但增加了管理的难度，很难形成良好的校风、学风和教学科研氛围。②

4. 不能同等享受公立高校的待遇

《民办教育促进法》第 5 条规定："民办学校与公办学校具有同等的法律地位。"第 27 条规定："民办学校的教师、受教育者与

---

① Jing Lin（1999），Social Transformation and Private Education in Chian，Praeger Publishers，pp. 157－159.

② 廖厚才：《民办高校往哪走》，载《北京晨报》1999 年 8 月 6 日。

公办学校的教师、受教育者具有同等的法律地位。"《民办教育促进法实施条例》（2004）第 38 条规定："捐资举办的民办学校和出资人不要求取得合理回报的民办学校，依法享受与公办学校同等的税收及其他优惠政策。"但在执行这些法律规定的下位法或次级立法中，民办高校的平等权益总是会受到有意或无意的忽视或侵害。以对民办高校发展非常重要的税收优惠为例，根据《民办教育促进法》第 5 条和第 46 条的规定，民办高校应当与公立高校享受同样的税收优惠政策，但是根据国务院及其所属相关部门的规定，有些民办高校就不能享受这方面的优惠。譬如，2004 年 2 月 5 日，财政部、国家税务总局专门发布了《关于教育税收政策的通知》（财税〔2004〕39 号）。《通知》规定："对从事学历教育的学校提供教育劳务取得的收入，免征营业税。""对国家拨付事业经费和企业办的各类学校、托儿所、幼儿园自用的房产、土地，免征房产税、城镇土地使用税；对财产所有人将财产赠给学校所立的书据，免征印花税。"而《民办教育促进法》所规定的投资主体是多元化的，企业可以投资办学，个人也可以投资办学，其所规定的教育形式也是多元的，既有学历教育，也有非学历教育。而根据财税〔2004〕39 号文的规定，个人投资举办的民办高校（不管是学历教育还是非学历教育）、非学历教育（不管是企业举办的还是个人举办的）都不能享受相关税收优惠政策。所以，虽然目前民办高校能够享受一些免税待遇，但其应税项目比公立高校要多。在征税环节，税务机关对民办高校的税收治理也比对公立高校要严格。"这种治理上的差别待遇加剧了民办高等教育与公办高等教育的不公平竞争，不利于民办高等教育的发展。"[1] 另外，民办高校教师在职称评定、生活补贴、医疗保险、住房补贴、退休养老等待遇方面都不如公立高校教师。民办高校的学生在车票优惠、助学贷款和奖学金等待遇方面也与公立高校的学生有差别。

---

[1] 罗黎辉：《调整民办高等教育税收政策》，载《教育与职业》2010 年第 25 期。

## (二) 促进民办高校发展的法律措施

1. 删除《教育法》等相关法律法规中"不得以营利为目的"的规定

现在民办教育发展中遇到的很多问题，都与《教育法》第25条最后一句"任何组织和个人不得以营利为目的举办学校及其他教育机构"这一规定相关。这一规定曾经使《民办教育促进法》的起草者陷入两难困境：不允许民办教育的投资者取得任何收益或利润，则不足以达到鼓励民间资本进入教育领域、"促进"民办教育发展这一立法目的；而如果允许投资者获得投资收益，则等同于允许民间资本以营利为目的投资于教育，这又与《教育法》的规定相冲突。为了解决这一两难困境，法案起草者"煞费苦心"创造了"合理回报"一词，在该案《草案》初稿第35条中规定："民办学校在扣除办学成本和按国家有关规定必须提取的费用后，举办者可以取得合理回报，取得回报的办法由各省、自治区和直辖市制定。"即便如此，这一条文在审议过程中仍然引起了"巨大的争议"。在经过三审仍然无果的情况下，最后"靠领导者的个人决断和搁置争议的模糊战术"，"合理回报"这一创造性学说才被立法机关采纳。[①] 不过，"合理回报"说并非完美无缺。反对者坚持认为，"合理回报"就是营利。本书也赞同这种理解，《民办教育促进法》第51条规定的实质就是允许营利，同时认为，这一规定虽然不合法（违反了教育基本法《教育法》），但合理。

本书曾在第一章第二节提到，自20世纪90年代以来，一些国家或地区的高等教育市场出现了新的竞争主体——营利性大学。这些营利性大学都是私立高校。据有关方面统计，2000—2001学年美国有四年制营利性高校169所，两年制营利性高校500所，营利

---

① 参见税兵：《民办学校"合理回报"之争的私法破解》，载《法律科学》2008年第5期。

性高校占全部私立高校的28％。① 现在，美国的营利性高校不仅在数量上增多，而且在办学层次上也在提高，已经出现了可以授予学位的营利性大学。比如，美国最大的私立大学——凤凰大学（The University of Phoenix）就可以授予学位。菲律宾也有营利性高等教育机构。菲律宾的私立学校有两类，一类是非股份制法人私立学校，办学资金来源于社会赞助，不以营利为目的，偶有盈余必须用于教育发展，在其法人章程内明确规定，收入不作为分给成员的红利，作为非股份法人不允许经营直接和间接牟利的企业。另一类是股份法人学校，其办学资金主要来源于股东的投资，学校有权向股东发放股息及盈利。可见，在市场经济条件下，营利性高等教育机构的存在有其合理性，我们"没有必要也不可能完全排斥这种高等教育机构的存在"。② 除美国、菲律宾之外，日本、荷兰等国家也有营利性高校。

现行立法担心高等教育的营利性与高等教育的公益性相冲突，所以作出了不得"以营利为目的"举办高等学校和其他教育机构的规定。对此担心，耶鲁大学第20任校长小本诺·史密德认为"这纯粹是个神话"。因为，实践表明，"利润和社会利益不见得就互相抵触，有时，它们还能协调发展"。作为兼具非营利性教育与营利性教育代言人身份之史密德，亲身经历了营利公司把资金作为捐赠注入到社会，用于支持言论自由和人文教育，并为这种营利性机构的利他主义感到震惊。③ 另外，如果将满足大众对高等教育的需要也作为社会性、公益性的一部分，则营利性高等教育毫无疑问与公益性目标是一致的。在代表社会利益的政府无力满足高等教育

① 《美国2000—2001学年高等教育统计》，载《世界教育信息》2001年第7期。

② 戚业国：《民间高等教育投资的跨学科研究》，华东师范大学2000年博士学位论文，第139—140页。

③ ［美］理查德·鲁克：《高等教育公司：营利性大学的崛起》，于培文译，北京大学出版社2007年版，第88—89页。

大众化要求的情况下，营利性高等教育机构投资办学，使那些在财力上有支付能力的人接受高等教育，比不收学费却将那些因招生指标太少达不到大学录取线的人拒于大学门外的做法，更符合社会利益。因为对整个社会而言，受高等教育的人越多，社会利益就越大。

承认教育的营利性，在某种程度上甚至有助于教育质量的提高。传统观点可能会认为，营利性教育机构都是"学术界的渣滓"，因为"营利就意味着赚钱，赚钱就是腐朽、肮脏"。事实表明，对营利性高等教育机构的本质作这种先入为主的理解可能是"错误的"。① 美国诺贝尔集团教育执行官塔娜博士在接受《中国教育报》记者采访时说："在公司利润最大化和教育质量最好之间，两者是一致的，只有提供最好的教育质量才能实现利润的最大化，对利润的追求反而可能成为提高教育质量的动力。如果没有一流的质量就没有好的、丰富的生源，利润的实现也就落空了。"② 如果承认高等学校的人才培养必须适应市场需要是现代大学的行为准则之一，如果我们承认高等学校毕业生的就业率与挣钱能力是评价高等教育质量的重要指标，③ 那么，我们可以说，营利性教育机构的教育质量一点也不比非营利性高等教育机构逊色。美国学者理查德·鲁克在自己的研究成果中曾写道，"营利性大学毕业生的就业率是高等教育中最高的"。④ "从课堂层面来说，营利性大学和非营利性大学没有明显的区别。一些较好的营利性高教公司……都是合法的、有生命力的学术机构。同时，越来越多的知名非营利性大

---

① ［美］理查德·鲁克：《高等教育公司：营利性大学的崛起》，于培文译，北京大学出版社 2007 年版，第 1 页。

② 《教育质量与办学营利》，载《民办教育电子信箱》2001 年第 25 期。

③ 事实上，中国的高等教育行政主管部门不仅将毕业生就业率作为衡量各高校教学水平高低的重要标志之一，而且给各校下达有硬性的就业指标，以致出现了被媒体所说的"被就业"的情况。

④ ［美］理查德·鲁克：《高等教育公司：营利性大学的崛起》，于培文译，北京大学出版社 2007 年版，第 75 页。

学正在调整自己的结构来创办一些营利部门，主要由一些成人继续教育和风险资本组成……很明显，非营利性大学中的营利性产业的不断增加，说明用来区别各种类型和各种质量的'营利性'和'非营利性'术语已经变得越来越没有意义。"① 显然，承认营利性高等教育不会改变教育的根本属性，担心营利性高等教育机构"用高价向学生们到处贩卖别处买不到的伪劣产品"是多余的。既然《民办教育促进法》已经允许部分民办高校获得合理回报，不如干脆删除《教育法》第 25 条最后一句。

当然，从促进高等教育公平竞争的角度出发，删除《教育法》第 25 条最后一句仍然是不够的，因为删除该规定之后，营利性高等教育机构与非营利性高等教育机构将同台竞争，而营利性高等教育机构与非营利性高等教育机构有很多区别（见下表）。

**高等教育中非营利性学校和营利性学校的差异②**

| 非营利性 | 营利性 |
| --- | --- |
| 免税 | 纳税 |
| 捐赠人 | 投资人 |
| 捐资款 | 私人投资资金 |
| 资助人 | 股东 |
| 共同管理 | 传统管理 |
| 声誉动机 | 利润动机 |
| 知识培养 | 知识应用 |
| 学科导向 | 市场导向 |
| 投入质量 | 产出质量 |
| 教师权力 | 顾客权力 |

如果不对营利性高等教育机构进行规制，那么对非营利性高等教育机构来说是不公平的。基于此种考虑，《民办教育促进法实施条例》对出资人要求取得回报的民办学校作了相关的规范。如第 46 条

---

① ［美］理查德·鲁克：《高等教育公司：营利性大学的崛起》，于培文译，北京大学出版社 2007 年版，第 125—126 页。

② ［美］理查德·鲁克：《高等教育公司：营利性大学的崛起》，于培文译，北京大学出版社 2007 年版，第 9 页。

规定："民办学校应当在确定出资人取得回报比例前，向社会公布与其办学水平和教育质量有关的材料和财务状况。""民办学校的理事会、董事会或者其他形式决策机构应当根据本条例第四十四条、第四十五条的规定作出出资人取得回报比例的决定。民办学校应当自该决定作出之日起 15 日内，将该决定和向社会公布的与其办学水平和教育质量有关的材料、财务状况报审批机关备案。"第 47 条规定："民办学校有下列情形之一的，出资人不得取得回报：（一）发布虚假招生简章或者招生广告，骗取钱财的；（二）擅自增加收取费用的项目、提高收取费用的标准，情节严重的；（三）非法颁发或者伪造学历证书、职业资格证书的；（四）骗取办学许可证或者伪造、变造、买卖、出租、出借办学许可证的；（五）未依照《中华人民共和国会计法》和国家统一的会计制度进行会计核算、编制财务会计报告，财务、资产管理混乱的；（六）违反国家税收征管法律、行政法规的规定，受到税务机关处罚的；（七）校舍或者其他教育教学设施、设备存在重大安全隐患，未及时采取措施，致使发生重大伤亡事故的；（八）教育教学质量低下，产生恶劣社会影响的。""出资人抽逃资金或者挪用办学经费的，不得取得回报。"这些规定有利于维护消费者的合法权益，有助于促进高等教育公平竞争，立法机关可以在此基础上进一步完善规范营利性高等教育机构的相关法律制度。

2. 明晰产权

邓小平同志早就指出，"不重视物质利益，对少数先进分子可以，对广大群众不行，一段时间可以，长期不行。"[①] 在稀缺性的现实世界里，产权无比重要，如果没有一套法律制度区分和保障"你的和我的"，人们将有足够的动机掠夺而不是创造财富。[②] "如果不允许投资人获得任何回报，并依此作为制定和执行政策的指导思想，那就等于要求办学者捐资，这是超越中国现阶段发展水平

---

① 《邓小平文选》（第二卷），人民出版社 1994 年版，第 146 页。

② 王雍君：《公共经济学》，高等教育出版社 2007 年版，第 43 页。

146

的。其结果必然是民办学校的消亡或成为公办学校的点缀。"① 因此，建立民办高校的产权制度迫在眉睫。

产权，指以财产为基础的完整的权利体系，包括财产归属权、使用权、收益权和处置权等，其中财产归属是产权的核心，而使用权、收益权和处置权等都是归属权的派生权利。产权是一切经济制度的基础。产权界定的基本原则是"投资者拥有产权"，也叫谁投资谁拥有产权原则。根据这一原则，民办学校的产权应该属于投资者所有。然而，由于意识形态等方面的原因，国内关于民办高校的产权一直有争论。迄今为止，关于民办高校的产权问题至少有以下几种不同的观点:②

（1）全部资产归公。这种观点认为，民办高校的财产应当全部归国家所有。在学校存续期间，创办者不能出售学校财产或把它们兑现成现金，在学校停办时创办者可以得到一定补偿，或收回部分投资。持这种观点的人主要是政府官员，主要理由是，教育是一项公共事业，公民应把投资教育看作是为公共利益做贡献，不应该获取回报。

（2）增值资产归公。这种观点认为，民办高校创办者投入的资产归创办者，而学校在办学过程中形成的增值资产则归国家所有。持这种观点的人也主要是政府官员，少数教育理论研究者也持这种观点。

（3）增值资产分成。这种观点认为，不仅创办者投入学校的资产归创办者所有，而且创办者可以根据学校的办学情况获得一定的收益。至于收益的多寡，不同学者提出了不同的标准，如略高于银行存款利息、不超过债券的利息、不超过贷款利息、不超过股市的

---

① 胡卫:《民办教育的发展与规范》，教育科学出版社 2000 年版，第 82 页。何宗海:《市场经济条件下的现代教育产权制度》，http://www.tecn.cn，访问时间: 2008 年 1 月 27 日。

② 参见张兴:《高等教育投资主体多元化研究》，上海教育出版社 2003 年版，第 160—163 页。

平均收益，等等。持这种观点的人主要是经济学家和教育理论研究者。

（4）全部资产归创办者。这种观点认为，既然国家对民办学校不投资，学校破产后也不承担什么责任，学校的资产就没有理由归国家，而应该全部归投资者所有。不仅创办人的先期投资形成的资产归学校所有，而且在办学过程中的增值资产也应该全部归学校所有。学校破产后，由创办人或投资者独立承担法律责任。持这种观点的大多是民办学校的创办者。

（5）投资者享有部分债权。为了保证民办学校"归社会公共所有"，同时照顾到原投资人"一定的经济利益"，应"根据对现有民办学校层次、类型、规模的认定，确定其最低设立资金标准"，作为创办者捐赠给民办学校的资产，扣除最低设立资金后的余额，作为民办学校债务，由民办学校对投资人还本付息。①

上述观点尽管内容不同，但他们讨论问题的前提和出发点大都一致，即不突破现行《教育法》《民办教育促进法》等法律所规定的框架。遵循现有法律框架，人们很难提出一种清晰可行、让各方都满意的民办高校财产所有制度。但是，如果删除《教育法》第25条最后一句，即允许民间资本举办营利性高等教育机构，则民办高校的产权问题将迎刃而解：非营利性民办高校的财产所有权包括民办高校举办者捐资形成的资产、办学过程中形成的增值资产等都属于公产，在学校存续期间，民办高校享有法人财产权，学校解散后的剩余财产归社会，可由政府或专门的教育基金会托管；营利性民办高校的财产包括创办者投资形成的财产、投资所形成的利润、政府为支持民办高校的发展给予的各类拨款、补助或税收优惠形成的财产、接受社会捐赠所形成的财产都属于私产，在学校存续期间，民办高校享有法人财产权，学校停办、解散后的剩余财产归投资者。

① 刘元宝：《中国民办教育立法中的几个问题》，载全国人大科教文卫委员会教育室、香港大学中国教育研究中心编写：《民办教育研究与立法探索》，广东高等教育出版社2001年版，第155页。

法律应当明确规定，民办高校的创办者可以自愿选择捐资和投资两种方式举办高等教育机构。同时，应当明确规定两类高校的不同法律性质、不同的权利义务关系及不同的监管制度。

3. 完善税收优惠制度

税收优惠是世界各国或地区普遍采用的扶持私立高校发展的主要措施之一。许多国家或地区在私立学校法或税法中，专门就教育税收优惠政策作出规定。如我国台湾地区"私立学校法"第50条规定："私人或团体对于私立学校之捐赠，除依法予以奖励外，并得依所得税法、遗产与赠与税法之规定免税。"第51条规定："'教育部'为促进私立学校发展，得成立财团法人私立学校兴学基金会，办理个人或营利事业对私立学校捐款有关事宜。个人或营利事业通过前项基金会对私立学校之捐款，得依下列规定申报当年所得税时，作为列支费用。个人之捐款，不超过综合所得税总额的50％。营利事业之捐款，不超过所得总额的25％。"第52条规定："私立学校所有土地赋税及房屋税之减免，依有关税法及规定办理。"第53条规定："私立学校按其设立性质、规模及教学研究之需要，进口图书、仪器及必需用品，经主管教育行政机关证明，依有关税法之规定，申请免税结汇进口。"① 我国内地虽然有关于教育税收优惠的规定，但总体来说，这些规定的针对性并不强。针对性最强的法律规范是《民办教育促进法》。该法规定"民办学校享受国家规定的税收优惠政策"（第46条），"国家对向民办学校捐赠财产的公民、法人或者其他组织按照有关规定给予税收优惠"（第47条第2款），但这种规定基本不具有可操作性。税收方面的法律并无专门针对民办学校的法律规范。《个人所得税法》（2011）有关个人所得税的减免规定（第4条、第5条）、《企业所得税法》（2007）有关企业所得税的减免规定（第四章）中都无教育捐赠减免这一项。2004年财政部、国家税务总局发布的《关于教育税收

---

① 参见秦国柱：《私立大学之梦——中国民办高教的过去、现状、未来》，鹭江出版社2000年版，第409页。

政策的通知》（财税〔2004〕39 号）也不是专门针对民办学校的。故从严格意义上说，关于民办教育方面的税收优惠制度，目前仍处于空白状态。

民办学校税收优惠制度的完善，可以从形式和内容两个方面入手。在形式上，应改变目前教育税收优惠措施散而乱的状况，专门针对民办学校制定税收优惠措施，以提高民办学校税收优惠措施的透明度和权威性。

在内容上，首先应区分营利性民办学校与非营利性民办学校，分别制定税收优惠政策。在这一方面，《民办教育促进法实施条例》的相关规定值得肯定和借鉴。该条例第 38 条规定："捐资举办的民办学校和出资人不要求取得合理回报的民办学校，依法享受与公办学校同等的税收及其他优惠政策。""出资人要求取得合理回报的民办学校享受的税收优惠政策，由国务院财政部门、税务主管部门会同国务院有关行政部门制定。"相关部门可以参照此条款的立法精神，细化营利性民办学校能够享受的税收优惠政策。除此之外，现行税法中有关捐资办学的优惠措施也应作相应的修改。因为目前关于捐资办学的税收优惠是同等适用于公立和私立非营利性学校的，没有体现对私立非营利民办学校的倾斜政策，而且现行关于捐资办学的税收优惠规定不仅数额较低，还有直接向学校捐资不能享受免税待遇等条件的限制，① 所以，有些学者建议："适当提

---

① 譬如，《个人所得税法实施条例》第 24 条规定："税法第六条第二款所说的个人将其所得对教育事业和其他公益事业的捐赠，是指个人将其所得通过中国境内的社会团体、国家机关向教育和其他社会公益事业以及遭受严重自然灾害地区、贫困地区的捐赠。""捐赠额未超过纳税义务人申报的应纳税所得额 30% 的部分，可以从其应纳税所得额中扣除。"《企业所得税法》第 9 条规定："企业发生的公益性捐赠支出，在年度利润总额 12% 以内的部分，准予在计算应纳税所得额时扣除。"《企业所得税法实施细则》（2007）第 51 条规定："企业所得税法第九条所称公益性捐赠，是指企业通过公益性社会团体或者县级以上人民政府及其部门，用于《中华人民共和国公益事业捐赠法》规定的公益事业的捐赠。"

高个人对高等教育捐赠的应纳税所得额中扣除比例，建议由现行的30%上调为50%，以提高纳税人对高等教育捐赠的积极性。""将教育捐赠税收优惠的范围扩大至对学校和受教育者个人的直接捐赠。"① 本书认为，如果不能普遍提高捐资办学可享受的免税数额，这种建议至少可以适用于民办非营利性学校。

## 二、利用外资促进高等教育竞争的法律措施

除了鼓励、重视民间资本参与高等教育之外，引进外国优质资源，建立外资高等教育机构，对完善我国高等教育结构、促进高等教育有效竞争也是有益的。10多年前，天津财经学院和美国俄克拉荷马大学合办 MBA 班，开创了中国高等教育利用外资的先河，结束了我国只有公立高校和民办高校两类教育机构可供受教育者选择的历史。相关统计资料显示，1995 年，我国有 71 家中外合作办学机构和项目。2002 年，中外合作项目达到 712 个，增加了 9 倍，覆盖了全国除西藏、宁夏以外的 28 个省、自治区、直辖市。至2007 年 12 月，通过教育部复核的中外合作办学机构和项目累计达831 个（其中机构 126 个、项目 705 个）。② 这些办学机构主要有两种类型：具有法人资格的办学机构和非法人办学机构。具有法人资格的办学机构是由中外双方共同投资、符合法定办学条件并能独立承担办学责任的机构。这种小学机构由中外双方根据契约建立，中外双方依照契约享受相应的权利并承担一定的责任和义务，享受独立的办学自主权，内部管理实行董事会制。非法人办学机构也有两种：一种是学校领导下的二级学院制，目前的中外合作办学大多数以这种形式存在；另一种是一般合作办学项目，中外双方根据契约

---

① 李祥林、马妮娜：《完善我国高等教育税收优惠政策的探讨》，载《税务研究》2009 年第 11 期。

② http：//www. moe. edu. cn/edoas/website18/level3. jsp？ tablename ＝ 1241423874423185&infoid ＝ 1242290512214514&title ＝ 对外合作与交流，2009 年11 月 19 日浏览。

中确定的权利义务共同完成合作办学任务。中外合作办学具有引进外国优质教育资源、优化我国教育课程、改进教育方法、聘请世界级专家、培养国际化经营管理人才等优势，但也有可能损害作为消费者的学生利益，还有可能危及国家的教育主权。因此，为了鼓励同时也为了规范中外合作办学，我国制定了一些法律规范。这些法律规范对于保障、促进中外合作办学事业的发展，特别是在培养国际人才方面起了很大的作用。但是，由于我们缺乏足够的经验，这些法律规范还有许多不完善之处。

## （一）现行有关中外合作办学的立法规定

我国关于中外合作办学的立法规定，始自 1995 年。1995 年 1 月，为加强对中外合作办学的管理，促进我国教育事业的发展和教育对外交流与合作，原国家教育委员会制定了《中外合作办学暂行规定》。《暂行规定》总共有 43 条，内容涉及中外合作办学机构的设置、运行、监督管理等方面。但总体上来说，这些规定比较原则和抽象，不能满足我国中外合作办学迅速发展的需要，因而国务院于 2003 年 3 月 1 日颁发了《中华人民共和国中外合作办学条例》（以下简称《中外合作办学条例》），并于当年 9 月 1 日起施行。这是我国第一部有关教育国际合作的法律文件。2004 年 6 月，教育部发布了《中外合作办学条例实施办法》（以下简称《实施办法》），该办法于 7 月 1 日起施行。《中外合作办学条例》及其《实施办法》的内容主要有以下几个方面：

1. 中外合作办学的性质和地位

根据《中外合作办学条例》的规定，中外合作办学在性质上属于"公益性事业"，在地位上"是中国教育事业的组成部分"。这一规定比《暂行条例》的规定更明确、更完善。《暂行条例》只规定"中外合作办学是中国教育对外交流与合作的重要形式，是对中国教育事业的补充"。它没有明确中外合作办学的性质，而对中外合作办学的地位，则定位于"中国教育事业的补充"。

2. 中外合作办学机构的设立条件

（1）申请设立中外合作办学机构的教育机构应当具有法人资格。中外合作办学机构应当具备《教育法》《职业教育法》《高等教育法》等法律和有关行政法规规定的基本条件，并具有法人资格。但是，外国教育机构同中国实施学历教育的高等学校设立的实施高等教育的中外合作办学机构，可以不具有法人资格。设立中外合作办学机构，参照国家举办的同级同类教育机构的设置标准执行。

（2）中外合作办学者可以用资金、实物、土地使用权、知识产权以及其他财产作为办学投入。中外合作办学者的知识产权投入不得超过各自投入的1/3。但是，接受国务院教育行政部门、劳动行政部门或者省、自治区、直辖市人民政府邀请前来中国合作办学的外国教育机构的知识产权投入可以超过其投入的1/3。中外合作办学者作为办学投入的知识产权，其作价由中外合作办学者双方按照公平合理的原则协商确定或者聘请双方同意的社会中介组织依法进行评估，并依法办理有关手续。中国教育机构以国有资产作为办学投入举办中外合作办学机构的，应当根据国家有关规定，聘请具有评估资格的社会中介组织依法进行评估，根据评估结果合理确定国有资产的数额，并依法履行国有资产的管理义务。

3. 组织与管理

具有法人资格的中外合作办学机构应当设立理事会或者董事会，不具有法人资格的中外合作办学机构应当设立联合管理委员会。理事会、董事会或者联合管理委员会的中方组成人员不得少于1/2。

理事会、董事会或者联合管理委员会由5人以上组成，设理事长、副理事长，董事长、副董事长或者主任、副主任各1人。中外合作办学者一方担任理事长、董事长或者主任的，由另一方担任副理事长、副董事长或者副主任。

具有法人资格的中外合作办学机构的法定代表人，由中外合作办学者协商，在理事长、董事长或者校长中确定。

4. 资产与财务

中外合作办学机构存续期间，所有资产由中外合作办学机构依法享有法人财产权，任何组织和个人不得侵占；中外合作办学机构的收费项目和标准，依照国家有关政府定价的规定确定并公布；未经批准，不得增加项目或者提高标准；中外合作办学机构依法自主管理和使用中外合作办学机构的资产，但不得改变按照公益事业获得的土地及校舍的用途；中外合作办学机构不得从事营利性经营活动；中外合作办学者要求取得合理回报的，应当按照《民办教育促进法实施条例》的规定执行。

## （二）尚未解决的法律问题

作为第一部利用外国优质资源促进我国教育事业发展的法律规范，《中外合作办学条例》的内容是比较全面的，但该法律文件与《民办教育促进法》一样，主要也是一个管理性法律文件，即主要是关于中外合作办学行为准则的法律规范，而不是一部"鼓励引进外国优质教育资源"进入我国高等教育市场的法律规范。站在鼓励外资进入高等教育市场，解决我国教育经费不足、促进国内高等教育市场有效竞争的角度观察，《中外合作办学条例》除了具有与《民办教育促进法》同样的不足之外，还存在以下缺陷：

1. 对中外合作办学机构的定性与现实需要不符

目前，相关立法将中外合作办学机构定位于公益事业。这一定位在 2006 年《教育部关于当前中外合作办学若干问题的意见》中得以重申："坚持中外合作办学的公益性原则。教育是以培养人才为根本目标的崇高的社会公益性事业。教育服务不是货物贸易，也不同于一般的服务贸易。要正确把握中外合作办学的宗旨和性质。坚决制止以中外合作办学的名义实行乱收费、高收费的行为，防止教育产业化的倾向。"① 强调高等教育的公益性本身没有什么错误，

---

① 《教育部关于当前中外合作办学若干问题的意见》（教外综〔2006〕5 号）。

但过分强调教育的公益性，特别是过分强调中外合作办学机构的公益性，忽视中外合作办学的商业性、营利性不利于外国优质资源进入我国高等教育市场。实质上，外方到我国投资办教育的最大动机，就是看准了我国有庞大的教育市场、有较大的赢利空间。如果在立法上片面强调教育的公益性，外方投资者就没有投资中国高等教育行业的动机，即便其有这种动机，这种投资行为可能也难以长久。

2. 非国民待遇不利于调动外资参与高等教育事业的积极性

《教育法》第30条第二句规定："学校及其他教育机构的校长或者主要行政负责人必须由具有中华人民共和国国籍、在中国境内定居、并具备国家规定任职条件的公民担任，其任免按照国家有关规定办理。"法人型中外合作办学机构的董事长一般也应由外方投资人担任，校长由中方推荐人选，董事会聘任。由于外方投资人认为校长是中方推荐的，自然代表中方利益，因而不愿让校长全面负责学校的教学和日常管理工作。这种不信任往往体现为外方投资者亲自介入学校的财务、人事、教学等管理工作。外方投资者和中方管理者之间处于矛盾冲突之中，这种不规范的管理行为影响和制约了中外合作办学机构的健康发展。

（三）利用外国优质资源促进我国高等教育竞争的法律措施

利用外国优质资源对于我国高等教育事业的意义，毫无疑问是多方面的。首先，它可以解决我国教育资源的严重不足，有利于促进我国高等教育大众化目标的实现。其次，它可以为我国高等教育事业的发展带来一些先进的教育理念和管理经验。但笔者认为，利用外国优质资源对于我国高等教育行业的一个更重要的意义，是可以改造我国的高等教育结构，有助于我国高等教育领域中竞争性市场结构的形成。目前，我国在利用外国优质资源解决教育资源不足方面，可能取得了一定的成绩，① 但在引进先进教育理念、改革竞争结构方面还存在严重不足。目前我国的中外合作办学形式相对较单一，没有外资独立设立的高等教育机构。在合作办学机构中，有独立法人的合作办学机构也相当少，绝大多数是中外合作办学项目。从长远的角度来说，对我国高等教育的结构影响不大，不能真正对公立学校构成压力，不利于提高我国高校的国际竞争力。为了有助于高等教育结构的改善，在法律上可以采取以下措施：

1. 明确外国投资者设立的高等教育机构的性质

在教育产业化与国际化背景下，外国资金投入高等教育领域具有明显的"逐利性"。外国投资者首先是把教育作为一种产业、一种服务贸易产品输入中国市场的，是为了占领中国庞大的教育市场，赚取丰厚的利润。基于此，国家应该从教育产业化的视角制定相关的政策法规，不应该过分强调教育的事业性，应允许商业化教育机构的存在。而且允许商业性外资教育机构的存在也是我国加入WTO时做的承诺。②

2. 逐步给外资办学机构以国民待遇

作为服务贸易的一部分，教育产业受非歧视原则、最惠国待遇原则、国民待遇原则、关税减让原则、取消数量限制原则、市场透明度原则、法律统一原则等WTO规则的约束。虽然我国对教育服务贸易所做的承诺是有限承诺（不承诺国民待遇），且WTO规则

---

① 事实上，即使是成绩，也是非常有限的。目前的中外合作办学机构或项目主要是将中国的学生送到国外去，而没有达到将国外的学生吸引到中国来这一目的。《条例》规定，中外合作办学是指"外国教育机构同中国教育机构在中国境内合作举办以中国公民为主要招生对象"的教育教学活动，换言之，就是合作办学学校的在校生应当在国内完成学业。在某种程度上，可以将本来有出国意向的人想办法留在中国，而不至于导致生源流失。因此，有的合作办学采用课程合作方式来进行，双方合作，发双方文凭，手续非常简便。这种中外合作办学属于典型的标签型，没有实质性的合作。

② 参见陈至立：《我国加入WTO对教育的影响及对策研究》，载《人民教育》2002年第3期。

并没有对教育服务规定过渡期，但站在提升中国高等教育国际竞争力、为国家建设培养高素质人才的高度，对外国投资者投资我国高等教育行业给予国民待遇是有利的。所以，我们建议对现行相关法律制度进行修改，逐步给外资办学机构以国民待遇，如允许外国投资者独资设立高等教育机构，中外合作办学的校长既可由中国公民担任，也可由外国公民担任。①

---

① 曹建民：《入世后的高等教育和教育法制建设》，中国教育网，ht-tp：/www. kingwisdom. cn/ShowArticle. asp？ArticleID＝2960。

# 第六章　高等教育治理结构改革与法律保障*

　　高等学校的竞争力与高等教育治理结构密切相关。高等教育治理结构涉及大学控制权由谁来掌握①这一高等教育基本理论问题。从结构上分，高等教育治理有外部治理与内部治理两个层面。外部治理结构主要指高校与政府及其他社会组织的关系，内部治理结构则指高校内部各组成部分之间的关系。尽管这两种结构联系非常密切，但从理论上考察，两种治理结构的内容和特点是各不相同的。目前，我国两种治理结构在内容与形式上都具有高度的一致性：高校的内部管理事项也正是政府管理高校的事项；不管是内部管理还是外部管理，都强调行政权力的至高无上。本章以第一章所述的现代高等教育的集合竞争性为基础，对我国现行公立高校的高等教育治理结构的不足②进行剖析，并借鉴利益相关者理论，就如何改革我国高等教育治理结构，运用法律手段保障政府权力、学校权力（利）、教师权力（利）、学生权力（利）的平衡进行探讨。

---

　　*　本章主要内容以《竞争视角下我国高等教育治理结构的立法完善》为题发表于《法学论坛》2013年第4期。

　　①　张维迎：《大学的逻辑》，北京大学出版社2005年版，第4页。

　　②　关于民办高校治理存在的问题，据有关学者研究，与公立高校大体相同。参见杨炜长：《民办高校治理制度研究》，国防科技大学出版社2006年版。

# 第一节　高等教育外部治理
# 结构改革与法律保障

改革高等教育外部治理结构是现代高等教育发展的需要，且已成为一种国际趋势。早在 1982 年，美国卡内基教学促进基金会发表了一份题为《高等教育管理》的调查报告，指出大学穷于应付各种官僚机构网络提出的形形色色的要求而难以自拔，自主决策空间甚微，认为管理学校的主动权、自主权应回归学校。联合国教科文组织在 1995 年发表的高等教育政策文件，以及 1997 年 11 月第二十九届代表大会通过的《关于大学教师地位的公约》和《1998年世界高等教育大会宣言》，都呼吁各国政府维护大学自主权力和法人地位。① 1998 年，经合组织也在其发表的《重整高等教育》报告中指出，当前高等教育应进行治理模式的变革，大力提倡"还政于高等院校"，主张"下放权力"并赋予院校"自主性"，期望国家（政府）对高等院校的管理由以往微观调控转为宏观调控。

我国比较早地意识到高等教育治理改革的问题。早在 1985 年，中共中央在《关于教育体制改革的决定》中就明确指出，"当前高等教育体制改革的关键，就是改变政府对高等学校统得过多的管理体制，在国家统一的教育方针和计划的指导下，扩大高等学校的办学自主权，加强高等学校同生产、科研和社会其他方面的联系，使高等学校具有主动适应经济和社会需要的积极性和能力。"1993年，中共中央、国务院联合发布的《中国教育改革和发展纲要》再次指出："要按照政事分开的原则，通过立法，明确高等学校的权利和义务，使高等学校真正成为面向社会自主办学的法人实体。要在招生、专业调整、机构设置、干部任免、经费使用、职称评

① 王一兵：《大学自主与大学法人化的新诉求——全球化知识经济带来的挑战》，载《高等教育研究》2001 年第 5 期。

定、工资分配和国际合作交流等方面，分别不同情况，进一步扩大高等学校的办学自主权。"此后，1995 年颁布的《教育法》、1999 年颁布的《高等教育法》又将《纲要》的精神上升到法律层面，明确规定了学校的法人地位及高等学校的基本权利和义务。可以说，在我国，高等学校治理改革在近 30 年的时间里完成了从政治层面到法律层面的转化过程。但即使如此，还不能说这种改革任务已经完成。与经济领域中的治理结构改革相比，高等教育领域中的治理结构改革尚处于起步阶段。高等教育治理结构的改革仍然任重而道远。

从构建高等教育市场，促进、保障高等教育竞争的角度出发，我国高等教育外部治理结构改革需要完成从假二元结构，即所谓的政府——高校结构，到真三元结构，即政府——教育中介组织——高等学校的转变。真三元结构中的每一元都应当成为高等教育活动中真正独立的利益主体，都享有相应的高等教育权力，但每一元的权力都有其限度。

## 一、政府的高等教育权及其限度

有学者将大学与政府之间的关系分为政府控制型、政府监督型和政府协调型三种类型。政府控制型又叫"大陆模式"。其主要特征是国家对大学有很强的控制力和影响力，以法国为典型代表。政府监督型又称为"英美模式"，较之于大陆模式而言，政府的影响力比较微弱。大学可以自主决定招生、课程设置、教员任用等事项。大学被赋予法人地位，有较大的办学自主权，政府的任务则在于对高等教育系统予以监督，使用宽泛的原则加以调控。政府协调型是介于政府控制型和政府监督型之间的一种关系模式。不管是采用哪一种模式，现代高等教育事业的发展都挥不去政府的影子。因此，高等教育的治理不是要不要政府的问题，而是政府应起什么作用、起多大作用的问题。要对这一问题作出回答，显然很困难，因为世界上没有一种普适的模式。① 不过，从世界各国政府与高校之间关系改革的趋势看，传统上强调中央集权和严密控制的国家，一般都在努力扩大高校的自主权，而传统上强调大学自治和教授治校的国家，则在加强政府的管理和宏观调控。

我国高等教育的外部治理结构属于政府集权型模式。在高等教育事业发展中，政府享有绝对的权力。这些权力分别规定于教育事业基本法《教育法》《高等教育法》及国务院、国家教育行政管理部门颁布的相关文件中。

《教育法》《高等教育法》对政府的高等教育权作了原则性规定。如《教育法》第 14 条规定："国务院和地方各级人民政府根据分级管理、分工负责的原则，领导和管理教育工作。""高等教育由国务院和省、自治区、直辖市人民政府管理。"第 15 条规定："国务院教育行政部门主管全国教育工作，统筹规划、协调管理全国的教育事业。"《高等教育法》第 13 条规定："国务院统一领导和管理全国高等教育事业。""省、自治区、直辖市人民政府统筹协调本行政区域内的高等教育事业，管理主要为地方培养人才和国务院授权管理的高等学校。"第 14 条规定："国务院教育行政部门主管全国高等教育工作，管理由国务院确定的主要为全国培养人才的高等学校。国务院其他有关部门在国务院规定的职责范围内，负责有关的高等教育工作。"

除《教育法》《高等教育法》之外，国务院还颁布了大量行政法规，如《普通高等学校设置暂行条例》（1986 年）、《教师资格条例》（1995 年）、《国务院关于贯彻实施〈中华人民共和国教师法〉若干问题的通知》（2004 年）、《民办教育促进法实施条例》（2004 年）、《中外合作办学条例》（2003 年）、《教学成果奖励条例》（1994

---

① 高等教育最发达的美国，政府的作用是非常有限的。多年以来，美国一直没有教育部，直到里根政府时起，美国的教育部才发挥作用。即使如此，美国教育部的作用也是极其有限的。当然，在世界高等教育的历史上，像美国这样的可能比较少。

年）、《高等教育自学考试暂行条例》（1988 年）、《学位条例暂行实施办法》（1981 年）等。国家教育行政管理部门也颁布了大量的规章，如《普通高等学校学生管理规定》（2005 年）、《普通高等教育学历证书管理暂行规定》（1993 年）、《高等教育学历证书电子注册管理暂行规定》（2001 年）、《教育行政处罚暂行实施办法》（1998 年）、《国家教育考试违规处理办法》（2004 年）、《特级教师评选规定》（2004 年）、《国家督学聘任管理办法（暂行）》（2004 年）、《高等学校培养第二学士学位生的试行办法》（2004 年）、《成人高等学校设置的暂行规定》（2004 年）、《广播电视大学暂行规定》（2004 年）、《研究生院设置暂行规定》（2004 年）、《高等学校本科专业设置规定》（1999 年）、《高等职业学校设置标准（暂行）》（2004 年）、《高等学校聘请外国文教专家和外籍教师的规定》（2004 年）、《普通高等医学教育临床教学基地管理暂行规定》（2004 年）、《高等学校教师培训工作规程》（2004 年）、《高等学校医疗保健机构工作规程》（2004 年）、《普通高等学校定向招生、定向就业暂行规定》（2004 年）、《普通高等学校毕业生就业工作暂行规定》（2004 年）、《关于授予具有研究生毕业同等学力人员硕士、博士学位的规定》（2004 年）、《专业学位设置审批暂行办法》（2004 年）、《关于授予国外有关人士名誉博士学位暂行规定》（2004 年）、《高等教育自学考试实践性环节考核管理试行办法》（2004 年）、《高等教育自学考试开考专业管理办法》（2004 年）、《社会力量办学教学管理暂行规定》（2004 年）、《民办高等学校设置暂行规定》（2004 年）、《中华人民共和国国家教育委员会关于开办外籍人员子女学校的暂行管理办法》（2004 年）、《中外合作举办教育考试暂行管理办法》（2004 年）、《关于普通高等学校招收和培养香港特别行政区、澳门地区及台湾省学生的暂行规定》（2004 年）、《中华人民共和国中外合作办学条例实施办法》（2004 年）、《教育系统内部审计工作规定》（2004 年）、《普通话水平测试管理规定》（2003 年）、《高等学校境外办学暂行管理办法》（2004 年）、《学校食堂与学生集体用餐卫生管理规定》（2002 年）、《学校艺术教育工作规程》（2002 年）、《学生伤害事故处理办法》（2002 年）、《〈教师资格条例〉实施办法》（2000 年）、《高等学校知识产权保护管理规定》（1999 年）、《特殊教育学校暂行规程》（1998 年）、《教师和教育工作者奖励规定》（1998 年）、《高等教育自学考试命题工作规定》（1992 年）、《高等学校实验室工作规程》（1992 年）、《高等学校招生全国统一考试管理处罚暂行规定》（1992 年）、《社会力量办学印章管理暂行规定》（1991 年）、《中等专业教育自学考试暂行规定》（1991 年）、《教育督导暂行规定》（1991 年）、《普通高等学校教育评估暂行规定》（1990 年）、《高等学校校园秩序管理若干规定》（1990 年）、《普通高等学校档案管理办法》（1989 年），等等。

　　根据前述法律、法规、行政规章规定，政府不仅享有教育规划制定权、高等教育立法权等宏观调控权力，而且拥有高等教育机构设置审批权、招生计划制定权、教师资格认定权、考试组织权、公立高校人事任免权、专业决定、职称评聘权、学生管理权等非常广泛的权力。此外，还有些法律、行政法规、规章没有规定但事实上享有的权力，如课程设置权、本科教育质量评估权、考试组织权、学生就业管理权、博士点审批权等。可以说这些权力渗透到高等教育活动的每一个领域、每一个环节。

　　政府享有如此广泛的高等教育权，显然不符合世界各国政府与高校关系之发展趋势，因此，必须大幅度削减政府现有的高等教育权。从有限政府理论及依法行政出发，政府的高等教育权应当是可以穷尽也是可以列举出来的，因而也是可以用法律予以明确规定的。我们认为，政府在发展高等教育事业方面可以保留的权力，应限于以下一些事项：高等教育规划制定权，立法权，高等教育机构设立、合并、撤销审批权，高等教育教学质量监督权，公立高校的审计权，国际高等教育指导建议权，就业指导权，竞争秩序维护权，教育纠纷调解、仲裁权。如果要在这些权力之外再增加额外的权力，则应在广泛调查、广泛征求意见的基础上，通过法定程序征得高等学校、教师、学生、其他社会团体等利益主体的同意。

## 二、高等学校的高等教育权及其法律维护

高等学校享有的高等教育权，一言以概之，就是办学自主权。高等学校办学自主权究竟包括哪些内容，不同学者有不同的描述方式。英国高等教育学家埃里克·阿什比认为，高等学校的办学自主权包括：（1）在学校管理中抵制学术干预的权力；（2）学校自主分配经费的权力；（3）聘用教职员并决定其工作条件的权力；（4）招生权；（5）课程设置权；（6）决定考试标准与方式的权力。① 美国学者罗伯特·伯达尔认为，现代条件下高等学校的办学自主权有两类：一类是实质性自主权，另一类是程序性自主权。所谓"实质性自主权"，是处于法人状态的大学或学院决定它自己的目标和计划的权力，亦即高等学校具有什么权力。而"程序性自主权"，是处于法人形态的大学或学院决定借以实现它的目标和计划的方法的权力，亦即高等学校如何行使权力。② 美国卡内基高等教育委员会认为，大学自治主要有：（1）制定资金使用于特殊之目的；（2）支出费用仅受审计上的监督；（3）决定大学雇员的分配、工作负担、薪金升迁；（4）选择教师、行政人员及学生；（5）建立有关等级、学位授予、开设课程及发展计划上的学术政策；（6）研修有关学术自由、成长比率以及研究和服务活动的行政之政策等。③ 同时，该委员会还使用"智力独立、学术独立、行政管理独立"来分别代表"学术自由、实质性自主权、程序性自主权"。

国内学者苏步青等认为，高等教育的办学自主权应包括：招生权（招生考试的方法自主）、基本建设权（设计方案和建设地点选

① Ashby, E. and Anderson, M., Universities: British, Indian, African – A Study in the Ecology of Higher Education, Weidenfeld & Nicolson, London, 1966, p. 296.

② Berdahl, Robert, Academic Freedom, Autonomy and Accountability in British Universities, Study of Higher Education, 1990, 15（2）.

③ 周志宏：《学术自由与大学法》，蔚理法律出版社1998年版，第121页。

择）、人事权（招聘和辞退教师）、财务权（包括外资在内的经费使用、奖励与分配）、教学权（教学计划、教学大纲、教材等应是参考性的）、国际交流权（高等院校自行掌握教师出国和邀请外国学者来华讲学，接受国外的设计、科研和试验任务）、学校内部管理权（允许学校将一些权限下放到系级）等。林正范认为，高等教育自主权包括教学权、科研权、校办产业权和后勤服务权。其中高校教育方面的自主权是高校的人才培养适应社会需要所必须具有的权力，主要包括招生权、专业设置权和专业方向调整权、教职员工的评聘与解聘权、教材选择权、教学计划的编写权、学术水准自主权等；科研活动领域的自主权是保证科研工作依据学术活动的基本特点进行活动的权力，主要包括：自主确定研究课题，有权依据自身的条件与学术研究的内在规律，有选择地接受政府的科研要求；自主确定研究计划；自主确定处理科研成果的办法等。

《高等教育法》规定了高等学校拥有以下办学自主权：（1）招生自主权。高等学校有权根据社会需求、办学条件和国家核定的办学规模，制定招生方案，决定招生的具体数量和人员，确定招生范围和来源，自主调节系、科招生比例。（2）专业设置自主权。高等学校可以根据《高等学校本科专业设置规定》《普通高等学校本科专业目录》及其他有关规定，自主设置和调整学科专业。（3）教学自主权。主要包括教学计划权、选编教材权和组织实施教学活动权。高等学校可以依据国家教育主管部门教学计划、课程、专业设置方面的规定，自主制定本校教学计划，决定课程、专业设置、选编教材，确定具体课时和教学进度，并对学生进行统一考核、考试。（4）科学研究自主权。科学研究是高等教育的一项基本功能。高等学校可从教育教学实际出发，自主开展科学研究、技术开发和社会服务，并同企事业组织、社会团体及其他社会组织在科学研究、技术开发和推广等方面进行多种形式的合作。（5）对外交流合作自主权。高等学校有权按照国家有关规定，遵循独立自主、平等互利、相互尊重的原则，自主开展与境外高等学校之间的科学技术文化交流与合作。（6）校内人事自主权。高等学校有权根据实际需要和精简、效能的原则，自主确定教学、科研、行政职能部门等内部组织机构的设置，配备合适人员。高等学校有权根据国家有关规定，自主聘任具备任职条件的教师和专业技术人员，并对其实施包括奖励、处分在内的具体管理活动。有权对学校内部教师及其他专业技术人员的津贴和工资分配加以适当调整。（7）财产管理使用自主权。高等学校对举办者提供的财产、国家财政性资助、受捐赠财产依法自主管理和使用。

如同消费者权益保护一样，高等学校的办学自主权之所以要由法律加以明确规定，主要原因在于，高等学校的这些权力很容易受到侵害。如果不容易受到侵害，则完全没有通过立法加以明确规定的必要。所以，高等学校办学自主权受到侵害时，法律提供明确的救济通道对保护高等学校办学自主权是至关重要的。《高等教育法》明显缺乏这样的规定。例如，《高等教育法》明确规定高等学校有招生自主权，但事实上，这种招生自主权经常受到侵犯。一方面，国家有权决定各类招生考试的统考科目，如高考的全国统考，研究生入学考试的政治、英语及专业的统考等。另一方面，有权决定、调整招生计划。譬如，2009 年，为了解决就业压力，国家临时决定全国扩招 5 万名硕士研究生，并要求 2010 年增量扩招专业学位人员，而各个高校对此无任何准备，也没有培养专业学位研究生的经验。有些专业譬如法学早就已经有了专业学位（面向非法学本科专业毕业生招生，现在称为"非法本法硕"），而国家又强令再增加一类专业学位（面向法学本科专业毕业招生，现在称为"法本法硕"）。面对这种情况，各个高等学校除了服从之外，没有别的办法。显然，权利救济通道有时比权利本身更重要，《高等教育法》应当增加高校办学自主权受到不法侵害时，可以采取的法律措施。

## 三、发展高等教育中介机构

弱化政府权力与发展中介组织两者是相互促进、相互补充的。

一方面，为避免教育行政部门管理权的无限制扩大与膨胀，在高等院校和政府、教育行政部门之间建立有效的中介组织给予适度的隔离，是发达国家高等教育自主运行的有效手段。另一方面，政府退出高等教育领域后所留下的空白，要有相应的机构予以承担或填补。中介组织的发展必将推动我国高等教育管理体制的机构改革和高等教育治理理念的创新，同时也是学术界和学术组织等社会团体强化民主化管理的重要途径。

近年来，教育行政部门在积极推进教育管理体制改革中，进行了建立教育中介机构并运用教育中介组织参与教育事务决策和管理的尝试，在开展政府政策研究、分析、咨询，审议新校创办、学科专业设置等方面，发挥了一定的作用。同时全国许多地方的民办学校，都自发组织了地方性的民办教育协会（学会），在引导民办学校规范化办学，促进民办教育立法、信息服务，加强民办学校与教育行政部门之间的沟通，开展教育研究和国际交流，表彰先进，维护民办学校合法权益等方面，做了不少卓有成效的工作。这些工作为在我国建立并运用教育中介组织参与教育事务的决策和管理探索了道路，积累了经验。但在具体运作中还有许多需要完善之处。

一是教育中介组织体系不健全，总体发育水平低，且发展不平衡。在我国，教育中介组织参与教育事务还是新生事物，发展时间短，经验不足。组织发展方面表现出来的问题是：教育中介组织体系基本没有建立，门类不齐，发展不平衡，覆盖面不广。近几年，教育行政机关做了大量努力，初步建立起一批官方、半官方的教育中介性质的机构。如全国性的教育中介机构有全国高校设置审议委员会、"211工程"综合实力评估组、大学生就业指导中心、考试咨询委员会等。在地方，教育中介组织的发展与经济发达程度成正比。经济发达地区的中介组织相对发达。如广东省建立了高校设置评议委员会、省学位委员会、毕业生就业指导中心、粤西地区高校校长联席会，上海、江苏成立了高教评估事务所等。大部分经济中等和欠发达省区教育中介组织还较少。

教育中介组织体系不健全，不能适应教育管理体制改革的需要。比如随着教师全员聘任制的推行和教师资格认定制度的实行，大量有关教师队伍准入资格标准的制定、教师资格考试、教师资格等级考核及认定工作、证书的发放、组织在职教师的进修培训等工作，可由中介组织来做，而最适合担当这些职能的教师协会却未建立。

又如，随着教育事业各项改革步伐的加快，高等院校特别是民办高校的办学水平、办学质量亟待得到社会的评估和承认，但至今没有建立起教育的社会评价机制和体系。现有的评估仅限于行政性评价，学校的自我评价、专家评价和社会评价较为缺乏，而行政性评价大都仍由各教育行政单位有关处室分项进行。各处室自行立项、自订指标，一方面造成评估过多、过滥，学校疲于应付，削弱了评估应起的作用，另一方面学校又缺乏对自己办学水平客观的、专业的、权威的评价。特别是民办高校，由于其必须面向市场求生存求发展，他们最迫切渴望得到社会的承认，但教育行政部门的评估结果往往不公平（或不公开），专业技术团体很少进行跨院校的学科评估，又不允许社会机构的评价排行。社会只能凭广告、凭口碑判断其办学质量。这不利于民办高校形象的树立和社会信任度的提高。

二是教育中介机构的组织方式、运行方式等行政化倾向较严重。现有教育中介组织大多由教育行政机关、事业单位、社会团体举办，属官办、半官办性质，许多还套用挂靠单位的行政级别。真正民办的、以市场手段建立、按市场机制运作的独立的教育中介组织凤毛麟角。例如，民办教育协会在理论上应当是民办学校自愿结集而成的社团，没有上级主管单位，但由于有关的"挂靠"规范，教育行政机关举办的同级教育协会（学会）却是其上级主管单位。教育中介机构间的平等关系被破坏，出现行政级层化倾向。

由于这些中介组织由行政机关以行政手段建立，经费来源多由财政拨款，经营管理者及工作人员由行政机关任命、调配（许多中介机构的领导者往往由行政机关领导兼任或由离退休的教育行政机关领导担任，还有的与原行政机关是一套班子、两块牌子），经营运作与行政机关一体化，因此很难保证其在行使职能时其客观性和公平、公正性不受行政机关影响。在实际运作中，这些官办、半官办的教育中介机构或碍于与行政机关的关系，不便直言批评，或履行职能完全从行政机关的立场出发，或依赖、依附于政府机关的行政权威，经营行政化作风明显，成为新的"衙门"。

三是从业人员结构不合理，素质偏低。大部分教育中介组织由离退休人员、行政机关转岗人员、兼职人员、低学历非专业人员拼凑而成。领导人兼职的多、离退休的多。专业人员资质未经过审核认定。因此大多数教育中介组织存在队伍不稳、技术水平低、敬业精神不强等问题。

四是权威性不强，信誉不高。这一方面是因为教育中介组织对于大多数人来讲是一个比较陌生的事物，社会对其性质、功能等不了解。另一方面是因为制度不完善。资金紧缺，教育中介组织自身服务质量低、信誉不强。此外，某些中介组织目标错位。比如一些民办教育协会把自己办成联谊性质的组织，而一些部门将创办教育中介组织的出发点定位于追求经济效益，把为主办单位或小集团利益服务作为首要目标。这种做法背离了建立教育中介组织的宗旨。

五是有关法律法规不健全，管理体制不顺。全国至今无一部关于教育中介组织的法律，各级政府有关的规章制度即使有也是零散的。无规矩不成方圆。由于缺乏相关法律法规，教育中介机构的行为不规范，活动范围和领域也比较狭窄，不能发挥应有作用。而条块分割的管理体制造成政出多门，多头审批、多头管理。此外，由于一些中介机构的运行可获得巨额利润，各机关争相举办，主管行政机关运用权力维护下属教育中介机构的垄断地位，而无利润但社会急需的中介机构就可能由于主管单位无兴趣举办而长期搁置。

发展高等教育中介组织需要注意以下几个方面：

第一，允许民间自发成立高等教育中介组织。这不仅是高等教育自由的内在要求，也是高等教育民主化的需要。美国学者认为，高等教育领域众多自愿的协会、团体以及慈善组织不仅为高等教育的发展提供了大力支持与帮助，而且这些组织的成员通过对高等教育事业的积极参与，也不断表达他们的意见和需要，维护了他们的利益，促进了高等学校的自律，避免了政府的直接干预，从而使高等教育处于良性发展之中。①

第二，明确高等教育中介组织的法律地位。高等教育中介组织由政府批准设立，运行接受政府有关部门的管理和监督，但它不是政府的附属物，也不是政府的下级机构，更不是政府与学校间的一个行政管理层次。虽然有些教育中介组织需要政府拨款维持运转，但并不影响它的独立性。教育中介组织依照法律法规独立行使职能，对自己的行为后果负责，是独立的社会性的法人组织或临时组织。教育中介组织行使职能，无论是来源于政府的委托还是授权，都应是双方业务上的委托与代理关系。教育中介组织与社会、与学校的关系是：教育中介组织帮助政府实施对学校的管理，主要通过社会化的管理方式，并不直接干预学校办学事务，管理是技术性的而非行政性的。鉴于教育中介组织的性质，其设置和组织形式不应是行政机关化的。在今后的发展中，要避免由上级挂靠部门的条块分割带来的教育中介机构管理上的条块分割和职能上的交叉重叠，避免教育中介机构按旧有组织模式成为新一套行政系统。

第三，立法应当明确每个中介组织的功能范围。中介组织的功能分为三大类，分别是决策研究和咨询功能、监督和协调功能、信息服务功能。在高等教育中介机构的规划设置上，要考虑不同教育中介机构承担功能的相互监督、制衡问题，避免教育中介组织由于功能过多造成垄断与不公平。这方面，西方发达国家的经验可供借鉴。如英国在推行职业资格制度过程中，建立了一系列中介机构，分别拥有不同的职能。培训权由地方教育培训机构拥有；考试命题权属行业标准委员会，由一个独立的民间机构担任；考核组织权属考核证书委员会，由行业专家组成；阅卷评分权属考核证书委员会组织的专家委员会。这些权力分属不同的中介组织，各中介组织又彼此独立，相互监督和制约。

---

① 参见张旺：《美国高等教育发展的社会文化因素分析》，载《高教探索》2006 年第 1 期。

## 第二节　集合竞争视角下高等学校
## 内部治理结构改革与法律保障

从法理层面考察，高等学校内部治理属于学校的内部事务，即属于学校自治的范围，法律不应当干预。但由于我国高等学校的内部治理结构与外部治理结构具有同质性，成型于计划经济体制时期，并且在市场经济体制下没有发生根本性的变化，目前已经成为制约高校活力和竞争力提高的重要因素之一。同时，《高等教育法》对高等学校的内部治理结构只作了原则性规定，即高等学校实行党委领导下的校长负责制。这种机制在实际运行中还存在一些问题，这些问题的解决有赖于相关法律制度的完善。所以，高等学校的内部治理成为法律所干预的范围。本节的主要观点是，高等教育竞争涉及学校、教师、学生等多方利益主体，每个利益主体都应当享有与其自身地位相适应的权力。高等教育内部治理结构的完善应围绕政府权力、学校权利（力）、教师权利（力）、学生权利（力）四种权利（力）展开，法律要合理配置四方主权的权力，保障政府权力、学校权力、教师自主权（学术自由）与学生自主权的平衡。

### 一、外国高等学校内部治理结构考察

#### （一）美国高等学校的内部治理结构

美国大学的内部治理结构大都采用董事会制。在这种制度下，董事会是大学的最高权力机关，把持着大学发展的宏观政策和方向，董事会成员一般由校外代表组成。[①] 私立大学的董事会由前任董事和校友会选举产生，其成员来自广泛的社会阶层，随着大学的发展越来越体现筹集资金的功能，财团、基金会、大公司和校友是

---

① 参见郎益夫、刘希宋：《高等学校治理的国际比较与启示》，载《北方论坛》2002 年第 1 期。

它最主要的成员来源。公立大学的董事会成员则由州政府任命或由公众选举，通常有州长、州教育长、大学校长、大学事务局长。由于公立大学逐步向社会筹资和政府给予私立大学经济补助，公立大学董事中，工商界知名人士、企业财团老总等人员在增加，私立大学董事中，政府官员在增加，投资主体的改变，必然要求和影响董事会成员的改变。董事会主要制定大政方针（私立大学董事会筹集经费是主要任务），而将学校内部日常事务的管理权力委托给由它推选出的法定代表人和执行官——校长，将校内的学术管理事务权力交给学校教师评议会，在校长主持下教师评议会负责学术工作和其他教学行政工作。

## （二）德国高等学校的内部治理结构

德国大学的最高权力机关为校代表大会，其成员分别来自教授、助教、学生和职工代表。校长由校代表大会从正教授中选举产生。大多数学校设有校评议会。评议会是校代表大会下的最高领导机关，大学的许多决策和执法工作由评议会主持。但校长负责制是德国大学内部治理的基本原则。校长是校代表大会和校评议会的当然主席。他有权召集并主持两个机构的会议，有权否决他们的决议。20 世纪90 年代以后，在"新公共管理"运动的影响下，德国政府在一如既往地支持大学的同时，希望通过分权、放宽限制、委托私营机构运用的管理技术改善大学的管理，提高办学效率。为此，德国大学建立了由政府、校长等高级管理人员、教职工、学生、校友、当地社区以及社会公众共同参与的利益相关者治理体系。在这种体系中，不同利益相关者代表各自领域的利益，拥有维护各自团体利益的权力。尽管如此，教授在德国大学治理中仍拥有至高无上的地位，不仅校长应由正教授担任，而且在大学最高权力机构校代表大会以及职能广泛的评议会和一些常设委员会成员中教授占有绝对优势的席位。①

---

① 参见李强：《德国大学治理的特点及启示》，载《大学教育科学》2010年第 1 期。

## （三）英国高等学校的内部治理结构

英国高等学校的内部治理没有统一的结构模式。牛津、剑桥等老牌大学采用绝对自治模式。这种模式的特点是，大学内部治理由大学高级人员掌握，不屈从于任何外在的权力，治理机构中没有外部权威代表。教职员大会是最高权力机构，学术权力具有垄断性。19世纪中叶兴起的城市大学采用的是学者主导型治理模式。这种模式采用董事会、校务委员会、评议会治理结构，其中董事会是最高权力机构，由学术人员代表、毕业生代表、地方学校领导和其他大学、地方当局提名的人员及教育组织、宗教团体、专业团体的代表组成。董事会成员中外部人员比大学成员多，在学术人员代表中，教授比非教授人员多。董事会的权力大多是象征性的。校务委员会是大学的财务管理机构，对学校的所有决策负责，成员通常在30—50人之间，包括学术人员代表、地方当局提名的代表以及董事会任命的成员。通常校务委员会中的外部人员比学术人员代表多。实际上在校务委员会会议上，学术成员占多数。教授在校务委员会中占有的席位比非教授成员多。评议会是一个纯粹的学术管理机构。与牛津、剑桥等老牌大学的治理模式相比，城市大学重视校外人士在大学治理中的作用。20世纪成立的大学大多采用理事会、评议会两会制模式。其中理事会是最高权力机构，由大学教师、学生、其他大学代表、地方教育当局代表以及社会各界代表组成，其执行机构为校务委员会（既有校内人士也有校外人士）。评议会（或称学术委员会）是处理学术事务的最高权力机构，由各学院院长、各系主任、全体教授和少数教师、学生、职员代表组成，负责大学各院系教授和副教授的任命。1992年，英国颁布了新高等教育法——《继续教育和高等教育法》。该法规定，1992年后建立的大学应设立董事会和学术委员会。董事会由12—24人组成，其中校外独立董事可多达13人。该法扩大了董事会的权力，使董事会真正成为大学治理的核心，而大学校长大多成为荣誉性职位。[①]

## （四）法国高等学校的内部治理结构

自拿破仑时代起，法国就一直实行中央高度集权的高等教育管理体制。这种体制曾经带来了法国高等教育几个世纪的繁荣，但也产生了体制僵化等很多问题。1968 年 5 月，法国发生了大规模的学生运动，矛头直指僵化的教育管理体制。在这场学生运动的推动下，法国于 1968 年 11 月颁布了《高等教育方向指导法》。该法一方面扩大了高等学校的办学自主权，明确提出高等学校"在行政、财政、教学方面享有自主权""在设有多种学科的前提下"可以"有自己的主攻方面"，另一方面改革了高校的内部管理体制，将高校的内部治理分为大学理事会、教学与研究单位理事会两级。两个理事会的成员都由大学生、行政人员、技术人员及服务人员、教师和研究人员选举产生。《高等教育方向指导法》的颁布是法国高等教育发展史上的标志性事件。它不仅改变了国家对高等教育管得过多、统得过死的情况，而且改变了以往高校内部只重视少数知名教授，广大教师、学生、科研人员以及校外人员无权参与学校管理的局面，对于促进高校的民主管理具有重要意义。不过，因该法出台过于匆忙，在执行过程中暴露出了不符合教育规律的问题，如在重视大众参与的同时，削弱了教授的作用。为了解决改革中出现的新问题，法国当局于 1984 年颁布了《高等教育法》，除了重申自治、参与和多学科三原则之外，进一步强化、完善了民主管理制度，如在高校内部设立校务委员会、学校委员会、学业与大学生活委员会，赋予教师、学生和其他有关人士更多的参与学校管理的权力。同时，为了确保教授、研究人员在学校中的地位，特别是教授在学校管理中的作用，法国当局调整了教授在每个委员会中的最低席位（不能少于每个委员会委员的 40%），并相应缩小了学生、工

---

① 甘永涛：《英国大学治理结构的演变》，载《高等教育研究》2007 年第 9 期。

勤人员在校务委员会、学术委员会中的代表比例。进入新世纪之后，为了应对英、美、日等国高等教育的激烈竞争，努力提高其高等教育体系的国际竞争力和吸引力，法国当局仍未停止扩大大学自治权、改善大学内部治理结构方面的探索。①

## （五）日本国立高等学校的内部治理结构

日本国立高等学校的内部治理从 1877 年第一所近代大学成立后，经历了第二次世界大战前、第二次世界大战后、法人化后三个主要发展阶段。第二次世界大战前，日本国立高等学校采取学部教授会自治的治理模式。第二次世界大战后国立高校仍然沿袭学部教授会的惯例，并在法律层面上承认了学部教授会的权力，形成了以学部教授会为中心的由下至上的内部治理模式。② 因学部教授会制度经常导致权责不明、效率低下等问题，2003 年，日本颁布了《国立大学法人法》，旨在通过国立大学法人化，扩大大学自主权，建立外部评价机制，引进大学间的横向竞争。《国立大学法人法》不仅进一步厘清了政府与国立高校间的关系，而且重构了国立高校的内部治理机制。根据该法规定，理事会是大学的最高权力机构，由校长和理事组成。校长由文部科学大臣任命，代表大学总理一切事务。理事由校长从人格高洁、学识渊博且具有妥当高效地运营大学教育研究业务能力的人之中直接任命，理事必须包括非本校人员。理事会审议中期发展目标和年度计划、须得到文部科学大臣批准或认可的事项、预算的作成、执行和决算等事项。该法还就经营者会议、大学评议会等机构的设立和权责作了规定，以实现管理与教学的分离。

通过上述简要考察，我们发现，尽管美、德、英、法、日五国高校的内部治理结构并不相同，但它们有一个共同点，即高校内部最高权力机关的构成充分体现了高等教育的集合竞争特征。不管是

---

① 参见黄建如、李晓：《战后法国大学内部管理体制改革》，载《大学教育科学》2006 年第 3 期。

② 金红莲：《日本国立大学内部治理的制度变迁》，载《比较教育研究》2010 年第 9 期。

倡导大学自治的美国、英国，还是强调国家干预的德国、法国，其高校内部的权力机关既有行政代表，也有教师代表、学生代表，有的甚至还有校友代表、企业代表等。这是值得我国学习和借鉴的。

## 二、完善高等学校内部治理结构的立法建议

### （一）现行高等学校内部治理结构存在的问题

高校内部管理体制是对高校内部设立的主要管理机构和管理规范的总称，体现为权力在管理的各阶层和学校内各个不同利益群体间的分配，以及相互间的权力作用关系。现行高等学校内部治理制度主要规定于《高等教育法》第四章"高等学校的组织和活动"之中。其中第 39 条、第 40 条规定了公立高等学校的领导体制——中国共产党高等学校基层委员会领导下的校长负责制，即中国共产党高等学校基层委员会是学校的领导核心和最高权力机构，统一领导学校工作，行使"讨论决定学校内部组织机构的设置和内部组织机构负责人的人选，讨论决定学校的改革、发展和基本管理制度等重大事项"等权力。校长在校党委领导下负责学校的教学、科研和其他行政管理工作，组织实施校党委就学校改革和发展中的重大事项作出的决策。另外，该法第 42 条①、第 43 条②就高等学校学术委员会、教职工代表大会等事项作了规定。

《高等教育法》所建立的公立高校内部治理制度，是总结新中国高等教育近 50 年的历史经验，根据当时高等教育发展的国际国内形势建立起来的，具有一定的历史合理性。但是，自从人类进入知识经济、信息经济时代之后，世界高等教育竞争日趋激烈，这种治理制度越来越不适应中国高等教育应对国际竞争的需要。

第一，中国共产党高等学校基层委员会领导下的校长负责制

---

① 第四十二条：高等学校设立学术委员会，审议学科、专业的设置，教学、科学研究计划方案，评定教学、科学研究成果等有关学术事项。

② 第四十三条：高等学校通过以教师为主体的教职工代表大会等组织形式，依法保障教职工参与民主管理和监督，维护教职工合法权益。

（以下简称党委领导下的校长负责制），虽然理念先进，但实践中容易走样变形。从理念上考察，党委领导下的校长负责制与董（理）事会下的校长负责制一样，都强调高等教育事务的集体领导，都重视民主管理、民主治校。但在实践上，两种体制的运行结果会有很大差别。董（理）事会下的校长负责制，能始终坚持民主原则，能始终保持董（理）事会对校长的绝对领导，因为，董（理）事会实施的表决制度是一人一票制。这种表决制度能使每种利益都能在董（理）事会中得到倾诉和体现。在这种表决制度中，董（理）事长并没有优于其他董（理）事会成员的特殊权力，他只是会议的召集人，与其他成员一样，只有一票表决权。而中国共产党基层委员会的表决机制与董（理）事会的表决机制并不完全一样，它实行民主集中制原则，即"党员个人服从党的组织，少数服从多数，下级组织服从上级组织"，强调民主基础上的集中和集中指导下的民主相结合。在这种表决制度中，个人的利益、少数人的利益、下级组织的利益容易被组织的利益、多数人的利益、上级组织的利益压制，容易导致以个人意志代表组织意志，将党委领导下的校长负责制蜕变为党委书记领导下的校长负责制这种现象。而在以书记为代表的党委缺乏治校经验（现实中主要是党委书记治校无方）的情况下，校长负责制则更容易演变成名副其实的校长"一言堂"。不管是党委书记"一言堂"，还是校长"一言堂"，都不符合现代高校治理的要求，也不符合民主治校的要求。

第二，内部治理制度连续性、稳定性不强。绝大多数在高校工作的教师都有一种感觉，就是学校的规章制度稳定性、可预测性不强，有时甚至存在朝令夕改的情况。前任领导要重点发展 A 学科，新任领导要重点发展 B 学科，如此反复，时光流逝，没有一个学科能形成自己的特色，没有一个学科能具有国内竞争力了，更不用说具有国际竞争力了。内部治理制度连续性、稳定性不强的一个重要原因，就是掌管学校发展大权的书记、校长的任期较短。我国于1980 年开始实施高校领导任期制，一般为 4 年或 5 年。从惯例上看，党委书记连任一般不超过二届，① 校长虽然没有连任限制，但任期大都较短。② 有学者对中外大学校长的任期进行了比较研究，发现我国大学校长的任期总体上都比较短。国内大学校长平均任期只有 4.7 年，而国外著名大学校长平均任期为 11.1 年，两者相差 6.4 年。③ 研究型大学校长的任期差距更大。譬如，美国排名靠前的 9 所大学的校长的平均任期为 12.2 年，中国排名靠前的 9 所大学的校长的平均任期为 5.1 年，两者相差 7.1 年。美国排第一的哈佛大学从 1636 年建校至今仅有 28 任校长，平均每位校长任期 13.2 年。尤其是从 1869 年至今的近 140 年里，哈佛只出过 7 位校长，除现任校长外，平均任期达 20 年。中国排第一的北大从建校至今仅 108 年，就有 28 位校长，平均任期不足 4 年。④ 由于不同的校长具有不同的理念，而不同的理念又产生出不同的校内政策和制度，所以，有关当局频繁更换大学校长，导致了大学发展的随意性、不稳定性。同时，大学校长任期过短，易使高校领导急于求成，缺乏长远战略眼光，难以形成具有竞争力的人才培养特色，因为大学的人才培养需要很长时间，难以"立竿见影"。

第三，现行高等学校的内部治理制度没有体现高等教育竞争的

① 2006 年，《中共中央办公厅关于印发〈党政领导干部职务任期暂行规定〉等三个法规文件的通知》第 6 条、第 12 条规定："党政领导干部在同一职位上连续任职达到两个任期，不再推荐、提名或者任命担任同一职务。""工会、共青团、妇联等人民团体的正职领导成员实行任期制度，按照有关章程并参照本规定执行。市（地、州、盟）级以上党委、政府直属事业单位的正职领导成员实行任期制度，参照本规定执行。"

② 1987 年 3 月 28 日，原国家教委发布了《高等学校校长任期制试行办法》，规定："高等学校的校长、副校长的任期一般为 4 年，学制为 5 年以上的学校，任期可为 5 年。""高等学校的校长、副校长任期届满，根据工作需要和本人条件，经上级任免机关批准，可以连任。"

③ 黄明东、刘永、郭梅：《试论大学校长任期》，载《教育研究》2005 年第 5 期。

④ 樊华强：《中美研究型大学校长任期比较研究》，载《复旦教育论坛》2006 年第 5 期。

集合性特征。我们在前文中指出，高等教育竞争与公司、企业竞争不一样。公司、企业竞争一般只有一个最高目标，即利润最大化或者说效率最大化，而高等教育竞争有多种目标、多重目标，因为高等学校有多种利益主体。高等学校的这一特征要求其内部治理制度必须体现其民主性，即相关利益主体应享有治权，而不仅仅是空泛的监督权。当下，高等学校的自主权确实有所扩大，但这种自主权大多被书记、校长或中层行政领导人员层层截留，没有真正落实到教师、学生身上。尽管《高等教育法》规定高等学校应设立学术委员会、教职工代表大会等以保障学术自由、维护教职工合法权益，但这种制度安排并没有体现教师、学生在高等教育中的主体性特征，而更多是作为受体在高等教育活动中出现。譬如，根据教育部 2011 年发布的 32 号令《学校教职工代表大会规定》的规定，教职工代表大会只能在中国共产党学校基层组织的领导下开展工作，① 教职工代表大会享有的权力只限于知情权、审议权、批评权、建议权等几项有限的权力，② 并无决定或参与决定学校事务的

---

① 第六条：教职工代表大会在中国共产党学校基层组织的领导下开展工作。教职工代表大会的组织原则是民主集中制。

② 第七条：教职工代表大会的职权是：

（一）听取学校章程草案的制定和修订情况报告，提出修改意见和建议；

（二）听取学校发展规划、教职工队伍建设、教育教学改革、校园建设以及其他重大改革和重大问题解决方案的报告，提出意见和建议；

（三）听取学校年度工作、财务工作、工会工作报告以及其他专项工作报告，提出意见和建议；

（四）讨论通过学校提出的与教职工利益直接相关的福利、校内分配实施方案以及相应的教职工聘任、考核、奖惩办法；

（五）审议学校上一届（次）教职工代表大会提案的办理情况报告；

（六）按照有关工作规定和安排评议学校领导干部；

（七）通过多种方式对学校工作提出意见和建议，监督学校章程、规章制度和决策的落实，提出整改意见和建议；

（八）讨论法律法规规章规定的以及学校与学校工会商定的其他事项。

教职工代表大会的意见和建议，以会议决议的方式做出。

权力。再如高等学校的学生，作为高等教育服务的消费者、作为高等教育竞争中一个至关重要的主体，在现行大学的内部治理中，没有任何依法参与学校管理的渠道和方式，在大学发展方面也没有任何话语权。① 另外，现行的高校内部管理机制中也很难见到校友、高校所在地方政府、用人单位特别是工商界人士的身影。

## （二）完善高等学校内部治理结构的法律对策

第一，高校内部治理制度必须通过大学章程予以规定和完善。"国外大学章程非常重视对学校内部管理体制的规定。"② 因为内部治理是大学治理的核心，而大学章程"是大学办学的纲领性文件，是大学成为法人组织的必备条件，是政府、社会及大学自身依法治校的重要依据"。③ 所以，欲完善高校管理体制，首先应当重视大学章程的制定，这是完善高校内部治理结构的前提条件。《高等教育法》第28条规定，高等学校章程应当规定"内部管理体制"。1999年12月，教育部在《关于加强教育法制建设的意见》中强调，"各级各类学校特别是高等学校要提高依法管理学校的意识，依据法律、法规的规定，尽快制定、完善学校章程。"2003年7月，教育部在《关于加强依法治校工作的若干意见》中重申，"学校要依据法律法规制定和完善学校章程"。2006年6月，教育部在吉林大学召开了"直属高校依法治校工作经验交流会"，对大学章程制定工作做了明确要求和广泛动员。《国家中长期教育改革和发展规划纲要（2010—2020年）》也强调指出，各类高校应依法制定

---

① 《高等教育法》第六章"高等学校的学生"规定了高等学校学生的义务和权利，其中的权利应当是作为高等教育服务消费者的权利、获得国家奖、助学金的权利及组织社团的权利，并没有规定高等学校学生有权参与大学的管理。

② 陈立鹏、张建新、陶智：《国外大学章程对我国大学章程建设的启示》，载《中国高等教育》2007年第1期。

③ 陈立鹏：《关于我国大学章程几个重要问题的探讨》，载《中国高教研究》2008年第7期。

章程,依照章程规定管理学校。可见,从国家层面来看,对大学章程的制定工作是高度重视的。但奇怪的是,高等学校本身对章程制定工作并不热心。目前我国绝大多数高校都没有制定章程,① 究其原因,极有可能是因为章程限制了高校管理者的权力。为了尽快完善高校内部治理机制,笔者建议,由教育部制定统一的大学章程示范文本,供各公立高校选择。这种做法合法、合理,具有一定的可行性。从法上讲,一方面,《高等教育法》第 27 条规定,申请设立高等学校,应当向审批机关提交章程,换言之,章程是一所高校得以成立的必要条件。一所大学如果没有章程,就属于非法的大学,如果一所大学既不制定自己的章程,又不采纳示范文本,可以给予警告、罚款、限期改正,甚至取消办学资格等处罚。另一方面,公立高校是由政府出资主办的,教育部是管理全国高等教育的政府主管机构,是国家投资的代表者,由教育部为公立高校制定示范大学章程符合由大学举办者制定章程的法理。② 从理上讲,尽管有部分学者强调大学章程必须有自己的特色,而且笔者也不反对这种主张,但正如本书在前文中所说的,我国公立高校在结构上比较单一,在办学理念、办学宗旨上存在结构性雷同问题,因此,目前过分强调大学章程的特色可能不太现实,而由教育部提供一个样板,如同房地产、电讯服务等市场交易中的格式合同一样,不仅可

---

① 我国 1600 余所公立高校至今仅有吉林大学、上海交通大学、哈尔滨工业大学、延边大学、南昌大学等不到 30 所高校制定了章程,绝大多数高校包括北京大学、清华大学、中国人民大学等国内著名的高校都未制定章程。参见陈立鹏:《关于我国大学章程几个重要问题的探讨》,载《中国高教研究》2008 年第 7 期。

② 实践中有些大学制定章程不符合这一法理。如《吉林大学章程》规定,"本章程经校务委员会和学校教职工代表大会审议,由中国共产党吉林大学代表大会讨论通过,报教育部备案"。吉林大学作为教育部直属高校,其举办者及上级主管部门是教育部,教育部应是章程的制定机构。按照有关规定,章程必须报教育部核准而不是备案。参见陈立鹏:《关于我国大学章程几个重要问题的探讨》,载《中国高教研究》2008 年第 7 期。

以节省大量的时间，而且可以促进依法治校的进程，实际上也不影响各高校将来制定出具有本校特色的大学章程，因为章程是可以不断修改的。国外有些大学的章程，往往一年修改一次。①

第二，内部治理机制必须稳定。"法令不可数变，数变则烦，官长不能尽记。又前后差违，吏得以为奸。"② 高等学校的主要任务是培养人才。俗语说："十年树木，百年树人。"高等学校不能成为试验田：一个新的领导、一个新的办学理念，一套全新的制度、一套全新的人才培养方案。高等学校必须有自己稳定的办学理念。而要有稳定的办学理念，其前提条件是，产生理念的人必须稳定，其中至关重要的是，高等学校内部的决策机构必须稳定。与前文所述导致高校内部治理机制不稳定的原因相对应，建立稳定的内部决策机构，其核心要素是要改革高校校长的选任办法和高校决策机构的表决机制。《国家中长期教育改革和发展规划纲要》规定，我国要建立现代学校制度，包括"完善大学校长选拔任用办法""克服行政化倾向，取消实际存在的行政级别和行政化管理模式"。从中外大学校长任期长短的比较结果来看，选举制比任命制更有助于大学治理的稳定。作者建议由大学的最高权力机构来选举产生校长。大学最高权力机构应采用一人一票表决制度，这样，可以防止因个别人或少数人的专断和恣意而轻而易举地操控学校的根本发展思路与方向。

第三，大学最高权力机构应由利益相关者组成。"大学是多元利益相关者共同控制的组织。不同的利益相关者在大学有着不同的利益诉求，并且通过不同的途径、方式对大学产生影响。"③ 20 世

---

① 参见李硕豪、王丹丹：《康奈尔大学章程对我国大学章程建设的启示》，载《教育与教学研究》2011 年第 8 期。

② 《通鉴纪事本末》第 29 卷，转引自周新铭、陈为典：《试论法律的稳定性连续性和权威性》，载《社会科学》1979 年第 4 期。

③ 潘海生、张宇：《利益相关者与现代大学治理结构的构建》，载《教育评论》2007 年第 1 期。

纪 80 年代，管理学界曾提出利益相关者理论，主张所有受企业影响的利益相关者，包括股东、债权人、雇员、消费者、供应商等交易伙伴、政府部门、本地居民、本地社区等都有参加企业决策的权利。管理者负有服务于所有利益相关者利益的信托责任。企业的目标应该是促进所有利益相关者的利益而不仅仅是股东的利益。大学是一种典型的利益相关者组织。作为一种非营利性组织，它虽然没有股东，没有人能够获得大学的剩余利润，但它关乎不特定的多数人的利益。这种利益不纯粹是公共利益，除了公共利益之外，还有集体利益、个人利益等，但这些利益都是不特定的。基于此，大学的决策权不应由政府或其代理人校长主导，而应当交给由利益相关者组成的机构来主导。这一机构一般由政府、学校行政管理人员、教师、学生、校友、社区公正人士、捐资人等利益相关者代表组成，在资源配置、财政预算、人事决策、专业设置以及其他事务方面参与大学的决策及管理。① 关于这一机构的名称，可以称为委员会，也可称为理事会或董事会，具体名称可由大学章程来规定。大学章程可以根据本校的性质，对这一机构的总人数，各类代表如教授、学生、职员、政府代表、校友代表、社区代表的比例，表决制度等作详细规定。譬如，章程可以规定，为了保障举办者的核心利益，高校党委委员是这一机构的当然成员，教授代表比例不能少于1/3，对关乎学校发展的重大事项，应采用绝对多数表决制而不是相对多数表决制，等等。

---

① 李福华、尹增刚：《论大学治理的理论基础——国际视野中的多学科观点》，载《比较教育研究》2007 年第 9 期。

# 第七章　高等教育竞争与高等教育评估制度之完善

相关研究指出，教育评估最早起源于中国。《礼记·学记》记载："古之教者，家有塾、党有庠、术有序、国有学。比年入学，中年考核，一年视离经辨志，三年视敬业乐群，五年视博习亲师，七年视论学取友，谓之小成；九年知类通达，强立而不返，谓之大成。"其大意是，学生入学以后，一年看学生对经文断句和理解的水平，三年看学生学习态度和同学关系，五年看学生学习内容是否广博和对师长的态度，七年看学生对学习的内容能否有自己的见解和择友标准，九年看学生能否触类旁通，坚持原则。这表明早在西周时代，我国就已经设有判断和鉴别学习者在知识和能力方面是否达到社会规定的某种水平和程度的学业考查制度。[①]

现代高等教育评估制度肇始于美国。19世纪末20世纪初，随着经济、社会的不断发展，美国高等教育机构数量逐渐增多，院校规模不断扩大，高等学院内部结构日趋复杂，高等教育处于无序和混乱状态，教育界产生了制定大学教育标准的要求。对此，普林斯顿大学校长曾经做过这样的描述：美国高等教育"分散零乱的状态和缺乏标准的分析"使人感到厌倦，美国高等教育处在"重建时期""标准时期""整合时期"的前夕，"必须将各

---

① 孙崇文、伍伟民、赵慧：《中国教育评估史稿》，高等教育出版社2010年版，第7—8页。

方面综合在一起，形成连续的一致的行动方案"。① 在此大背景下，美国医学高等教育率先开展了教育评估。1901 年，美国整骨协会开始对有关院校进行评估和鉴定。1905 年，美国医学会下属的医学教育委员会与医院学会联合建立了一套医学院评价标准。1906—1907 年，它们共同对医学各专业进行了鉴定评审，并联合公布了一批医学院名单，规定未经过专业认证学校的毕业生不得参加美国执业医师考试。该委员会还与"卡内基教学促进委员会"合作对美国和加拿大的医科教育进行了调查。调查报告《美国和加拿大的医科教育》的发表使大量办学质量低劣的医学院纷纷关闭，至 1915 年，美国、加拿大 40%的医学院都已关闭，只剩了 95 所。② 与此同时，美国也开始了院校认证。

　　20 世纪后期，随着高等教育从精英教育向大众教育的逐步转变，高等教育经费短缺成为大多数国家面临的共同问题，同时，因高校规模扩大而带来的高等教育质量下降，也引起了人们的担忧。为此，各个国家相继建立了以质量保障为核心的高等教育评估体系，即使连一向不太重视教育评估的欧洲国家如德国，也在 20 世纪 90 年代中后期接受了英美等国的高等教育评估理念，建立了高等教育评估制度。③

---

　　① Yong, K. E, Chamber, H. R. and Kells, H. R. Understanding Accreditation. San Francisca. Jossey – Bass Publishers, 1983. 转引自熊耕：《美国认证制度的起源及其形成动力分析》，载《外国教育研究》2004 年第 6 期。

　　② 参见熊耕：《美国认证制度的起源及其形成动力分析》，载《外国教育研究》2004 年第 6 期；卢晶：《高等教育专业认证制度的治理模式研究》，经济管理出版社 2011 年版，第 44 页。

　　③ 吴艳茹：《德国高等教育评估制度及其特点》，载《高等教育管理》2008 年第 3 期。

## 第一节 高等教育评估与高等教育竞争

### 一、高等教育评估的模式与基本功能

#### （一）高等教育评估的主要模式

由于各国政治、经济、文化条件不一样，教育体制也有很大差别，而且各国开展高等教育评估的历史时代也大不相同，所以，各国高等教育评估的主体、方式、标准、程序、内容也不尽相同。根据评估主体的不同，目前的高等教育评估模式，归纳起来，大致有三种。

1. 市场主导模式

市场主导模式，指高等教育评估由高等教育的提供者或者说高等教育市场的参与者自发组织进行，政府不直接参与评估，美国是这种模式的典型代表。"在美国，高等教育评估制度变迁的推动力量主要来自市场的力量，生源市场和教育财源的竞争、社会和劳动力市场对教育服务的认可和接受促使高等教育不断调整和完善自身制度。"[1] 完整的美国高等教育评估制度由认证和认可两部分构成。认证，指认证机构对高等教育机构和专业所进行的质量评估；认可，指认可组织对认证机构的资质进行承认的过程。这种模式主要有以下三个特点：

第一，评估机构的民间性。美国的高等教育认证机构在性质上属于民间组织。不管是早期的整骨协会、美国医学会，还是现在的新英格兰区学院与学校协会（New England Association of Colleges and Schools，NEA）等六大区域性认证机构，都属于民间组织。这些认证机构经费独立，既不从属于某些社会团体或个人，也不受控

---

[1] 张亚：《中美高等教育评估制度变迁比较分析：基于新制度经济学视角》，载《长江大学学报》（社会科学版）2007 年第 6 期。

于某些高校，更不隶属于某个政府部门。它们独立地开展高等教育评估活动，为高校提供认证服务。虽然后来美国教育部参与了高等教育认证机构的认可，但这种参与并没有改变美国高等教育评估的民间主导特征。

第二，评估组织结构分散。美国没有全国统一的从事各种认证的全能性认证机构。其高等教育评估机构五花八门、种类繁多，既有专业性认证机构如全国师范教育认证理事会（National Council for Accreditation of Teacher Education，NCATE）、工程技术认证委员会（Accreditation Board for Engineering and Technology，A-BET）等，也有院校认证机构。专业认证机构专门化程度很高，比如，医学教育中除了总体的医学院认证组织外，还有骨科、儿科、牙科等分支学科的认证组织。而且有的专业如工商管理、法律和医学等还不止一个认证组织。院校认证除六大区域认证组织之外，还有特殊院校的认证组织，如私立院校各种宗教性院校还有专门的认证组织。① 所以，美国的高等教育评估模式也可称之为分散评估模式。

第三，评估的自愿性。美国高等教育评估的自愿性表现在两个方面：第一个方面，就是高等学校参与评估是自愿的，没有人强制高等学校接受高等教育评估。第二个方面是参与评估的人员也是自愿的。"认证机构的大量工作是依靠自愿者的无偿奉献完成的。自愿者是支撑美国认证机构的基础。" "自愿者之所以愿意将自己的时间、精力、智慧无偿奉献给认证事业，主要是因为通过接受认证机构的专业培训和参与实际的认证活动，可以使自愿者对本专业或行业的发展有更深入的了解；在参与认证活动中所获得的信息和认识，可能会有助于自愿者们改进个人的教学或管理工作，同时也有利于他们提升自己在本专业或行业的学术地位和声誉；此外，参与

---

① 熊耕：《美国高等教育认证制度的起源及其形成动力分析》，载《外国教育研究》2004 年第 6 期。

认证，为改进高等教育质量作了贡献，也是每一个自愿者的理想。"①

2. 政府主导模式

政府主导模式，即由政府行政机构负责对高等教育进行评估，基本没有或很少有民间高等教育评估机构。法国是这种评估模式的代表。

法国是欧洲大陆率先进行高等教育评估的国家。由于法国一直遵循拿破仑时代建立的中央集权的领导传统，强调高等教育为政府的政治利益和国家的经济发展服务的职能，所以，其评估以"政府严格控制"为主要特征。② 20 世纪 80 年代中期，根据《高等教育法》（又名《萨瓦里法》）的规定，法国建立了高等教育评估制度。根据这种制度，法国国家评估委员会（以下简称 CNE）负责全国的高等教育评估工作。该委员会成员由总统任命，预算独立，在法律性质上属于国家行政机关，代表国家行使高等教育评估权。故其评估活动的每一个环节，包括评估目的的确立、评估指标的选择、指标权重的分配、评估信息的收集、评估标准的确定、评估结果的获得，直至评估结论的解释，都渗透着政府的意志和价值取向。③ 为了建立欧洲高等教育区，法国政府改革了高等教育评估制度，并于 2007 年成立了新的高等教育评估机构——研究与高等教育质量评鉴局（以下简称 AERES）。新评估机构在评估指标的设计、评估主体的选择、评估方法的运用、评估结果的处理等方面都体现出新的价值取向，但其仍然是代表政府行使评估权力。所以，

---

① 王建成：《美国高等教育认证制度研究》，教育科学出版社 2007 年版，第 138 页。

② 张继平：《法国高等教育评估模式的发展及特点》，载《大学（学术版）》2010 年第 3 期；又见张彦通：《欧洲地区高等教育质量保障体系研究》，北京航空航天大学出版社 2007 年版，第 263 页。

③ 苌庆辉、闫广芬：《法国高等教育评估制度的特征》，载《高校教育管理》2008 年第 2 期。

法国高等教育评估的政府主导性质仍然没有改变。[①]

3. 混合模式

混合模式的特点就是在高等教育评估中，政府与市场具有同等重要的作用，没有谁能够主导高等教育评估。英国属于这种模式的代表。英国的高等教育评估兴起于 20 世纪 80 年代中后期。其时其所建立的高等教育评估体制就是一种混合模式。1988 年，英国颁布了一部非常重要的法律——《1988 年教育改革法》。该法建立了双轨制评估模式：多科技术学院和其他学院依照全国学位授予委员会规定的标准进行评估；大学的评估以自律为主，不需要接受校外机构的评估或审核。该法巧妙地将加强中央政府的控制与市场竞争机制融为一体。[②] 政府加强控制高等教育的举动，引起了高等教育界的不安。1990 年，大学副校长委员会（CVCP）构筑了阻挡政府干预的第一道防线，即组建由大学控制的学术审计处（AAU），以强化大学内部质量保证机制的作用，监督高校的质量程序是否得到有效的运作。[③] 1992 年，英国颁布了《继续和高等教育法》，以地区性高等教育基金会取代 1988 年成立的大学基金委员会及多科技术学院和其他学院基金委员会，全国学位委员会被撤销。高等教育质量由具有行政性质的地区性高等教育基金委员会和自治性质的大学副校长委员会负责评估。1997 年，高等教育基金委员会与大学副校长委员会合作成立了高等教育质量保障署（QAA）。目前，英国的高等教育评估制度主要由二部分组成：高校的自律性评估，如大学副校长委员会、学术审查处、商业与技术教育协会组织的评

---

① 参见江小平：《法国研究与高等教育评估机构简介》，载《国外社会科学》2009 年第 3 期；尹毓婷：《博洛尼亚进程中的法国高等教育改革研究》，载《复旦教育论坛》2009 年第 3 期；张盼：《法国高等教育质量评估机制及其特色》，载《群文天地》2011 年第 16 期。

② 阚阅：《当代英国高等教育绩效评估研究》，高等教育出版社 2010 年版，第 85 页。

③ 阚阅：《当代英国高等教育绩效评估研究》，高等教育出版社 2010 年版，第 87 页。

估；高等教育质量保障署的评估；民间评估，如《泰晤士报》《金融时报》、工商企业和各专业团体组织的评估。所以，英国的高等教育评估制度经过了很多次变革，政府在高等教育评估中的作用时强时弱。但总体来说，英国政府非常重视大学的自主与自治，并不直接干预高等学校的教育活动，而是通过评估中介机构，以财政拨款形式间接实现其对高等教育的干预和控制。

## (二) 高等教育评估的基本功能

可以从很多层面描述高等教育评估的功能，如为政府决策提供参考，为高等教育机构提高教学管理水平提供建议，为消费者选择学校提供信息等，但提高高等教育质量是高等教育评估最基本的功能。高等教育质量"是一种价值的体现，亦是一种尊严的象征"。[①]只有办学质量得到学生、家长和社会大众的肯定，一所高校才能提高学校竞争力，才会吸引优秀的学生前来就读。提升一国高等教育办学质量的手段、方法有很多种，其中较为直接的手段和方法，就是透过评估（内部自我评估和外部专家同行评估），了解办学得失，并提出改正策略。所以，不管一个国家采取哪种高等教育评估模式，其基本功能都是保证高等教育质量。

100 多年前，美国着手建立高等教育评估制度，就是为了使高等教育的质量有所保障，只不过其认证制度所保障的是最基本的高等教育质量。高等教育评估的质量保障功能，在英国的高等教育评估中表现得最为突出，也最为直接。英国许多评估机构的名称都是以质量为核心的，如 1992 年成立的高等教育质量委员会（HEQC）、1996 年 12 月成立的高等教育质量合作规划小组、1997 年 3 月成立的高等教育质量保障署（QAA）。不仅评估机构名称突出了质量意识，而且评估机构的活动也始终以提高高等教育质量为中心展开。以 QAA 为例，QAA 的质量保障体系包括质量控制、质量审核和质量

---

① 吴清山：《高等教育评鉴议题研究》，高等教育文化事业有限公司 2009 年版，第 24 页。

评价三个方面。其主要使命就是向学生、学生家长和社会其他人士提供高等教育的质量信息；向 HEFC 和其他资助机构提供高等教育质量的数据和信息；与其他高等教育部门合作，制定和发展高等教育的质量保证框架；对高校教育质量进行审查、控制并予评价；研究高等教育质量保证的方法。①

随着高等教育的大众化、普及化，世界各国高等教育质量呈逐步滑坡、下降趋势，以质量为核心的高等教育评估制度越来越普遍。在 1990 年，欧洲只有法国、荷兰和英国才有质量保证机构。现在几乎所有的欧洲国家，包括东欧国家在内，都采取了这种方式。以德国为例，20 世纪 90 年代，德国高等教育没有校际评估制度。20 世纪 90 年代以后，德国逐渐重视高等教育质量评估。1998—2000 年末，德国大学校长联席会议（HRK）实施了旨在增进各州在高等教育质量改进方面的信息和经验交流的全国性的"质量保证工程"。德国大学校长会议、布特斯曼基金会和高等教育信息系统（HIS）合资创办了质量保障行业协会，建立了关于质量保证措施的数据库，建立了全国性的网络。为了保证评估机构自身的质量，1998 年，德国各州文教部长联席会议（KMK）与德国 HRK 联合成立了认证委员会，专门负责学士和硕士课程的审批工作和对教学评估机构的质量认证工作。认证委员会制定了一整套质量认证程序，通过评审的评估机构可获得认证委员会颁发的"质量印章"。亚洲国家的高等教育评估也是以提高质量为核心展开的。总之，以质量为核心开展高等教育评估"是一种国际化现象"。② 一如高等教育评估大师 Kells 所言，为了提升高等教育质量，世界各国大都实施了质量控制措施。举凡美国、英国、欧盟各国、澳洲、日本等先进国家，大学评

---

① 张彦通：《欧洲地区高等教育质量保障体系研究》，北京航空航天大学出版社 2007 年版，第 4—5 页。

② ［英］路易丝·莫利：《高等教育的质量与权力》，罗慧芳译，北京师范大学出版社 2008 年版，第 20 页。

估被视为提升高等教育质量的重要策略。①

## 二、高等教育评估与高等教育竞争

### （一）竞争是高等教育评估制度产生的重要原因之一

高等教育评估是规范高等教育竞争秩序的产物。从最早建立现代高等教育评估制度的国家美国的情况来看，教育评估制度的产生与美国高等教育的恶性竞争密切相关。由于美国对高等教育机构的设置实施自由放任政策，私人兴办高等学校几乎不受任何约束，只要有财源和生源学校就可以生存下来。美国高等教育专家克拉克曾经指出："在世界上几个主要的先进国家的高等教育系统中，美国的系统是最缺乏组织的。"② 所以，在美国高等教育发展的初期，美国的高等教育处于一种毫无约束的自由竞争状态。18 世纪末 19 世纪初，高等教育机构逐步增多。特别是 1862 年《莫雷尔法案》颁布后，美国的高等学校数猛增，③ 美国的高等教育呈现出混乱的局面。这种状态导致教育水平低下。出于对办学水平和教育质量的担心，当时自发产生了一些非营利的民间认证机构。它们制定一系列的办学基本标准对各种学校进行鉴定认证，以求达到统一办学质量标准的目标。所以说，现代高等教育评估缘于高等教育市场的混乱与无序竞争。虽然现代各国高等教育评估制度的建立有各种动机或原因，但不可否认，它们都与各国因高等教育大众化、普及化而产生的高等教育竞争有某种程度的关联。

---

① 参见吴清山：《高等教育评鉴议题研究》，高等教育文化事业有限公司 2009 年版，第 34 页。

② 唐利华：《中美高等教育评估制度比较》，载《理工高教研究》2002年第 5 期。

③ 张亚：《中美高等教育评估制度变迁比较分析：基于新制度经济学视角》，载《长江大学学报》（社会科学版）2007 年第 6 期。

## （二）高等教育评估可以规范、促进高等教育竞争

高等教育评估对高等教育竞争的规范作用至少可从三个层面予以阐述。第一，在那些没有设立高等教育机构行政审批制度的国家，评估为高等教育竞争提供了最低的或者说是最基本的行为标准。仍以美国为例，美国是没有建立高等教育行政审批制度的国家，在美国，设立高等教育机构是较为自由的，高等教育的供给和需求主要由市场机制调节，竞争较为激烈。但自从美国建立了高等教育认证制度之后，尽管高等教育市场没有准入限制，但其高等教育市场的竞争不再是"无约束的混乱竞争，而是有着基本制衡的自由竞争"，因为"认证制度为参与高等教育市场竞争制定了最起码的标准"。① 第二，在那些建有行政审批制度（有学者认为行政审批制度实际上也是一种评估制度）、实施高等教育市场准入限制的国家，评估对于界分高等教育机构类别、促进分类竞争方面发挥了重要作用。譬如，俄罗斯属于实行高等教育行政许可制度的国家，但获得许可只是高等教育机构参与市场竞争的第一步。如果要参与更高一级的高等教育市场竞争，则高等教育机构还必须参加高等教育评定和鉴定程序。② 这种评定和鉴定程序为分类竞争提供了保障。第三，通过高等教育评估，一些不合格的高等教育机构或高等教育专业将被迫退出市场。

高等教育评估对高等教育竞争的促进作用，主要表现在高等教育评估能够在很大程度上解决高等教育领域中的信息失灵问题。我们在第一章曾经指出，与其他商品市场、服务市场一样，高等教育领域也存在信息失灵现象。而且由于高等教育服务的内容具有无形性，信息失灵问题比其他领域更为突出。高等教育领域中信息失灵

① 熊耕：《美国高等教育认证制度的功能分析》，载《比较教育研究》2005 年第 2 期。

② 王屯：《俄罗斯高等教育评估体系及对我国的启示》，载《高等教育管理》2008 年第 4 期。

的主要表现是：高等教育机构对自身的整体办学条件、教育教学水平、在同类高等教育机构中的地位、师资力量、学生就业前景有较为全面的认识和了解，而学生或学生家长对这方面的知识不仅知之甚少甚至一无所知，而且可能会受高等教育机构虚假宣传的误导。

解决信息失灵问题，可采取强制信息披露、禁止虚假信息披露、标准化、质量评估、认证认可等多种制度。强制信息披露制度是对经营者施加法定的信息披露义务，以克服消费者与经营者之间的信息不对称。这是一种高强度的政府干预方式，也是解决生产者与消费者之间信息不对称的最有效的方式。① 但该制度的适用范围较为有限，只适用于可能危及消费者身体健康与人身、财产安全的商品和服务，很少或基本不适用于高等教育服务。禁止虚假信息披露制度是对误导性信息的规制，旨在解决经营者广告宣传中的信息不真实、不准确问题。这是一种"消极"的信息规制方式，对高等教育信息规制来说虽不可缺少但作用非常有限。标准化、质量评估、认证认可制度是较为中性的信息规制方式。三者虽有区别，但联系密切，共同在克服信息失灵、促进市场主体间公平竞争方面发挥着重要作用。著名经济学家格罗斯曼曾经指出，如果商品的质量信号充分、有效、可靠、成本低廉，消费者可不费任何代价证实产品质量，则交易市场就能够有效运转。在第三方认证制度下，来自第三方的认证为买方提供了必要的"购买信号"，使买方能够以较低的成本获知产品的质量信息，客观上降低了买方的搜索成本和信息处理成本，节约时间和精力。② 所以，作为传递质量信息的辅助手段，质量评估、第三方认证提供了一种行之有效的信号甄别机制，有效地克服了因信息不对称而产生的"劣币驱逐良币"现象，促进了商品市场、服务市场的公平竞争。就高等教育而言，随着高

---

① ［英］安东尼·奥格斯：《规制：法律形式与经济学理论》，骆梅英译，中国人民大学出版社 2008 年版，第 154 页。

② 参见樊根耀：《第三方认证制度及其作用机制研究》，载《生产力研究》2007 年第 2 期。

等教育的普及化、大众化、多样化的出现及高等教育竞争的加强，"牛津不需要证实自己"的时代已经过去，"酒香"也怕"巷子深"，所以，宣传自己，让消费者尽可能地了解自己并扩大自身在广大学生中的影响，成为越来越多的大学应对高等教育竞争的方式。作为成本较低且效果较好的信息规制方式，高等教育质量评估或认证，直观地反映出大学的学术水平和教学科研等方面实力的情况，提高了大学的"透明"度，为政府机关提供国家资助、为消费者选择大学提供了真实、准确、充分的信息，促进了各大学之间的公平竞争。

高等教育评估对高等教育竞争的促进作用，不只局限于促进国内高等教育机构之间的竞争，而且也可促进国际高等教育之间的竞争。目前，有很多国家的高等教育评估，其目标之一，就是为了提高本国高等教育在国际上的竞争力。譬如，芬兰高等教育审议会（FINHEEC）曾经制定了"FINHEEC2004－2007年行动计划"，内容包括：质量保证体系评估、学程评估、教育政策及其他主题评估、高等教育质量及卓越中心的评估、专业课程认可的评估、多科技术学院学士后学位的申请评估及其商业服务运作的提供，其主要目的在于"提升芬兰高等教育的整体竞争力"。[①]

# 第二节　公平竞争理念下高等教育评估制度之完善

## 一、我国高等教育评估制度的发展、特点与不足

### （一）高等教育评估制度的发展

我国现行的高等教育评估制度，主要是1977年恢复高考制度

---

① 吴清山：《高等教育评鉴议题研究》，高等教育文化事业有限公司2009年版，第162页。

以后逐步建立起来的。新中国成立初期，我国主要沿用苏联的成绩考评法对高等教育进行评估。随着中苏关系的恶化、成绩考评法的废除，20世纪60年代以后，高等教育评估陷入一种"无所适从的困境而被迫中断"。"文革"结束后，邓小平同志曾在1977年提出过建立教育督导制度的构想和建议，① 但国家在政策层面上第一次提出高等教育评估是在1985年。当年中共中央发布的《关于教育体制改革的决定》要求教育管理部门要"组织教育界、知识界和用人部门定期对高等学校的办学水平进行评估，对成绩卓著的学校给予荣誉和物质上的重点支持，对办得不好的学校要整顿和停办"。这是我国高等教育史上首次提出对高校教育活动进行评估的要求。同年6月，在黑龙江省牡丹江市镜泊湖召开了"高等工程教育评估问题专题研讨会"，主要目的是为了加强高等工程教育评估理论研究，为高等工程教育评估方案的出台做好准备。这次会议被国内学术界公认为我国高等教育评估正式开始的起点。此后，高等教育评估在全国陆续展开。迄今为止，高等教育评估工作大致经历了试点评估和正式评估两个阶段。

1. 试点评估阶段

镜泊湖会议之后，又在合肥（1986年5月）、成都（1986年12月）、西安（1987年6月）等市召开了高等教育评估研讨会或高等工程教育评估试点工作会议，主要是对高等工科院校的相关专业和课程进行试点评估。据相关统计，这次试点评估活动至少涉及8个部委、6个省市教委的近500所普通高等学校。

20世纪90年代，高等教育评估仍处于试点阶段。1995年，国家教委出台了《首批普通高等学校本科教学工作评价实施办法》，评估对象是1976年以后新建的、本科教育历史较短甚至较薄弱、基本教学条件差、基本教学质量存在问题的高等学校。截至2001年，共有110所高校参加了本科教学工作合格评估。优秀评估试点

---

① 孙崇文、伍伟民、赵慧：《中国教育评估史稿》，高等教育出版社2010年版，第126页、第128页。

工作始于 1996 年，被评对象是国家重点建设的本科教育历史较长、甚至较好、办学水平较高的高等学校，由教育部根据学校申请确定。截至 2001 年，有 4 所高校参加了本科教学工作优秀评价的试评。除合格评估、优秀评估之外，这一阶段还开展了随机性水平评估。随机性水平评估的评估对象，是新建或新升格本科院校和国家重点建设院校以外的普通院校，目的是加强政府对相关高校教学工作的指导，引导高校努力提高教学质量。

除本科教学评估试点之外，学位与研究生教育评估试点工作、高职高专院校评估试点工作也在这一时期逐步展开。1990 年，国务院学位办决定用 5—6 年的时间对已有的博士、硕士学位授予单位及其学科、专业进行检查，并对博士、硕士学位授予质量进行评估。① 1991 年，国务院学位委员会与国家教委联合下发了《关于1991—1992 年理工科进行学位与研究生教育评估工作的通知》，决定用 1—2 年的时间，对理工科学位与研究生教育进行评估。1992 年，物理学等 3 个一级学科的 31 个二级学科学位点接受了评估。高职高专的试点评估工作从 1996 年开始。当年，国家教委高等教育司在湖南等 4 省市开展了普通高等专科学校教学工作合格评价试点。2006 年，教育部开始了普通高等学校独立学院的评估试点工作。评估对象是有一届（含）以上本科毕业生的普通高等学校独立学院。②

2. 正式评估阶段

普通高等教育的正式评估工作应当是在 2000 年以后。2002 年，教育部将合格评估、优秀评估和随机性水平评估三种方案合并为统一的《普通高等学校本科教学工作水平评估方案》。2003 年11 月 20 日，教育部下发了《关于对 592 所普通高等学校进行本科

---

① 董秀华：《我国学位与研究生教育评估的发展及其基本特点》，载《学位与研究生教育》2000 年第 5 期。

② 孙崇文、伍伟民、赵慧：《中国教育评估史稿》，高等教育出版社2010 年版，第 154—158 页。

教学工作水平评估的通知》，提出"建立五年为一周期的全国高等学校本科教学质量评估制度"，正式开始了我国普通高等学校本科教学工作水平评估。2004年8月，教育部又颁布了《普通高等学校本科教学工作水平评估方案》，进一步明确了本科教学工作水平评估的指导思想："以评促建、以评促改、以评促管、评建结合、重在建设。"2007年10月，教育部下发了《普通高等学校本科教学工作水平评估学校工作规范（试行）》和《普通高等学校本科教育工作水平评估专家组工作规范（试行)》，试图规范普通高等学校本科教学工作水平评估体制。截至2008年底，列入首轮评估计划的592所普通本科院校全部评估完毕。

2005年，国务院学位委员会发布了《关于开展对博士、硕士学位授权点定期评估工作的几点意见》，决定从2005年起开展对获得学位授权满6年的博士、硕士学位授权点实行定期评估制度。2005年4月，国务院学位委员会下发了《关于2005年博士学位授权点评估工作的通知》（学位〔2005〕20号），正式启动首轮博士点定期评估工作。经过评估，共有3个博士二级学科点评估结果为"不合格"，被撤销博士学位授予权。此外，还有22个博士学位授权点（6个博士一级学科点、16个博士二级学科）"需要整改"。2006年的硕士点定期评估中，共有25个硕士点的评估结果为"不合格"或"自评不合格申请自动放弃授权"。高职高专正式评估工作的启动稍晚一些。2008年4月，教育部颁发了《高等职业院校人才培养工作评估方案》，规定高等职业院校自有毕业生起至有3届毕业生前必须参加一次人才培养评估。评估工作由省级教育行政部门按照教育部的要求负责组织。评估结果由教育部定期公布。

## （二）现行高等教育评估制度的特点

现行高等教育评估制度的特点归纳起来，主要有以下几个方面：

1. 管理本位

1990年国家教委颁布的《普通高等学校教育评估暂行规定》

明确指出，"普通高等学校教育评估是国家对高等学校实行监督的重要形式"；其主要目的是"增强高等学校主动适应社会需要的能力，发挥社会对学校教育的监督作用，自觉坚持高等教育的社会主义方向，不断提高办学水平和教育质量，更好地为社会主义建设服务"；基本任务是"根据一定的教育目标和标准，通过系统地搜集学校教育的主要信息，准确地了解实际情况，进行科学分析，对学校办学水平和教育质量作出评价，为学校改进工作、开展教育改革和教育管理部门改善宏观管理提供依据"。尽管《暂行规定》把"不断提高办学水平和教育质量"作为高等教育评估的目的之一，但从以上规定也不难看出，为教育管理部门对高等教育进行管理提供信息和依据，才是高等教育评估的出发点和归宿。另外，已完成的高等教育评估工作那种先合格评估、再优秀评估和随机性评估，先普通本科教育评估，再学位与研究生教育评估、高职高专、独立学院评估的顺位，也体现了高等教育评估工作的管理本位思想，所以，虽然国家教育行政管理部门的名称在变，主要领导也在不断更替，但管理本位思想一直没有变。高等教育评估是高等教育管理的一部分，是高等教育行政管理在评估领域中的一种延伸。

2. 行政主导

这是我国高等教育评估制度最主要，也是最为明显的特征。高等教育评估的行政主导性至少但不限于以下几个方面：第一，评估机构的行政性。《普通高等学校教育评估暂行规定》在其"总则"中规定，高等教育评估"由各级人民政府及其教育行政部门实施"。在"评估机构"这一章规定，"在国务院和省（自治区、直辖市）人民政府领导下，国家教育委员会、国务院有关部门、教育行政部门和省（自治区、直辖市）高校工委、教育行政部门建立普通高等学校教育评估领导小组，并确定有关具体机构负责教育评估的日常工作。"《高等教育法》第44条规定："高等学校的办学水平、教育质量，接受教育行政部门的监督和由其组织的评估。"这些法律文件以非常明确、肯定的语言赋予了教育行政管理部门高等教育评估权。虽然后来成立的教育部高等教育教学评估中心、① 学位与研究生教育发展中心②都具有独立的法人资格，但它们都属于行政性事业单位。前者由教育部领导，受教育部的委托，组织实施高等学校教育评估及各项专业评估工作，履行质量监控的行政职能。后者受教育部和国务院学位委员会的领导，主要承担教育部、国务院学位委员会委托开展的学位与研究生教育的评估、评审工作。第二，评估工作启动的行政性。不管是本科教学的合格评估，还是优秀评估，抑或是随机性评估，不管是学位与研究生教育评估，还是高职高专人才培养工作评估，绝大多数不是高校自己主动提出来的，而是由教育行政部门"通知"的。第三，评估方案、评估指标体系由教育行政管理部门制定或确定。尽管相关部门不只一次"鼓励学术机构、社会团体参加教育评估"，但"制定评估方针，研制评估方案，确定工作进程，组织审议评估结论"一般都由教育行政管理部门、教育部高等教育教学评估中心或学位与研究生教育发展中心负责。

---

① 2004 年 8 月成立。其具体职责是：（1）根据教育部制定的方针、政策和评估指标体系，具体实施高等学校教学、办学机构教学和专业教学工作的评估。（2）开展高等教育教学改革及评估工作的政策、法规和理论研究，为教育部有关政策的制定提供参考。（3）开展与外国及港澳台地区高等教育评估（认证）社会中介机构的合作与交流。根据政府授权与有关非政府组织和民间机构签订有关高等教育教学评估协议。（4）开展高等教育教学研究的民间国际交流与合作。（5）开展评估专家的培训工作。（6）承担有关高等教育评估的咨询和信息服务工作。（7）开展教育部授权和委托的其他有关工作。

② 2003 年 7 月成立。承担以研究生毕业同等学力人员在职申请硕士（博士）学位的有关全国统考和在职人员攻读专业硕士学位全国联考的命题和考务工作。承担我国学位与外国学位、我国内地学位与港澳台地区学位的对等研究以及相互承认学位协议有关咨询工作；根据政府授权与有关非政府组织和民间机构签订有关学位与研究生教育评估及互认的合作协议。承担学位证书及相关材料的认证、鉴定和咨询工作。

3. 强制方式

有学者说，"我国高等教育评估制度的变迁……是一种典型的强制性变迁"。① 其实，不只是高等教育评估的制度变迁是政府强制的，就连每所高校接受评估的方式也是强制的。《普通高等学校教育评估暂行规定》所规定的评估程序是："学校提出申请；评估（鉴定）委员会审核申请；学校自评，写出自评报告；评估（鉴定）委员会派出视察小组到现场视察，写出视察报告，提出评估结论建议；评估（鉴定）委员会复核视察报告，提出正式评估结论；教育评估领导小组审核评估结论，必要时报请有关教育行政部门和各级政府批准、公布评估结论。"显然，《暂行规定》实施的是自愿评估制度。但后来颁布的《高等教育法》规定："高等学校必须接受教育行政部门组织的评估。"根据该项法律规定，教育行政管理部门可以不受约束地随时向任何一所高等学校下达评估通知，而高等学校除了被动地履行该项法定义务之外，在制度上没有任何选择的余地。

## （三）高等教育评估制度存在的主要问题

政府主导的、强制性的高等教育评估制度，在特定的历史条件下，对促进我国高等教育的发展具有不容否认的积极意义。通过评估，不仅大大增加了高等学校的办学投入，特别是政府对高等学校的办学投入，显著改善了高等学校的办学条件，而且使高等学校进一步明确了办学指导思想和教学工作思路，促进了学校内部管理制度的规范化，提高了质量意识。不过，与现代高等教育发展对教育评估的需求相比，目前我国的高等教育评估制度还存在一些缺陷和不足。

1. 评估理念落后

迄今为止，教育行政管理部门并没有对我国高等教育评估的理

---

① 王战军、廖湘阳、周学军：《中国高等教育评估实践的问题及对策》，载《清华大学教育研究》2004 年第 6 期。

念进行任何明确的解释或描述。从相关文件的内容及 10 多年的评估实践来看，目前我国高等教育的评估理念，一言以概之，即通过评估改善管理，通过改善管理提高教育质量，管理或秩序成为高等教育评估的核心理念。这一评估理念落后于现代高等教育发展对教育评估的要求，也无助于建立科学合理的教育评估制度。首先，这种理念指导了管理本位高等教育评估制度的建立，不能满足市场主体对高等教育信息的需求。如前所述，在现代市场经济条件下，高等教育评估具有克服高等教育市场信息失灵的功能。它既可以为政府制定科学合理的高等教育政策提供依据，也可以为高等学校的举办者、管理者提高办学水平、参与市场竞争提供参考，还可以为高等教育消费者选择学校提供必要的指导和帮助，所以高等教育评估具有多方面的功能和作用。但管理本位使教育行政管理部门把高等教育评估仅仅当作满足自身管理高等学校需要的工具和手段，没有考虑可能也没有想到要考虑其他市场主体对评估信息的要求。其他市场主体，特别是作为纳税人的高等教育消费者不能从花费了纳税人钱财的高等教育评估中获取有益的信息。其次，管理本位的高等教育评估制度不符合高等教育发展的基本规律。管理本位思想相信，只有加强政府管理，高等教育质量才能得到提高，也确信政府管理能够提高高等教育质量。但国内外实践经验表明，管理不是提高高等教育质量的唯一途径，甚至不是有效的途径。

2. 评估过程弄虚作假

管理本位、强制实施的高等教育评估制度使高等学校成为被管理、被监督的对象。在评估过程中，评估小组成员是钦差，被评估学校及其领导处处小心应对，使本来既有利于政府也有利于高等学校还有利于社会的评估活动因"要我评"而非"我要评"而流于形式。更为严重的是，不透明的、糟糕的评估奖惩制度使很多高校将评估当成了目的而不是手段。为了不被惩罚或者为了获得优秀这一结果，而"被迫"在评估过程中造假。对不符合评估要求的试卷、论文等进行"加工""修饰"。对原本不存在的制度、教学成果、会议记录等进行"创造"。① 凡此等等，不一而足。

3. 评估监管缺位

高等教育评估监管缺位表现在两个层面。首要表现是政府评估监管的缺位。既然在制度层面上已经授权教育行政管理部门对高等教育展开评估，那么无论是从理论层面分析还是从既往经验考察，都应当对行政权力介入高等教育评估可能产生的权力滥用进行预设，并在制度设计上采取有效的预防措施，如建立监管评估的机构、制定约束评估权的程序规则，防止评估泛滥。可惜的是，这类监管制度目前仍是一片空白。结果是，"什么都要评估，什么都在检查，学校里一年到头评估不断，今天财务大检查，明天审计大检查，后天物价大检查，而且还是交叉检查；教学要评估，学科要评估，'211'要评估，'985'要评估，社会科学研究基地要评估，科研立项要评估，党建要评估，等等"。② 这是典型的评估监管缺位症。评估监管缺位的另一个表现，是市场评估监管的缺位。市场评估是因应市场的需要而产生的。尽管政府试图垄断高等教育评估市场，但因其主导的评估不能提供市场所需要的信息，所以，市场评估在高等教育机构、高等教育消费者中颇有市场。不过，目前市场评估也乱象丛生。有人调查过大学排行榜的乱象，指出大学排行

---

① 虽然评估的指导思想是"以评促建，以评促改，评建结合，重在建设"，但《普通高等学校教育评估暂行规定》也明确了"区别对待、奖优罚劣"的政策。教育部发布的相关文件也多次提到过"罚劣"的政策。如《普通高等学校本科教学工作合格评估实施办法》规定："凡因未达到申请评估条件而推迟评估的院校，在学校推迟评估期间，将采取暂停备案新专业，暂缓安排教学改革建设项目等必要的限制措施。"《关于进一步做好普通高等学校本科教学工作评价的若干意见》规定："本科教学工作评价的结论是学校增设本科专业，新增硕士、博士学位授权单位及其学位授权学科、专业点等有关工作资格审查的依据之一。本科教学工作未达合格的学校，要区别情况，令其限期整顿、停止招生或撤销学士学位授权单位资格。"

② 纪宝成：《大学评估太滥，部分公务员借权力指手画脚》，载《人民日报》2008年3月28日第11版。

机构鱼目混杂，内容千奇百怪，排行榜泛滥成灾；排行标准混乱，商业化和竞价排名"潜规则"盛行，排行榜"成了捐资榜、腐败榜和黑心榜"，沦为排行机构的"摇钱树"、高校和教育主管部门的"炫耀榜"①。监督、规范市场评估，毋庸置疑是教育行政管理部门的责任，但目前我们没有看到教育行政管理部门在这方面有何作为。

4. 评估结果公信力不够

有很多理由质疑评估结果的公信力。我国的高等教育机构绝大多数由政府投资设立，高校领导由相关政府部门任命，高校的绝大多数教育教学活动受到政府的严格管制。从纳税人权利的角度考察，政府也应当成为高等教育活动中被评估的对象。由教育行政管理部门评估政府投资设立的高等学校事实上存在角色错位问题，即被评估人成为了评估人，实质上就是自己评自己。这种评估因违反了"自己不能做自己的法官"这一自然公正原则，人们质疑其结果的公正性自在情理之中。有学者做过统计分析，2003年至2007年接受本科教学评估的502所学校，评估结果为"优秀"的高校有353所，占所有被评学校的70.3%，并且优秀比例逐年提高，到2007年已达到80.8%，评估结论良好的院校比例为19.2%，评估结论合格或不合格的院校比例为0%。② 对如此多的优秀本科教学单位，有学者产生怀疑，认为"无论是基于国内高校生成的标准，还是基于世界其他高校产生的标准，无论是常模参照的评价，还是准则参照的评价，都不可能或不应该产生如此之多的'优秀'高校"。③ 而现实中不断被媒体曝光的评估造假，也证明人们质疑

---

① 《大学排行榜靠谱系数有多少，乱象成因探析》，载《半月谈》2011年5月11日。

② 潘爱珍：《高等教育评估中的政府行为研究》，中国水利水电出版社2010年版，第73页。

③ 沈玉顺：《高校本科教学工作水平评估的反思与改进》，载《教育发展研究》2006年第10A期；潘爱珍：《高等教育评估中的政府行为研究》，中国水利水电出版社2010年版，第78页。

评估结果的公信力并非捕风捉影。

## 二、高等教育评估制度的完善

面对高等教育评估中存在的众多问题与非议，学术界、实务部门在不断反思"高等教育评估如何走"这一问题。①有些学者甚至建议修改《高等教育法》，废除高等教育评估制度。笔者认为，建立高等教育评估制度是当代世界各国高等教育发展的一种趋势，作为当代世界的高等教育大国，高等教育评估制度是不可缺少的制度，所以，废除评估制度是一种轻率的、不可取的观点。不过，现行的评估制度确实有很多方面需要改革和完善。从理论上考察，高等教育评估属于政府对市场的干预，这种干预应该有法律的保障与限制。因此，大多数国家的高等教育评估都是有法可依的。譬如，俄罗斯不仅以《教育法》的形式确立了高等教育鉴定制度，而且还出台了一系列的专门性法规条例。例如，《教育活动认可条例》（2000 年）、《高校国家鉴定条例》（1999年）以及《高校国家评定条例》等。比较而言，我国高等教育评估的法治化程度比较低。从法律渊源来看，目前规范高等教育评估的法律文件，只有《高等教育法》及 1990 年国家教委发布的《普通高等学校教育评估暂行规定》。《高等教育法》的规定非常原则和抽象，《普通高等学校教育评估暂行规定》虽然专门对我国高等教育评估的主要目的、基本任务、基本形式、评估机构等作出了规定，但由于该规定的内容不符合我国高等教育改革的方向，所以，这个法规自其颁布之日起就基本上没有得到真正贯彻执行。因此，这个暂行了 20 多年的规章或者应予废除，或者应作出修改，对新世纪高等教育评估的目的、指导思想、评估机构、元评估制度等相关问题作出详细规定。

---

① 刘尧：《高校教学评估之路如何走》，载《社会科学报》2008 年 7 月 24 日第 5 版。

### （一）转变评估理念

完善高等教育评估制度，首先应树立先进的评估理念。而要树立先进的评估理念，就必须准确把握高等教育评估在一个国家高等教育发展中的地位与作用。前文已述，现代高等教育评估是为了规范高等教育竞争而产生的，其终极目的是为了提高、保障高等教育质量。"教育竞争的结果，最后取决于学校办学质量的高低；教育资源的优化配置，在市场机制下，只能以教育质量或办学水平为根本依据。这就必须对学校的教育质量或办学水平做出价值判断。认证不仅提供了认证组织的一种价值判断，而且还为与教育市场有关的其他利益主体作出其各自的价值判断提供了必要的信息和依据。这都是教育市场竞争所需要的。"① 所以，关于高等教育评估的地位与作用，必须在高等教育竞争、高等教育质量、高等教育评估三者之间的关系中去寻找。毫无疑问，在现代社会，各个国家的高等教育评估都是为促进高等教育质量的提高服务的。因此，在高等教育质量与高等教育评估的关系中，高等教育质量是目的，而评估只是掌握、了解高等教育质量的一种手段和方法。不管一个国家所采取的高等教育评估模式是什么，其最终目的都是为了提高高等教育质量。这是高等教育评估与高等教育质量的表层关系。根据这一表层关系，我们应该高度重视评估工作的规范与管理，防止评估结果失真，即不符合高等学校的真实质量情况。

然而，对高等教育评估与高等教育质量关系的理解仅仅停留在表层层面显然是不够的，因为评估并不能直接或必然提高高等教育质量。提高高等教育质量最有效、最可靠的办法是高等教育竞争。正如1991年英国教育和科学大臣和苏格兰、威尔士及北爱尔兰事务大臣联合向英国议会提交的白皮书所说，"解决质量和效率问题

---

① 王建成：《美国高等教育认证制度研究》，教育科学出版社2007年版，第63页。

关键在于实现高校间充分的竞争"。①所以，从深层次上考察，高等教育评估对高等教育的保障与促进作用，还必须借助市场的力量，即竞争的力量才能最大限度地得以实现。英美等高等教育先进国家，评估制度的合理性就是因为其能够规范促进竞争而获得支持。所以，我国高等教育评估制度的完善，首先要改变评估理念，不能把评估仅仅作为评价质量的手段，而要把它与竞争相联系。或者将高等教育评估作为促进竞争的手段，或者在高等教育评估领域中引入竞争。不仅要发挥评估的静态作用，而且要发挥其动态功能，要实现评估理念从管理导向向服务导向转化，由行政评价向社会评价转化。不仅要通过评估来规范竞争，来促进竞争，而且要将评估与其他手段譬如财政拨款相结合，创造市场竞争，将评估的力量由行政推动转化为市场推动。只有这样，才能最大限度地发挥评估的功能与作用。

## （二）建立元评估制度

政府不直接参与评估，并不等于对评估放手不管。"高等教育越卷入社会的事务中就越有必要用政治观点来看待它，这就像战争意义太重大，不能完全交给将军一样，高等教育也相当重要，不能完全交给教授们决定。"② 前文我们多处强调，美国高等教育的市场化程度是相当高的，但是美国政府对高等教育认证活动并不是放任不管的。虽然早在 1949 年，一个旨在管理、规范认证活动的全国性的民间认可机构——全国认证委员会（NCA）就已成立，但该委员会的工作并不令政府满意。1952 年，美国国会通过了公法 82－250（Public Law 82－250）法案，要求美国教育专员公布一份全国认可的认证机构名单。1968 年，美国教育局成立了院校鉴定

---

① 阚阅：《当代英国高等教育绩效评估研究》，高等教育出版社 2010 年版，第 85 页。

② ［美］约翰·S. 布鲁贝克：《高等教育哲学》，王承绪等译，浙江教育出版社 1987 年版，第 32 页。

与资格审查处，并于 1969 年公布《鉴定准则》。这标志着联邦政府正式介入了高等教育评估认可工作。尽管民间就联邦政府的不满很快作出了回应，于 1975 年成立了新的认可机构——中学后教育认证委员会（COPA），且 COPA 的工作曾一度做得很出色，但因 COPA 在处理联邦贷款归还拖欠的问题上无所作为，再度引发联邦政府的不满。1992 年，国会通过高等教育法修正案，首次以法律形式对认证组织提出有关其组织、运作和标准的要求。1993 年，COPA 自动解散。1996 年成立新的全国性认证协调组织高等教育认证委员会（CHEA）。CHEA 建立以后，美国的高等教育认可处于联邦教育部（USDE）和 CHEA 的双重管理之下。多数认证机构要选择获取 USDE 和 CHEA 的双重认可。[①] 所以，从美国高等教育认证认可制度的变迁情况来看，联邦政府特别是立法机关一直在监督认证认可工作。

我国的评估工作还很不成熟，政府应承担更多的责任。当然，"政府不要直接参与教育质量认证评估的实际过程，真正改变过去'既当运动员，又作裁判员'的不合理角色，只做好裁判员、观察员、监督员。要把政府工作重点转移到建立一个合理、公正、公平、透明和权威的高等教育质量评估、认可机制上来，并通过立法、拨款、奖惩、参与认证机构的认可等手段，加强对认证的宏观指导、管理和监督"。[②] 政府的主要责任就是建立元评估制度。元评估是美国教授 M. Scriven 于 1969 年提出来的，其基本含义就是评估的评估，即对评估活动、评估系统或评估工具进行评估。[③] 进入 21 世纪之后，元评估日益得到各国关注。我国已经有一部分学

---

① 熊耕：《简析美国联邦政府与高等教育认证之间控制与反控制之争》，载《比较教育研究》2003 年第 8 期。

② 王建成：《美国高等教育认证制度研究》，教育科学出版社 2007 年版，第 134 页。

③ 王云峰等：《高等教育元评估理论模式探析》，载《高教发展与评估》2008 年第 3 期；又见张崇文、伍伟民、赵慧：《中国教育评估史稿》，高等教育出版社 2010 年版，第 171 页。

者就元评估制度进行了一些初步探讨，认为建立元评估制度对于完善我国的高等教育评估制度具有积极意义。它一方面"能确保我国教育评估的公平性、准确性、可信性和绩效性"，"能够发现评估活动中存在的问题，并及时地予以纠正，以免造成错误、损失和浪费"，另一方面"能促进我国高等教育评估的科学化"，"有利于促进评估从不完善走向完善，促进高等教育质量的提高"。①

引入元评估制度，有很多基础工作要做，如元评估标准的确立、元评估量表的研究。当然，元评估作为一种评估，首先要依法成立元评估机构。这是国际社会较为共性的做法。譬如，芬兰的高等教育评估理事会（FINHEEC）就是依据 1995 年第 1320 号法令（The Decree on the Higher Education Evaluation Council）成立的。我们可以将现行的国家本科教学评估机构与学位与学科评估机构合并为元评估机构，通过立法对该机构的职责、构成、元评估程序等作出具体规定。② 虽然元评估机构由政府设立并由国家资助，但在业务上应保持独立。

元评估机构的主要作用是要保证评估机构的评估的独立性、实用性、可行性、合理性与准确性。其中保障评估机构的独立性是至关重要的，它是保证评估机构合理、准确、可行、实用的基础。"尽管美国的认证机构大多是由各种学校协会、专业协会或行业协会所属或派生出来的，但是，认证机构在进行认证活动时，必须保持高度的独立性，即不受任何与被认证学校或专业及其有利益联系或冲突关系的组织或个人的影响。USED 和 CHEA 在其对认证机构的认可标准中也都是对此有比较严格的要求。认证机构必须证明其具备独立的资金来源，其机构的组成人员也不会受到相关利益组织

---

① 　张继平：《英国高等教育评估模式发展新动向》，载《大学（研究与评价）》2009 年第 1 期。

② 　朱淑华：《对构建和发展我国高等教育元评估机构的思考》，载《煤炭高等教育》2009 年第 1 期。

或个人的控制和影响。"①

## （三）开放评估市场

建立元评估制度之后，政府应逐渐淡出具体的评估工作，转而进行宏观调控和指导，委托能够独立实施评估的社会评估中介组织开展评估，鼓励多个评估中介组织公平、平等竞争。② 不管是从理论层面考察，还是从实践层面考察，开放评估市场都是必要的。从理论层面分析，高等教育评估属于教育服务的范畴。这种服务既具有直接消费的特征，也具有间接消费的特征。从直接消费特征看，高等教育评估服务具有竞争性和排他性，在消费这种服务时没有支付能力的高校会被排除在外；从间接消费特征看，高等教育服务又具有部分的非竞争性和非排他性。就整个社会而言，开展教育评估不仅使被评高校受益，而且也无法排除其他社会成员也会从中分享到某种利益。由此可见高等教育评估服务既具有私人产品属性，又具有公共产品属性。③ 既然高等教育评估服务具有直接消费的特征，那么高等教育评估机构就可以面向市场进行运作，即高等教育评估服务可以由教育评估机构通过市场交易来进行。

高等教育评估的市场化、社会化也符合高等教育的发展趋势。随着高等教育大众化的发展、办学类型以及活动的多样化，教育质量的多样性越来越显现出来，使得采用一个标准对各种类型的学校进行评估越来越众口难调。"一般而言，不同层次的学校和同一层次不同类型的学校希望采用不同的评估标准、执行不同的评估方

---

① 王建成：《美国高等教育认证制度研究》，教育科学出版社 2007 年版，第 134 页。

② 黄建新：《博弈与演进：论高校、教育评估中介机构和政府的相关性》，载《暨南学报》（哲学社会科学版）2006 年第 3 期。

③ 郭桂英：《对高等教育评估的经济学分析》，载《教育发展研究》2006 年第 12A 期。

案。"① 对于当前的高等教育质量评估是否也就应该呈现多元化的问题，现在不少学者和其他教育工作者给予了肯定的回答。有学者认为，"不同的评估主体所追求的利益不同，这种不同的利益追求也只能通过不同的评估标准体系才能得以体现，所以，评估主体构成的多元化必然要求评估标准的多元化。"② 另有学者认为，"在社会主义市场经济体制下，政府更需要多方面、多层次的评价信息，来作为教育资源优化配置的决策参考，而不再仅仅局限于官方内部的信息。对于高校而言，政府教育部门的评估是一种权威评定，而民间和半官方组织的大学评价则在某种意义上代表了社会的认可程度，当其形成一定的规模和效应之后，必须对高校发展起到显著的促进作用。这种效用除了在大学的声誉和名望方面有所反映外，还有利于竞争机制的引入，激发高校自身的积极性，使教育资源得到更为合理有效的利用，从而提高教育信息管理的质量和水平。"③还有学者从国际层面进行了考察，认为高等教育评估的社会化、多元化已经是 21 世纪高等教育评估发展的趋势。④

　　高等教育评估机构的市场化运作，并不违背高等教育评估公益性原则。在我国社会主义市场经济体系中，有大量进行市场化运作的事业单位。它们依靠自己的专业知识为市场提供服务，有时甚至担当经济监督的职责。它们也收取适当的费用，但它们并不属于营利性组织。所以，只要我们建立较为健全的包括元评估机构在内的监管制度，高等教育评估的市场化运作应当是可行的。

---

　　① 袁益民：《"评估时代"我们准备好了吗?》，载《大学·研究与评价》2007 年第 6 期。

　　② 罗建河：《从教育的产业属性看高等教育质量评估体系的构成》，载《江苏高教》2009 年第 6 期。

　　③ 宋恩梅：《大学评价信息的发布与利用》，载《中国高等教育评估》2004 年第 1 期。

　　④ 张崇文、伍伟民、赵慧：《中国教育评估史稿》，高等教育出版社2010 年版，第 160 页。

## （四）建立评估结果公开制度

评估的重要目的，就是要了解被评学校的信息，为政府教育部门提供教育信息资源配置参考，为高校自身发展提供战略参考，为考生和家长提供择校参考。[①] 从"信息作用于决策"的角度出发，大学评价的目的应是"使各个大学变得'透明'，克服信息不对称，让各种利益相关者和决策者获得尽可能详尽的大学信息"。[②] 如果被评学校的信息只掌握在政府手上或专家手上，就等于 100 米赛跑，没有完成冲过终点动作一样。公开，即公开被评学校的评估结果。公开既是对国家、高校、地方政府及其他基金组织负责，也是对受教育者、家庭及社会各界负责，同时还有利于全社会对高等教育质量的监督，事实上也有利于对评估进行监督。在信息发布时间上，"要及时向政府、学校、社会公众等信息用户公布评价结果，并做到评价活动与信息发布定期化，按照固定的周期发布信息。此外，在信息发布的渠道上，应坚持固定的方式，如以固定的期刊杂志、出版物或网站等媒体为载体向人们公布评价结果，形成一种良好的信息获取途径和信息反馈机制。在此基础上，还可借助其他媒体手段，以满足不同层次的用户获取信息的需求"。[③]

---

① 宋恩梅：《大学评价信息的发布与利用》，载《中国高等教育评估》2004 年第 1 期。

② 肖广岭：《用市场经济思路开展大学排序》，载《科学学与科学技术管理》2001 年第 9 期。

③ 宋恩梅：《大学评价信息的发布与利用》，载《中国高等教育评估》2004 年第 1 期。

# 第八章　竞争法对高等教育的适用

竞争法是调整竞争关系的法律规范，其主要目的是维护自由、公平的竞争秩序，保护消费者权益。竞争法有广义和狭义之分。广义的竞争法包括反不正当竞争法（主要解决过度竞争问题）和反垄断法（主要解决竞争不足问题），狭义的竞争法主要指反垄断法。虽然笔者曾在前文指出，垄断问题与不正当竞争问题在我国高等教育市场同时存在，但主要问题仍然是垄断，所以，本章所使用的竞争法主要是在狭义上使用的。狭义上的竞争法最早产生于美国。1890 年，美国国会通过了《关于防止商业与贸易不受非法限制与垄断的法案》，旨在遏制 19 世纪末 20 世纪初美国经济运行中日趋严重的限制性竞争行为。因该法案是由参议员谢尔曼提交的，所以又称《谢尔曼法》。第二次世界大战结束后不久，日本、德国等资本主义国家相继制定了《禁止私人垄断法》《反对限制竞争法》等规制垄断、促进竞争的法律制度。作为保障市场经济正常运行的基本法律制度，随着市场经济的普及制定竞争法的国家越来越多，迄今已有 100 多个国家和地区制定有自己的竞争法律制度。

## 第一节　国外竞争法对高等教育的适用：历史、理据与方法①

竞争法对高等教育的适用涉及竞争法的适用对象。关于竞争法

---

① 本节主要内容以《美国反垄断法对高等教育的规制及其启示》为题发表于《法商研究》2012 年第 6 期。

的适用对象，绝大多数国家的立法都没有作出明确、具体的规定，往往以较抽象的语词，如"人""企业""事业者""经营者"等来表示。尽管各国没有明确排除竞争法对高等学校等非营利性机构的适用，但在法律实务中，长期以来，人们认为竞争法只适于商业实体。所以，在竞争法制定并实施之后的相当长时间内，高等教育行业是不适用竞争法的。只是到了20世纪中后期，随着放松管制运动在自然垄断行业、公用事业领域的逐步展开，特别是市场因素与竞争机制在高等教育领域的引入，高等教育领域中的反垄断问题才引起人们的关注。

## 一、竞争法适用于高等教育的历史

尽管研究高等教育反垄断问题的学术著作不多，但高等教育反垄断的司法实践还是有一定的历史。① 早在1969年，美国联邦第二巡回上诉法院就受理了一个与高等教育有关的反垄断案件。② 该案中的被告中部各州大学与中学协会是一个自治性的非营利性教育机构，其前身为1887年设立的同名非法人协会。主要目的是援助并鼓励位于纽约、新泽西、宾夕法尼亚、达那维尔、马里兰与哥伦比亚特区几个中部地区或美国大陆之外的中学与高等教育机构提高教育质量。它的主要活动是对成员机构进行认证并接纳新会员。原告韦伯斯特高等专科学校是哥伦比亚特区一所招收女生的二年制私立高等专科学校。1966年，它向中部各州大学与中学协会申请认证，遭到了后者拒绝，遭拒绝的原因是韦伯斯特不属于代表公共利益的非营利性组织。韦伯斯特高等专科学校向法院提出诉讼，要求被告不要考虑其营利性而给予其

---

① Douglas R. Richmond. Antitrust and Higher Education: an Overview. 61 UMKC L. Rev. 417. Spring, 1993.

② Marjorie Webster Junior College, INC., a corporation v. Middle States Association of Colleges and Secondary Schools, INC. 432 F. 2d 650, 139 U. S. App. D. C. 217, 1970（NO. 23351）.

认证。地区法院判决被告违反了《谢尔曼法》及美国宪法第五修正案。而上诉法院推翻了地区法院的判决，认为《谢尔曼法》不适用于被告的行为。

审理该案的大法官 Bazelon 认为，《谢尔曼法》只适用于商业领域，不适用于文学艺术领域或专业性职业。上诉人之活动，不管是在其成立之初，还是在其发展时期，还是本案中对申请人进行限制，都不属于商业活动。国会不愿意干预教育事业，虽然这并不一定等于免除上诉人反垄断法上的责任，但对认证资格进行限制，只具有较少的商业动机。司法机关对私人职业协会确立的标准进行规制，必须与司法干预的必要性相关。被上诉人不能证明上诉人拒绝吸收不是非营利性的机构为会员剥夺了其竞争优势，司法干预没有正当理由。

韦伯斯特专科学校案将限制竞争的行为划分为商业性限制竞争与非商业性限制竞争两类，并且认为竞争法不适用于非商业性限制竞争行为，这一观点招致了学术界长时间的批评。批评者认为，该判决不仅违背了竞争法的立法目的，而且没有提供区分商业性限制与非商业性限制的标准，因而其对商业行为与非商业行为所作的划分根本不具有可操作性。①

6 年之后，美国最高法院在戈德法博诉弗吉尼亚州律师协会案②中改变了非商业性限制竞争行为不适用竞争法的观点。在该案中，一对夫妻于 1971 年在弗吉尼亚州费尔法克斯县购买了一套住房，银行要求他们购买财产保险。财产保险要求进行产权查验，而只有弗吉尼亚州律师协会的成员才能提供这项服务。他们联系了费尔法克斯律师协会的 30 多名律师，但没有一名律师愿意以低于费尔法克斯律师协会规定的最低收费标准即财产总值的 1% 为其提供产权查验服务。在与他们联系的第一位律师签订法律服务协议之

---

① Peter James Kolovos. Antitrust Law and Nonprofit Organizations: The Law School Accreditation Case. 71 N. Y. U. L. Rev. 689, 1996.

② Goldfarb v. Virginia State Bar, 421 U. S. 773 (1975).

后，这对夫妻对弗吉尼亚州律师协会和费尔法克斯律师协会提出诉讼，指控两被告的最低收费标准构成价格固定，违反了《谢尔曼法》第1条，要求法院禁止被告的行为，并判决被告承担损害赔偿责任。

两被告在地区法院为其最低收费标准提出了两点辩护理由。第一，作为一种专业性职业，法律服务活动不适用竞争法。第二，它们的行为属于州政府行为，根据帕克诉布朗案确立的州行为原则，①应该得到竞争法的豁免。地区法院根据州行为原则豁免了弗吉尼亚州竞争法上的责任，但判决县律协违反了竞争法并承担损害赔偿责任。地区法院认为，收费制度是原告不能以低于最低收费标准的费用获取法律服务的重要原因，最低收费制度违反了《谢尔曼法》。

上诉法院认为，法律服务活动不属于《谢尔曼法》中的"贸易或商业"，并因此推翻了地区法院的判决。但美国最高法院认为，《谢尔曼法》没有明确免除专业性职业的法律责任。职业行为的公共服务性，不能在决定《谢尔曼法》是否适用于职业行为时起关键作用。最高法院强烈反对法律没有规定的默示豁免，在其判决中指出，不管怎样，对不动产进行检测是一项服务，通过提供服务换取金钱属于绝大多数人所理解的"商业"。因此，最高法院推翻了上诉法院的判决。美国最高法院的这一判例表明，非营利性组织与营利性组织一样，应当适用竞争法。

戈德法博诉弗吉尼亚州律师协会案是美国最高法院判决非营利性机构承担反垄断责任的第一个案件。此后，美国司法实务部门与理论界普遍认为，非营利性组织与营利性组织同样适用竞争法。不过，在随后受理的一些针对大学的反垄断案中，如多内力诉波士顿

---

① 州行为原则是美国反垄断判例确立的一个原则，即如果限制竞争的行为是由享有主权的州政府作出的，并且州政府对该限制竞争的措施进行了主动监管，那么私人当事人根据州政府的指示行事的行为，就不会违反反垄断法。

学院①、阳光书店诉天普大学②等案件中，法院都驳回了原告的诉讼请求。直到 20 世纪 90 年代，美国司法部参与针对高等学校的反垄断诉讼，反垄断法才真正介入高等教育领域。

## （一）安多佛马萨诸塞法学院诉美国律师协会案③

位于安多佛的马萨诸塞法学院（MSL）是 1988 年开始招生的非营利性法人。其任务是为其学生提供比传统法律教育更多的实践技能与知识。为达致这一目的，学院高度重视法律写作、法律谈判、文书起草及审理案件等实践性教学。除了强调实践性之外，马萨诸塞法学院还大量聘用法律从业人员作兼职教授并且鼓励学生参与这些教授承办的案件。聘用法律实务工作者为兼职教授可以降低办学成本。通过这一措施及其他降低办学成本的办法，MSL 在 1993—1994 学年度的学费大约为 9000 美元，只相当于同地区私立法学院中等收费水平的 60%，所以，MSL 使那些不能上传统法学院的人也能得到良好的法学教育。

1992 年，MSL 向美国律师协会（ABA）申请认证，但其许多教学实践与 ABA 制定的认证标准相冲突。例如，因大量使用兼职教授导致生师比达到 60：1，远远超过了 ABA 所规定的最高比例 30：1 的标准。ABA 发现 MSL 的教育共有 11 个方面的缺陷。由于 MSL 严重违反了 ABA 的认证标准，ABA 法律教育部在 1993 年拒绝通过其认证。

MSL 向法院提出了反垄断诉讼。在诉讼中，MSL 声称 ABA 使用的某些认证标准具有限制贸易的反竞争效果，违反了《谢尔曼法》第 1 条。MSL 特别指出，ABA 利用认证权：（1）固定法学院

① Donnelly v. Boston College, 558 F. 2d 634（1st, Cir），cert. denied, 434 U. S. 987（1977）（law school admissions）.

② Sunshine Books, Ltd. v. Temple University. 697 F. 2d 90（3d Cir. 1982）.

③ Massachusetts Sch. of Law at Andover, Inc. v. American Bar Ass'n. 857 F. Supp. 455, 457 – 59（E. D. Pa. 1994）（No. 93 – 6206）.

教职员工的薪水；（2）要求减少教学时数和非教学职责；（3）要求带薪休假；（4）强迫雇用更多的教授降低生师比；（5）限制兼职教授的使用；（6）强迫学校限制学生可以工作的时间；（7）禁止经 ABA 认证的学院接受未经认证的学院的学分转换；（8）要求更昂贵的实验与图书设施；（9）要求学院使用法学院入学考试（LSAT），限制那些社会经济地位较低的人进入法学院学习。此外，MSL 还声称 ABA 合谋垄断法律教育服务、法学院的认证、律师的许可，违反了《谢尔曼法》第 2 条。

在 MSL 对 ABA 提起反垄断诉讼不久，司法部反垄断局开始调查 ABA 的认证程序。经过一年的调查，司法部在哥伦比亚联邦地区法院对 ABA 提出反垄断民事诉讼，指控 ABA 运用其认证程序固定其成员法学院教授与其他工作人员的工资，违反了《谢尔曼法》。此案最终以和解结案。ABA 虽然不承认自己有错，但同意修改其认证标准：（1）在认证决定中不考虑教职工薪酬水平；（2）禁止向 ABA 成员学院收集并向它们发放薪酬数据；（3）在认证标准中删除非营利性要求；（4）改革认证委员会的构成，成员学院系主任或成员不超过认证委员会人数的一半。

### （二）美国诉布朗大学案

安多佛马萨诸塞法学院诉美国律师协会案是大学作为原告提出反垄断诉讼的案件，而美国诉布朗大学案是由美国司法部代表美国政府对高等学校提出的反垄断案件。20 世纪 60 年代，"常春藤盟校"的八所大学①一起组成了一个旨在限制生源竞争的卡特尔——重叠集团。重叠集团的成员不以成绩作为本科生获取奖学金和资助的标准，而以学生的贫困程度作为资助与否和资助多寡的唯一标准。为此，重叠集团设计了如何根据学生家庭收入和资产情况来决定资助金额的公式。重叠集团宣称，只要达到大学

———————

① 这八所大学是：布朗大学、康奈尔大学、达特茅斯大学、哈佛大学、宾夕法尼亚大学、普林斯顿大学、耶鲁大学与麻省理工学院。

的录取标准，学生就可以不必考虑是否付得起学费而获得录取，因为学校会为其提供所需要的资助。在重叠集团成立后 20 多年的时间里，又陆续有十几所私立大学加入其中。自 1989 年开始，美国司法部对重叠集团展开反垄断调查，并于 1991 年 5 月对八所"常春藤盟校"和马萨诸塞理工学院（MIT）提起诉讼。司法部指控，"常春藤盟校"通过协商和合作：（1）固定了成员院校间对"家庭贡献"的计算，并（2）禁止以优秀为基础发放旨在减少对学生提供的财政援助，并因此提高他们的收入。1991 年 5 月 22 日，"常春藤盟校"与司法部达成了和解协议。在该协议中，它们否认存在指控的价格固定，但同意终止将来确定财政资助出价时的合作。MIT 拒绝在和解协议上签字，而选择向法院提出诉讼。宾夕法尼亚东区地方法院判决 MIT 违反了《谢尔曼法》第 1 条。MIT 不服，上诉至第三巡回上诉法院。第三巡回上诉法院认为地方法院的判决部分有误，发回重审。最后 MIT 与司法部达成了和解协议。根据和解协议，MIT 和其他学校可以就某些援助事项如交换学生信息、确定援助总额的一般原则进行合作或达成协议，但不允许对学生个体的援助进行讨论。[1] 安多佛马萨诸塞法学院诉美国律师协会案、美国诉布朗大学案表明，不管高等学校是否具有营利性，反垄断法毫无疑问都可以适用于高等教育行业。

（三）汉密尔顿兄弟会诉汉密尔顿学院[2]

本案涉及高等教育机构在学生食宿服务市场限制竞争是否违反反垄断法的问题。美国有很多规模较小的文理学院。这些大学

---

[1]　Elbert L. Robertson Antitrust as Anti – civil Rights? Reflections on Judge Higginbotham's Perspective on the "Strange" Case of United States V. Brown University. Yale Law and Policy Review, 2002.

[2]　Hamilton Chapter of Alpha Delta Phi, Inc. v. Hamilton College. 128 F. 3d 59（2d Cir. 1997）.

人都位于小城镇，离市区很远，因此，学校往往向学生提供食宿服务。同时，美国很多大学都有兄弟会或姊妹会。这类组织几乎是与大学同时建立起来的，因而在大学校园或大学周边拥有土地和房屋，他们也向学生提供食宿服务，并与所在地的大学竞争。汉密尔顿学院是成立于 1831 年的一所私立学院，位于纽约州一个名叫克林顿的小镇。在 1837 年，汉密尔顿就有三个兄弟会，87% 的学生都加入了这三个组织。兄弟会从 19 世纪 80 年代开始建造房屋，给学生提供食宿。他们建造的房屋既宽敞又优雅，学习条件好，饮食价格也便宜。在 1993—1994 学年度，汉密尔顿的食宿服务收入为 700 万美元，兄弟会为 100 万美元。1995 年，汉密尔顿要求所有的学生都在学校住宿、就餐。由于学校没有足够的宿舍给学生居住，所以汉密尔顿学院试图购买兄弟会的房子作为学生宿舍。三个兄弟会起诉了汉密尔顿学院。兄弟会诉称，汉密尔顿的食宿计划是一种旨在消除汉密尔顿学生食宿服务市场竞争的商业战略，汉密尔顿收购兄弟会的房子属于非法垄断，因为它是唯一的购买人，购买兄弟会的房子的价格低于市场价格。汉密尔顿以其食宿政策不属于《谢尔曼法》中的"贸易或商业"，且其决定旨在改善女学生的学习环境，提升自己对那些兄弟会没有优势或根本没有兄弟会的大学的竞争力为由请求法院驳回原告的诉讼。①

纽约北区地方法院认为，原告既不能证明汉密尔顿学院的新政策属于《谢尔曼法》下的"贸易或商业"，也不能确定汉密尔顿学院的行为与州际商业有联系，因而驳回了原告的诉讼请求。法院还建议，不喜欢新住房政策的学生可以离开汉密尔顿。原告不服，向第二巡回上诉法院提出上诉。上诉法院推翻了下级法院的判决。上诉法院指出，高等教育机构的某些活动，如课程设置、认证，是教

① Jeffrey C. Sun, Philip T. K. Daniel. The Sherman Act Antitrust Provisions and Collegiate Action: Should there be a Continued Exception for the Business of the University? 25 J. C. & U. L. 451, Winter, 1999.

育的核心任务，不属于《谢尔曼法》所规制的商业竞争，但某些活动如体育运动、书店经营、学费标准的确定及奖学金等"在性质上具有财产性，所以《谢尔曼法》的可适用性是不容置疑的"。① 上诉法院进一步指出，兄弟会提供了足够的证据证明汉密尔顿从全国和全世界招收学生，其中59%的学生来自其他州和国外，汉密尔顿每年从州外学生收取了400万美元的住宿、饮食费用，这足以证明汉密尔顿的行为对州际商业产生了实质性影响。上诉法院同时指出，汉密尔顿限制产出提高住宿费价格而不损失一个学生的能力属于垄断产生危害的典型事例。所以，上诉法院驳回了下级法院的判决，要求下级法院重新审理。②

## 二、竞争法适用于高等教育的理据

尽管营利性高等教育机构正在悄悄兴起，但目前世界上绝大多数高等学校属于非营利性机构。它们没有股东，只有投资者，但投资者不分红。所以，有很多人对将反垄断法适用于高等教育不理解，认为对高等学校适用反垄断法不仅不会产生任何社会或者经济利益，反而会妨碍本国高等教育在国际高等教育市场中竞争地位和竞争优势的提高。但主张对高等教育适用反垄断法的学者和法官认为，现代高等教育机构不仅有自己的营利性产业，而且其提供的服务本身也具有商业交易性质，高等教育学校的教职员工同企业一样具有反竞争激励。所以，反垄断法适用于高等教育具有正

---

① citing NCAA v. Bd. of Regents of the Univ. of Okla. , 468 U. S. 85 (1984); Sunshine Books, Ltd. v. Temple Univ. , 697 F. 3d 90 (3d Cir. 1982)); United States v. Brown Univ. , 5 F. 3d 658 (3d Cir. 1993) .

② See generally Hamilton Ch. of Alpha Delta Phi, Inc. v. Hamilton Coll. , No. 95 – CIV – 0926, 1996 WL 172652 (N. D. N. Y. Apr. 12, 1996); Hamilton Ch. of Alpha Delta Phi, Inc. v. Hamilton Coll. , 128 F. 3d 59 (2d Cir. 1997); Hamilton Ch. of Alpha Delta Phi, Inc. v. Hamilton Coll. , 106 F. Supp. 2d 406 (N. D. N. Y. 2000); Mark D. Bauer. Small Liberal Arts Colleges, Fraternities, and Antitrust: Rethinking Hamilton College. 53 Cath. U. L. Rev. 347. Winter, 2004.

当性。

第一，高等教育机构通常保有营利性产业。现代大学并没有与商业企业和市场活动隔绝；[①] 相反，很多大学建有食堂、宿舍、商店、医院、体育俱乐部，还有很多大学设立了产学研结合的校办企业和公司。这些机构的性质不是学术性机构，而属于财产性企业。它们从事的活动是纯粹的财产性活动，是为大学赚取利润服务的。[②] 虽然大学保有营利性产业本身没有违反反垄断法，但既然大学保有营利性产业，就不可避免地涉及商业交易。如果它们的行为限制了竞争，必定成为反垄断法的规制对象。

第二，高等教育活动本身具有产品属性。有学者指出，尽管高等教育活动具有自身独立的特性和发展规律，但在现代社会，高等教育被视为"一种销售给公众的产品"的观念已经为越来越多的人所接受。"教育被公众认为是提高自己赚钱能力的手段。有了教育这种产品，他们就能够增加改善自己生活质量的机会。没有这种产品，他们的机会就会显著减少。"[③] 所以，"学生用金钱交换教育与其他服务""是一种基本的商业交易"。[④] 既然高等教育活动属于商业交易，则反垄断法可以理所当然地适用于高等教育。

第三，高等学校具有反竞争动机。有学者指出，现代高等学校与企业没有什么区别，它们都是由天生利己的人类管理。尽管从学术上来说高等学校本身不是以营利为目的，但高等教育能够给高校

---

① Douglas R. Richmond. Antitrust and Higher Education: an Overview. 61 UMKC L. Rev. 417. Spring, 1993.

② Jeffrey C. Sun, Philip T. K. Daniel. The Sherman Act Antitrust Provisions and Collegiate Action: Should there be a Continued Exception for the Business of the University? 25 J. C. & U. L. 451, Winter, 1999.

③ Erika B. Smith. Are Schools Violating the Sherman Act by Collaborating on Financial Aid Packages? 24 U. S. F. L. Rev. 653, Summer, 1990.

④ United States v. Brown Univ. , 805 F. Supp. 288, 298 ( E. D. Pa. 1992）.

和教师带来很大的好处。富裕的高校能够支付起较高的薪金，提供大量常规性假期，提供高水平的研究支持，保持丰厚的旅游资金。高校的教职人员同任何一个以利润为导向的公司职员一样，具有自私的性格。而且，由于学术决策者周围存在很多压力，这些压力容易诱导一些人沉迷于反竞争行为，而像管理者、官员和公司决策者一样容易犯错误的教授，有时也可能会屈服于这种诱惑。所以，在反竞争方面，"高等学校与其他垄断组织没有任何区别，它们只想控制它们的环境及挡住它们财路的任何人或任何事"。① 所以，在反垄断方面，高等教育机构应该受到与以利润为导向的公司同样的待遇。

第四，高等教育机构限制竞争的利他动机并不必然产生对社会有益的结果。即使高等教育机构是基于消费者福利而不是基于自身利润限制竞争，这种限制也不能当然免除反垄断审查。因为，高等教育机构限制竞争的动机及限制竞争给社会带来的不利后果与营利性组织"并没有什么不同"，利他主义动机也许可能产生较低的价格，但也有可能使价格提高到竞争性价格水平之上。② 所以，不管高等教育机构限制竞争的动机是利他的还是利己的，对这种限制进行反垄断审查都被证明是对社会有益的。③

① See generally Hamilton Ch. of Alpha Delta Phi, Inc. v. Hamilton Coll., No. 95 - CIV - 0926, 1996 WL 172652 (N. D. N. Y. Apr. 12, 1996); Hamilton Ch. of Alpha Delta Phi, Inc. v. Hamilton Coll., 128 F. 3d 59 (2d Cir. 1997); Hamilton Ch. of Alpha Delta Phi, Inc. v. Hamilton Coll., 106 F. Supp. 2d 406 (N. D. N. Y. 2000); Mark D. Bauer. Small Liberal Arts Colleges, Fraternities, and Antitrust: Rethinking Hamilton College. 53 Cath. U. L. Rev. 347. Winter, 2004.

② Steven R. Salbu. Building a Moat around the Ivory Tower: Pricing Policy in the Business of Higher Education. 75 Marq. L. Rev. 283. Winter, 1992.

③ Tomas J. Philipson. Antitrust in the Not - for - Profit Sector. 52 J. Law & Econ. 1. February, 2009.

第五，反垄断法没有明确豁免高等教育机构限制竞争的法律责任。① 尽管谢尔曼本人曾在国会上作证说，《谢尔曼法》"不干预促进某一特定行业或职业利益的自愿性的协会……因为它们不属于商业联合"，② 但《谢尔曼法》的立法语言从来没有说高等教育机构等非营利组织可以不适用反垄断法，美国最高法院的态度也坚决反对反垄断法的默示豁免。

受美国反垄断学说与司法判例的影响，日本学术界与实务界也普遍主张将高等教育置于反垄断法的管辖之下。日本《禁止私人垄断法》的规制对象是"事业者"与"事业者团体"。日本通说和判例将"事业者"解释为："从事与供给任何经济利益相对应，反复持续地接受反向给付的经济活动者而与主体的法律特性无关。"因此只要是经济事业，不一定要求其具有营利性，而且也不管其是自然人还是法人，是公法人还是私法人，只要国家或者地方公共团体等公的主体参与了经济活动，就可以肯定它是一个事业者。③ 根据这种解释，即使是国家机关或地方政府机构，如果其从事了为卖而买等反向给付活动，则它们也属于反垄断上的"事业者"。随着日本政府对教育、医疗、社会福利事业的放松管制，自 20 世纪末开始，日本学术界开始探讨竞争法对教育、医疗、福利领域的可适用性问题。日本学术界认为，尽管教育、医疗、福利领域是服从进

---

① 重叠集团解散后，美国国会通过了《1994 美国学校改善法》对《谢尔曼法》进行修正。修正案给予高等教育机构有限的反垄断豁免：允许那些录取学生时不考虑学生是否需要资助的高等教育机构同意（1）只以需要为基础提供援助；（2）运用需要分析的共同原则；（3）使用共同的资助申请；并且（4）通过第三方形式交换学生经济信息，但不允许高等教育机构就给任何具体学生可得到的奖学金达成协议。该修订没有改变重叠集团的和解协议。2001 年这一豁免被更新为《以需要为基础的教育法案》。

② 21 Cong. Rec. 2562（1890）

③ ［日］池田千鹤：《教育・医療・福祉分野における独占禁止法を適用する場合の解釈上の問題点》，载《公正取引～競争の法与と政策～》2005 年 8 月号，通卷 658 号。

入规制、价格规制、业务规制等的一种规制产业，但"哪怕是用许可证、登记申报等方法来规制市场进入、价格以及其他市场活动的场合，只要是没有明确的适用除外规定，原则上都不能排除适用竞争法。哪怕在这些领域中有政府规制，但只要对许可证的申请合法，以及登记申报内容调整还能保留竞争余地，就应该受到竞争法的规制"。[1] 作为竞争法的执法机构，日本公正交易委员会也明确表示：哪怕是学校法人，当其从事收益事业的时候，就其收益事业而言，等同于一个事业者；学校法人或者地方公共团体以及其他的公共机关从事与一般事业者的私的经济活动相类似的事业的时候，把它们当事业者看待。[2]

## 三、规制高等教育垄断的方法

判断某一特定的限制行为是否违反竞争法，一般有两种分析方法：本身违法方法与合理分析方法。所谓本身违法，指某些特定行为，不管其出于何种目的，只要行为一经做出，就视为违反了竞争法。这种行为包括价格固定、市场划分、联合抵制等。所谓合理分析方法，即判断某种行为是否违反竞争法，不能只从行为本身，而应当根据行为的背景、目的与后果等进行判断。合理分析的目标是决定被质疑的行为对竞争的总体影响是积极的或是消极的。合理分析方法一般分三步：第一，原告证明被质疑的行为具有反竞争性的影响；第二，被告提供行为具有促进竞争效果方面的证据以证明这种消极影响是正当的；第三，原告通过证明这些行为对于取得所陈述的目标来说是不必要的方式来反驳被告的辩护理由。纵向地域限

---

① ［日］池田千鹤：《教育·医疗·福祉分野における独占禁止法を适用する场合の解释上の问题点》，载《公正取引～竞争の法と政策～》2005 年 8 月号，通卷 658 号。

② ［日］池田千鹤：《教育·医疗·福祉分野における独占禁止法を适用する场合の解释上の问题点》，载《公正取引～竞争の法と政策～》2005 年 8 月号，通卷 658 号。

制、合并、联营等一般适用合理分析方法。

在美国，虽然司法部与法院在非营利性组织与营利性组织都应当在适用反垄断法上没有歧异，但在判断非营利性组织的限制行为是否违反反垄断法时，司法部与法院采用的分析方法有很大区别。司法部认为，非营利组织应当与营利性组织一样，应当根据其限制竞争的性质适用"本身违法"或"合理分析方法"，不能享受特殊礼遇。根据司法部的观点，"常春藤盟校"间的价格固定行为即构成"本身违法"，即不管这些学校固定"家庭贡献"计算方法的动机和后果是什么，它们的行为都是非法的。

但法院认为，对非营利性组织适用反垄断法所采用的标准应当比营利性组织宽松。在戈德法博诉弗吉尼亚律师协会案中，法院认为，作为保护公众健康、安全和其他重要利益的权力的一部分，州政府有广泛的权力建立职业许可、规制职业行为。在某些情况下，州政府可以决定"一个行业中某些竞争行为可能不符合某些职业的伦理标准"。律师对政府必不可少，在对律师职业进行规制中，州政府具有重要的利益。在判定律师的某些行为属于《谢尔曼法》的适用范围时，不能淡化州政府规制其职业活动的权威。在对被告的行为进行反垄断分析时，应当考虑被告的"公共服务"性质。"作为与商业相区别的对职业施加限制的事实，在决定某一特定行为是否违反《谢尔曼法》时当然是相关的。将职业行为视为与其他商业活动是可以相互转换的进而自动将源于其他领域中的反垄断理念适用于职业行为是不现实的。公共服务方面的特征及职业的其他特征可能要求某些在其他场合被视为违反反垄断法的行为被区别对待。"①

戈德法博案之后，各下级法院一般采取较为灵活的"合理分析方法"对非营利性组织的活动进行分析。关于对非营利性组织适用"合理分析方法"的正当性问题，有些学者从非营利性组织产生的原因入手进行了解释。他们认为，非营利性组织的活动通常

---

① Goldfarb v. Virginia State Bar, 421 U. S. 773 (1975).

具有矫正市场失灵的作用。首先，非营利性组织可以克服信息不对称问题。某些独立运行的市场如法律服务、医疗服务市场不能为消费者提供做出正式购买决策所需要的服务。非营利性组织能够克服这种信息不对称问题。因为非营利性组织不允许保留或分配利润，所以直接向市场提供产品或服务的非营利性组织没有动机节省提供信息的费用。另外，非营利性组织的自律活动也能传送服务质量等重要信息。非营利性组织还可以解决外部性问题。所谓外部性，指提供某种产品的成本不是由生产者全部承担或产品的内在价值没有全部由购买者享有。在一个外部性非常显著的市场，产品或服务要么过剩，要么不足。非营利性组织经常用自律机制（职业道德）来矫正因外部性引起的市场缺陷，可以确保从业者不会从事某些能给其自身带来直接利益而对整个社会（或行业）带来危害的事情。所以，非营利性组织的目标与反垄断法所追求的目标在很大程度上是一致的，① 只要非营利性组织采取的限制措施能够克服市场失灵，即其限制行为给竞争带来的总的好处大于其对竞争的限制，也认为是合理的。

当然，对非营利性组织适用"合理分析方法"，并不意味着非营利性组织的行为就一定合理、合法。1983 年，美国最高法院在全国大学体育协会（NCAA）案中根据"合理分析方法"审理了一起价格固定案件。NCAA 主要由那些拥有体育项目的学院和大学组成。作为一个管理组织，NCAA 负责制定比赛规则、业余标准、吸收新队员的标准、体育小组和教练队伍的规模等。1981 年，NCAA 同 ABC、CBS 两家电视机构签订合同。合同限定了能够被电视转播的比赛总数及每支队伍的转播次数，也有效地制定了每支队伍每场电视转播所能得到的报酬。一些主要的大学足球队决定单独同 NBC 协商其电视转播。NCAA 公开宣布将采取处罚措施。作为对这一威胁的反应，这些足球队对 NCAA 提起了反垄断诉讼。虽然下

---

① 　Peter James Kolovos. Antitrust Law and Nonprofit Organizations：The Law School Accreditation Case. 71 N. Y. U. L. Rev. 689，1996.

级法院认定 NCAA 涉嫌固定价格而构成"本身违法"，但最高法院认为，"对价格和产量的明显限制具有一定的竞争合理性，即使缺乏详细的市场分析"。运用排他性合同限制电视转播数量构成了横向价格固定，但将"本身违法"适用于一个必须限制横向竞争的产业是不恰当的。大学足球是这样一个产业，即要使其产品提供成为可能，就必须对价格竞争进行横向限制。因为它与许多行业不同。比如，钢铁业中的各企业间就不需要协调其行为。而体育组织却需要协调它们之间的行为以便安排比赛、制定标准，等等。在这些情况下，横向限制并不总是有害的。由于体育的独特性，即使被告从事了横向价格串谋活动，也应适用"合理法则"。① 尽管美国最高法院认为对 NCAA 涉嫌固定价格的行为适用"本身违法"不妥，但在经过合理分析之后，仍然作出了不利于 NCAA 的判决。

尽管美国学术界与司法实务界主张对非营利性组织的限制竞争行为运用合理法则进行审查，但是两者都没有就合理分析应当考虑哪些因素提供明确的指南。在这方面，后发的日本倒是提供了一些分析框架。日本学者认为，当国家或者地方自治体从事教育、医疗等专门职业、提供福利服务获得对等价值时，把它当成事业者适用竞争法，判断它们的行为对竞争的损害后果时不一定要与通常的事业者相同。对照公共性、信息不对称性、外部性等教育、医疗、福利服务的性质和竞争现状，对其他某些商品和服务的提供来说具有限制竞争的行为，有时候反过来还可能会促进竞争。为了考虑对教育、医疗、服务等各种服务的性质的判断框架，就应该参考为了社会公共目的在什么情况下应该允许限制竞争行为这样的判断框架。如果认定是为了安全、卫生、环境保护等社会公共目的而实施的共同行为，关于行业自律有没有妨害竞争需要参照以下判断基准：（1）是否限制了竞争手段并给需求者的利益带来了不当损害；（2）事业者之间是否存在不正当的歧视；（3）是否基于社会公共利益等正当目的并在合理和必要的范围内；（4）有没有充分听取需求

---

① NCAA v. University of Oklahoma et al., 468 U. S. 85 (1984).

者和第三方的意见的机会；（5）是否存在强制。根据这些要素，对非营利性组织限制竞争的行为进行分析，大致有以下四种处理方式：第一，除竞争价值以外，其他任何价值都不考虑不承认。这种观点把竞争法中的"公共利益"解释为自由竞争的经济秩序本身。从这个意义上讲，实质性限制竞争就是侵害了"公共利益"。不允许从竞争政策以外的观点出发根据社会公益性认为没有违法。第二，比较衡量法律利益，综合考虑各种因素。第三，慎重地进行社会公共目的的认定。第四，对于不值得用竞争法来保护的竞争，认为其没有产生实质性限制竞争的余地。

## 四、高等教育机构违反反垄断法应承担的法律责任

如果反垄断执法机关、司法机关判定被诉的限制竞争行为违反了竞争法，那么接下来的事情，就是违法行为应当承担何种法律责任。综观各国立法关于垄断的法律责任，反垄断法所规定的法律责任主要有民事责任、行政责任与刑事责任三种。民事责任的主要形式是禁令救济与损害赔偿，包括实际损害赔偿与惩罚性赔偿，以美国反垄断法中的三倍损害赔偿最典型。行政责任的主要形式是行政罚款，以欧盟竞争法为代表。刑事责任的主要形式有罚款、监禁和社区服务。很少有司法辖区的反垄断法同时规定民事责任、行政责任、刑事责任三种形式。美国反垄断法只规定了民事责任和刑事责任，没有规定行政责任。欧盟竞争法只规定了行政责任，没有规定民事责任和刑事责任。对于营利性机构，不管是民事责任、行政责任还是刑事责任，违反反垄断法的责任是很重的，可能要承担数百亿元的赔偿、罚款，或长达 10 年的监禁。对于非营利机构的处罚与对营利机构的处罚是不一样的。由于非营利机构不以营利为目的，一般不承担赔偿责任或刑事责任，如果要罚款，更多的只是象征性的。所以，包括高等教育机构在内的非营利性组织违反反垄断法所承担的责任主要是禁令救济。

# 第二节　反垄断：中国高等教育
# 去行政化的新视角①

2009 年 6 月，时任中国科技大学校长的朱清时在广州的一次会议上指出，"中国高校是行政化大学"。同年 9 月，在被聘为南方科技大学校长后，他提出要将南方科技大学办成"去行政化"的大学。自此，中国大学"去行政化"问题引起了政府的高度重视和学者们的关注。《国家中长期教育改革和发展规划纲要（2010—2020 年）》和《国家中长期人才发展规划纲要（2010—2020 年）》均提出要"取消科研院所、学校、医院等事业单位实际存在的行政级别和行政化管理"。教育部部长袁贵仁指出："要建立起一套新的、适合学校特点的管理制度和配套政策，然后逐步取消行政级别和行政化管理的模式。"② 在 2010 年"两会"期间及教改规划纲要公布后，大学"去行政化"引起了激烈讨论。

## 一、去行政化：中国高等教育改革的难题

尽管在讨论中有反对"去行政化"特别是反对取消大学行政级别的声音，但绝大多数意见认为，过度行政化已经成为诸多教育问题的总病根，必须尽快革除。

如何"去行政化"？许多学者都提出了自己的看法和建议。有学者认为，大学中的"行政化"现象，不仅与大学的行政管理制度有关，也与大学中的党委领导体制有关。由于大学校长是在党委领导下工作的，如果不涉及党委领导体制的改革问题，极可能是治标不治本。因此，"去行政化"必须以国家级决策者们改变对大学

---

① 此节主要内容以《竞争视角下的大学"行政化"本质与"去行政化"路径选择》为题发表于《大学教育科学》2013 年第 5 期。

② 袁贵仁：《现代学校制度——逐步取消行政级别和行政化管理模式》，载《中国教育报》2010 年 3 月 1 日第 2 版。

本质的认识为前提。大学"去行政化"必须得到国家高层的理解和支持，并由他们中的"卡理斯玛"式人物主导来完成。① 另有学者认为，权力具有天然的膨胀性，通过行政指令"去行政化"无异于抱薪救火。只有通过法律让民权得到切实的保障，公权力才会得到制约。大学"去行政化"必须回归宪政和法治的轨道，② 为此，必须制定并落实大学法人制度，③ 制定和完善大学章程，以此来规范和明确大学各权力主体的职权、职位和职责，形成行政权力"归位"、学术权力"复位"、市场权力"补位"的良性运行机制。④

目前，中国高等教育如何"去行政化"的讨论仍未结束，但"可以预见，教育的去行政化不会像人们期望的那样简单"。⑤ 有许多学者从不同的角度指出了中国大学"去行政化"的难题。

第一，传统官本位文化的约束。有学者认为，"教育的行政化和官僚化的发生、发展并成为顽疾不是偶然的，有着强烈的社会基础和历史根源。"⑥ "中国大学'行政化'受到中国传统观念文化社会本位观和制度文化'官学合一'设计的影响，更深受执政党观念文化中的集体主义观和制度文化中的单位制的强力影响。"⑦

① 杨玉圣：《大学"去行政化"论纲：论大学问题及其治理（之一）》，载《社会科学论坛》2010 年第 7 期。

② 高飞：《大学"去行政化"的宪政思考》，载《学园》2011 年第 1 期。

③ 别敦荣、唐世纲：《我国大学行政化的困境与出路》，载《清华大学教育研究》2011 年第 2 期。

④ 江赛蓉、刘新民：《大学章程的制定与完善：大学"去行政化"的法制保障》，载《国家教育行政学院学报》2011 年第 8 期。

⑤ 康健：《大学"去行政化"难在哪里》，载《北京大学教育评论》2010 年第 3 期。

⑥ 康健：《大学"去行政化"难在哪里》，载《北京大学教育评论》2010 年第 3 期。

⑦ 查永军：《中国大学"行政化"的文化背景分析》，载《高等教育研究》2011 年第 7 期。

国民形成了根深蒂固的官本位意识，教育行政化是官本位文化的沉淀，短期内很难改变。①

第二，体制障碍。行政体制是一种举国体制，"行政化"的危害绝不仅限于教育领域，人大、政协、法院、检察院、工会、妇联、科研、新闻出版、医疗卫生、行业协会都应该去行政化，但目前的体制很难做到。② 大学体制改革有外部体制改革和内部体制改革两个层面，"去行政化"以"外部体制改革为出发点"，以"内部体制、制度和机制的改革为归宿"。改革的起点非常困难，而寻找归宿则更难，因为大学内部体制改革真正触及了既得利益集团的利益。此外，与市场经济、国际化经济相伴随而出现的多元化的影响力使得教育体制的改革变得越来越复杂。除了行政权力，还有立法、拨款、市场的影响，还有学术与教学质量评估标准的影响，还有地方势力的影响以及国际化的影响，这些都大大增加了大学体制改革的难度。③ 所以，虽然现实中存在大学"去行政化"的动机和力量，但大学"去行政化"的主体尚未形成，力量还不够强大，"去行政化"的制度装置还未出现。潜在的制度需求虽然能够变成现实的制度需求，但潜在的制度供给却不能变成现实的制度供给。④

第三，技术障碍。"去行政化"的核心是行政权力与学术权力分离，但就经验层面考察，人们几乎找不到将行政权力与学术权力区分开来的界限。实践中，"行政权力与学术权力往往交织、扭结在一起"，"拥有行政权力的校、院系、处室领导，几乎都是具有

① 王全宝：《教育去行政化，大势已明背后利益难割舍》，载《中国新闻周刊》2010 年 3 月 11 日 A3 版。

② 刘成玉：《对教育去行政化的理性思考》，载《高校教育管理》2011 年第 4 期。

③ 康健：《大学"去行政化"难在哪里》，载《北京大学教育评论》2010 年第 3 期。

④ 陈昌贵、季飞：《制度变迁视角下的大学"去行政化"》，载《教育纵横》2010 年第 9 期。

教授头衔的专家，行使学术权力的专家、学者也往往担任着一定的行政职务。很难说他们正在处理的某个问题是行政问题还是学术问题，行使的是行政权力还是学术权力，也很难说他们的身份到底是行政领导还是学科专家"。①

基于上述种种困难，有学者指出，中国大学"去行政化"改革将不会有归宿。②

## 二、反垄断：高等教育"去行政化"的新思路

根据制度变迁理论，如果现行制度不足以维护合理的利益平衡，肯定会发生变革。不管它是采取强制性制度变迁的形式，还是采取诱致性制度变迁的方式，反正迟早都会发生。是全盘否定现行制度，推倒重来，还是吸收其有用的部分，加以改造，这种路径的选择可能至关重要。而要选择合适的路径，就必须对大学"行政化"的本质进行全方位的分析。有学者指出，"去行政化"政策制度本身的不完善及意识形态的因素，强制性制度变迁很难达到"去行政化"的目的，大学自身"去行政化"的可能性也很小。所以，强制性制度变迁、诱致性制度变迁难以实现。但是由于市场因素已经进入大学，且市场的力量有走强的趋势；另外，市场具有大学"去行政化"的潜在要求和功能。市场化制度变迁即由市场推动的制度变迁可能成为大学"去行政化"的重要路径。③ 笔者也赞同这种观点。不过，笔者认为，顺着市场的力量，再有一定的前瞻性制度的推动，则可能加快"去行政化"的进程。为此，制度设计显得非常重要。

---

① 冯建明：《去"行政化"与大学权力问题刍议》，载《江苏高教》2010年第5期。

② 康健：《大学"去行政化"难在哪里》，载《北京大学教育评论》2010年第3期。

③ 徐波：《大学去行政化的路径分析——以制度变迁为视角》，载《黑龙江高教研究》2011年第4期。

## （一）对大学"行政化"本质的解读

关于大学"行政化"的本质，不同的学者有不同的认识。有学者认为，高校"行政化"的实质是"功利化"的管理思想在政府与高校的具体表现。在政府和高校间关系层面，高校"行政化"的表现，是将高校的内部行政权力"化"成了政府行政权力"链条"的末端。通过这根"链条"，政府实际上取代了高校的自身管理，使高校失去法人人格的独立性。[①] 在高校内部治理层面，"行政化"的实质是用行政权力代替学术权力，用行政手段和思维解决学术问题，行政权力处于绝对的中心地位，学术权力的合法性和可操作性在实践中难以体现。[②] 基于对高校"行政化"本质的这种理解和认识，"去行政化"的措施也包括两个方面：调整、淡化或去除政府对高校的管理；淡化高校内部的"行政化"倾向，去除高校管理人员的行政级别。[③]

管理"功利化"并不是高校"行政化"的本质。管理"功利化"只是高校"行政化"的原因或者说只是高校"行政化"的表象。因为，不管是根据国外经验考察，还是根据我国现行相关法律的规定，政府都是有权管理高等教育的，高校也有管理其内部事务的行政权力。譬如，在以法国为代表的大陆法系国家，高等学校在法律地位上属于行政主体为特定目的而设立的公务法人，国家拥有

[①] 冯向东：《大学学术权力的实践逻辑》，载《高等教育研究》2010年第4期。

[②] 李成：《对高校"去行政化"问题的思考：基于"契约不完全"代理的思考》，载《教育发展研究》2011年第5期。

[③] 季飞：《大学为什么要"去行政化"》，载《现代教育管理》2010年第9期；姜朝晖：《高校"去行政化"的合理性和可行性》，载《教育学术月刊》2010年第10期；郑子琰：《正解"高校去行政化"慎谈"教授治校是迷信"》，载《中国社会科学报》2010年3月16日第4版；王庆环：《大学要创造宽松的学术环境——访全国人大代表、武汉大学校长顾海良》，载《光明日报》2010年3月17日第11版。

相当大的权力管理高等学校。在英美法系国家，高等学校可制定内部规则限制学生的权利。我国《教育法》第 28 条规定高等学校享有招生权，学籍管理、奖励、处分权，颁发学业证书权，聘任教师及奖励、处分权等自主权。《中华人民共和国学位条例》第 3 条规定高等学校有颁发学位证书的权力。[①] 这些权力具有极强的单方意志性和强制性，属于国家行政权力的一部分。显然，国家管理高等学校、高校行使行政权力都有其存在的合法性依据，是现代高等教育权力结构和管理不可或缺的部分。[②] 如果我们将"去行政化"理解为去行政管理、去行政职别，不仅于法无据，而且可能混淆和模糊人们对高校"去行政化"思想的真正理解，并且最终将消弭该思想的应有作用。[③]

理解高校"行政化"的本质，不能脱离"去行政化"思想产生的特定语境。正如许多高等教育研究者所指出的，高等学校是我国计划经济体制留下的最后一块堡垒。在我国，国家原本就是高等教育机构的所有者和管理者，高等学校内部的管理方式原本就是指令性计划管理。与美国学者阿特巴赫所描述的国外高等教育领域出现的官僚化趋势相反，[④] 改革开放 30 多年来，中国对高等教育机构的管控强度是在逐步放松而不是逐步加强的。高等学校对其教师和学生的管控程度也比计划经济时代要宽松得多。简言之，高等教育机构、教师、学生的自主权利都比计划经济时代增多了。为什么在计划经济那个"纯行政管理"，学校、教师基本没有自主权的年代，没有人提出"行政化"及"去行政化"之问题，而在国家对

---

① 赵紫雄：《高校"去行政化"存在的法律问题探讨》，载《当代教育论坛》2011 年第 5 期。

② 刘尧：《大学何以去行政化》，载《科学时报》2010 年 5 月 5 日第 A1 版。

③ 王颖、温惠琴：《高校"去行政化"的讹传与现实反思》，载《江苏高教》2011 年第 3 期。

④ 王英杰：《大学学术权力和行政权力冲突解析——一个文化的视角》，载《北京大学教育评论》2007 年第 1 期。

高等教育放松管制，逐步扩大高校、教师的权利之后，反而提出高等教育要"去行政化"，并引起国家领导、全国人大代表等的重视及学界的热议呢？有学者指出有两个方面的原因：一是言路畅通了，"学者们有机会表达自己的观点"；二是大学的价值观发生变化，逐利倾向严重了。"过去大学趋利的现象还不严重，随着大学经济实力的增强，腐败的程度变得严重了。又由于高校中实质性监督机制的缺乏，使权钱结合寻租导致的风气倒退，对人们精神产生了巨大的刺激，引发了去行政化的思想潮流。"① 这种解释即是说，大学行政化早已有之，只是其时人们敢怒而不敢言，大学现在的逐利现象比过去的逐利现象更明显。这种解释当然没有错，但不利于揭示问题的本质，人们可能永远无法据此找出解决问题的答案。笔者认为，探寻大学"去行政化"的本质，必须与竞争机制引入我国高等教育行业，并逐步成为社会各界所公认的高等教育资源配置机制相联系。

在计划经济时代，人们认为竞争是资本主义社会特有的东西，是尔虞我诈、巧取豪夺，社会主义社会只有竞赛而没有竞争，因此，行政权力成为计划经济时代所有社会资源包括高等教育资源唯一的配置方式。在这种情况下，自然没有人想到，或许如有些学者所指出的那样没有人敢提出高等教育"去行政化"的问题。改革开放之后，随着竞争机制在经济领域中的引入和逐步推广，人们逐渐领略并亲身体会到竞争对经济发展、人们生活水平提高所带来的繁荣和好处，市场观念、竞争观念也逐渐为绝大多数人所接受并深入人心。竞争逐渐取代统制，成为配置社会稀缺资源的基本方式。随着改革开放的进一步深入，人们发现，不仅物质生产活动是可竞争的，而且教育、科学、文化、体育等非物质生产活动也是可以竞争的。所以，市场观念、竞争观念、效率观念也成为指导国家事业体制改革的基本理念。在高等教育领域中，招生、就业、专业设

---

① 王长乐：《大学"去行政化"的辨析》，载《教育发展研究》2010年第9期。

置、教师聘任、科研经费的配置等都引入了竞争机制。人们希望通过竞争，各个高等学校教育、科研水平，进而整个国家的高等教育水平及在世界高等教育中的地位能得到明显提高。

竞争的基本维度是自由和公平。自由竞争、公平竞争是竞争的基本原则。面对市场，各个高校希望自主设置招生专业、确定招生人数、制定教学计划，根据市场需求变化，发挥自己的特色和优势，不断提高自己学校的学术声誉和社会地位。每位教师希望通过自己的辛勤劳动，通过自己不断的努力和奋斗，能够获取更多的科研经费，出产高质量的教学、科研成果，获得学术界与社会的认同。

但是，现实不是如此！一方面，作为具有独立法人资格的高等学校，并不能在真实的市场自由地展开竞争，而只能在政府创造的"市场"中展开竞争。因为，政府不仅垄断了高等教育的所有资源，而且垄断了高等教育的评价机制。政府将其垄断的资源以基金、课题、教学名师奖、示范专业、精品课程、"百优"论文等形式进行分配，而且将它们作为评价高等教育质量的主要指标。[①] 虽然政府在分配其垄断资源时也利用了竞争机制，但是，"大学教授和研究人员如果不参与这些带有相当强烈的计划性和有行政化级别色彩的规划课题和项目，不仅个人的职称、学衔的升迁会受到伤害，甚至连大学教授起码的生活尊严都会受到挑战，如果不积极认同各级行政化的和指令性的计划指导，大学、学院的生存也会受到威胁"。[②] 简言之，大学被政府创造的市场所绑架。所以，这种竞争实质上是一种强制，它变相地剥夺了高校的办学自主权、教师的学术自由权。另一方面，在高校内部，拥有行政职位的人员比没有行政职位的人能更容易取得学位、职称、学术带头人等学术资源，

---

① 张楚廷：《从反对"产业化"到反对"去行政化"说明什么》，载《大学教育科学》2010 年第 3 期。

② 康健：《大学"去行政化"难在哪里》，载《北京大学教育评论》2010 年第 3 期。

简言之，谁的权力大，谁就拥有学术资源，"行政权力在配置过程中的作用，大大盖过了学术"。有时甚至出现"权力通吃"现象。① 显然，现行高等教育资源的分配方式与人们所希望的公平分配的心理预期差距很大。大学的分配制度与人们的观念发生了冲突：不做学问的占有很多资源，而真正潜心做学问的基本没有资源；学问差的占有很多资源，学问好的基本没有资源。于是，人们发出了高校"去行政化"的呐喊。可见，高校"去行政化"是在我国高等教育领域中引入竞争因素并为大家所肯认的背景中提出来的。大学"行政化"的本质，简单来说，就是行政力量滥用行政权力限制竞争，获取不正当利益。高等教育领域"去行政化"的核心，是反高等教育领域中的行政垄断。

## （二）反垄断——大学"去行政化"的新建议

认准了"行政化"的本质，我们就明白了"去行政化"的真正目的，也易于找到"去行政化"的真正方法。根据前文对大学"行政化"本质的揭示可知，大学"去行政化"，并不是要把大学组织从国家与社会的等级序列中剔除，② 或取消大学内设机构的行政级别与称谓，更不是要去除国家对大学的宏观管理。大学"去行政化"的目的，"在于促进高校教育资源从'行政权力主导型'配置模式向'教育规律主导型'配置模式的转变，从而使得高等教育活动规律和科学的学术研究规律真正成为高等教育资源配置的最终推手"。③ 换句话说，大学"去行政化"，就是要尽可能发挥市场在高等教育资源配置中的作用，凡是可以通过竞争机制配置的

---

① 杨玉圣：《大学"去行政化"论纲：论大学问题及其治理（之一）》，载《社会科学论坛》2010年第7期。

② 宣勇：《外儒内道：大学去行政化的策略》，载《教育研究》2010年第6期。

③ 王颖、温惠琴：《高校"去行政化"的讹传与现实反思》，载《江苏高教》2011年第3期。

高等教育资源，尽力通过市场配置，发挥竞争机制的作用，淡化行政权力的影响。即使是国家掌控的高等教育资源，也应尽可能通过竞争机制来分配。

独立的市场主体是市场竞争得以开展的前提条件。从理论上考察，所有的高等教育机构，不管是公立的，还是私立的，都具有独立的法律人格，才是一个国家理想的高等教育竞争状态。目前我国尚难达到这种状态。因为这不仅涉及既得利益的调整，更重要的是，涉及执政当局的意识形态问题。但我们并不能因此否认我国高等教育领域中已经出现的竞争。一方面，我国已经有了一批私立高校，这些私立高校具有独立的法人资格，不隶属于任何行政部门，私立高校之间及它们与公立高校之间都存在竞争。随着高等教育的不断发展，私立高等教育机构也许还会增多，将来还可能会发生私立高校收购公立高校的情况。另一方面，虽然公立高校尚未获致真正的法人地位，但公立高校也并非铁板一块。各公立高校之间，及公立高校内部各部门之间，也同样存在竞争性活动。所以，目前我国高等教育活动并不缺乏市场因素、竞争因素。

我国高等教育领域并不缺乏竞争，但缺乏竞争规则，缺乏约束行政权力、保障高等教育公平竞争的机构，所以，目前大学"去行政化"最关键的问题就是应当制定高等教育竞争规则（当然名字可以不这样叫，但内容应当以规范高等教育竞争为主），并保障这些规则能得到切实有效的实施。为整个高等教育制定竞争规则（即用竞争规则调整所有可调整的高等教育活动）触动的利益太大，不太现实，将某一所高校单独挑选出来作为试点也会因为竞争本来是一个整体而会遇到各种困难（从南方科技大学"去行政化"的试点来看，这个试点工作很难完成）。所以，为高等教育活动制定竞争规则，既不能太大，也不能太小（只涉及某个学校），可以选择某一个相对独立的领域，制定局部性的竞争规则。

笔者认为建立局部性的竞争规则是可行的。教学、科研是高等学校两大最基本的功能，也是当今为大家所诟病的大学"行政化"的典型代表，是意见最集中的地方。而竞争具有独立、中性的品格，是公平的代名词，且在高等教育机构中从事教学、科研的人都是高素质的知识分子，不管是谁，在心理上应该都愿意也都能够接受竞争，所以，为公立高校的教学、科研制定竞争规则，或许是"去行政化"可以尝试的方式。教学、科研竞争规则的制定主体，可以由教育行政管理部门制定，也可以由高等教育行业协会制定，当然也可以由国家立法机关来制定（最好是由国家教育行政管理部门组织行业协会或行业主管部门来制定，这样制定出来的规则更科学，也更容易得到遵守和执行）。竞争规则的内容可以民主协商，不过基本内容应包括，除现行体制下不宜竞争的岗位如党委书记外，高等学校的所有行政管理岗位、教学岗位、科研岗位，都应当向社会开放。任何一个从事高等教育工作的公民，都有权根据自己的能力、兴趣、爱好竞争高等教育行政管理、教学、科研岗位。不管是行政岗位还是教学、科研岗都有任期，但行政管理与学术研究应当分离。[1] 行政岗位按管理模式运作，教学科研岗位按竞争机制运作。每个人只能竞聘一个岗位，且在任期内角色不得混同，即使其能力再强，也不得同时兼任行政管理与教学、科研工作（这不影响其任期届满后竞聘转换工作岗位）。如果出现利用手中行政权力获取学术资源这种情况，法律应为集行政权力与学术权力于一身这种情况制定救济措施。也许在有些人看起来，这种局部性改革也有很大难度，但2011年湖南大学新任校长做出的"两不"承诺（担任校长期间不申报新课题、不新带研究生）[2] 为我们的观点提供了较好的注解。

如果教学科研竞争规则是由高等教育行业制定的，则其须接受更高级别的法律的监督。历史经验证明，学术权力本身由于其权力主体特性，在某种情况下常常带有保守性。"行会式的学术权力模

---

① 杨玉圣：《大学"去行政化"论纲：论大学问题及其治理（之一）》，载《社会科学论坛》2010年第7期。

② 侯琳良：《"两不"校长的为与不为》，载《人民日报》2011年12月29日第10版。

式，偏执和保守，排斥改革，在 18 世纪，英国和美国都不得不通过国家立法来打开自治的高等学校的铁门，让新的学科进入课程，其中许多学科与人类利益休戚相关，而学阀们却顽固地将其拒之门外。"在大学生存、发展的外部环境变得越来越复杂，大学自身也变得越来越复杂的情况下，大学的事务完全依靠学术权力来处理已不可能，"就像战争意义太重大，不能完全交给将军来决定一样，高等教育也相当重要，不能完全由教授决定"。①　所以，"去行政化"的任务，不是高校能独立完成的，也不是教育部能独立完成的。高等教育领域的竞争规则还应当接受竞争法的审查，这是美、日等国的经验。

　　从法解释学的角度分析，我国竞争法也是适用于高等教育机构的。《反垄断法》第 1 条和第 3 条规定，其所禁止的垄断行为包括垄断协议、滥用市场支配地位及具有或者可能具有排除、限制竞争效果的经营者集中。而这些被禁止的行为的主体是"经营者"。虽然立法没有对什么是"经营者"作出明确规定，但学理与法律实务部门大多主张对"营利性"做拓展解释，不应简单看该主体是否本质上以营利为目的，而应看其是否从事了经营活动，即在特定条件下是否获得了某种利益。对此，工商行政管理部门、物价监督检查部门都作了明确的解释。2001 年 9 月 5 日，国家工商行政管理局在《关于非营利性医疗机构是否属于〈反不正当竞争法〉规范主体问题的答复》中指出，"无论是营利性医疗机构，还是非营利性医疗机构，只要在购买药品或者其他医疗用品中收受回扣的，都应当按照《反不正当竞争法》的规定依法查处。"此《答复》没有简单地说明非营利性医疗机构是否存在营利性特征，而是从特殊条件角度认定其具有营利性经营者的特征。对于何为《价格法》中的"经营者"，国家发展改革委办公厅《关于对〈价格法〉中的"经营者"如何认定的复函》指出：在价格行为上依照《价格法》

---

　　①　宣勇：《外儒内道：大学去行政化的策略》，载《教育研究》2010 年第 6 期。

的规定享有权利的经营者，应当是依法取得经营资格的合法经营者；凡在经营活动中有《价格法》规定的应受处罚的价格违法行为，不论违法者是否依法取得经营资格，都应依法处罚。这一《复函》的基本精神是，要享受《价格法》中规定的经营者权利，必须取得主体资格，而从事价格违法行为，却不论行为人是否具有经营资格。尽管工商行政管理部门与物价管理部门作了答复，但并没有对"营利性"作出具有可操作性的解释。正因为如此，《反垄断法》在对"经营者"进行界定时，去掉了"营利性"的要求，将"经营者"界定为"从事商品生产、经营或者提供服务的自然人、法人和其他组织"。这一界定比《反不正当竞争法》所界定的"经营者"的外延要宽许多。① 法院也支持对"经营者"作扩大解释。如在中国药科大学诉江苏福瑞科技有限公司案中，被告以原告属于"教育事业法人，不具有提起不正当竞争诉讼的主体资格"等理由抗辩，但法院认为，原告"虽然不在市场上直接从事商品经营，但通过附属企业的经营活动，将其研制开发的药品和医疗器械等推向市场，并且通过附属企业的上缴，间接从市场上获利"，其"市场经营者资格应予确认"。② 既然高等学校可以作为竞争法上的原告，自然也可以作为竞争法上的被告。所以，竞争法是可以适用高等教育行业的。高等教育行业竞争规则的执行，不能着眼于高等教育行业本身，而必须跳出该行业之外，要将高等教育行业中的垄断行为与经济发展与社会进步联系起来考虑，才可能对高等教育行业的垄断有所触动。为此，国家竞争法执法机关应对高等教育行业的竞争享有最终的管辖权。

---

① 焦海涛：《论〈竞争法〉中经营者的认定标准》，载《东方法学》2008 年第 5 期。

② 参见《最高人民法院公报》2005 年第 6 期。李友根：《论经济法视野中的经营者：基于不正当竞争案判例的整理与研究》，载《南京大学学报》（哲学、人文科学、社会科学版）2007 年第 3 期；许光耀、罗蓉蓉：《论竞争法上当事人的确定》，载《湖南大学学报》（社会科学版）2006 年第 6 期。

# 第九章　正当程序与高等教育竞争[*]

## 第一节　正当程序对高等教育竞争的意义

### 一、正当程序的基本含义与基本功能

#### （一）正当程序的基本含义

正当程序，又称法律的正当程序，是英美法系一条重要的宪法原则。它起源于"自己不做自己的法官"和"对他人做出不利行为要事先告知、说明理由和听取申辩"的"自然正义"原则。其端倪可追溯到 11 世纪的西欧。1024—1039 年在位的神圣罗马帝国皇帝康拉德二世曾颁布诏令：不依帝国法律以及同级贵族的审判，不得剥夺任何人的封地。[①] 1215 年，英国颁布的《自由大宪章》第 39 条对正当法律程序作了初步规定："凡自由民，如未经其同级贵族之依法裁判，或经国法裁判，皆不得被逮捕、监禁、没收财产、剥夺法律保护权、流放或加以任何其他损害。"1354 年，英国国会通过的《自由令》第三章首次以法令形式对正当法律程序作了规定："未经法律的正当程序进行答辩，对任何财产或身份的拥有者一律不得剥夺其土地或住所，不得逮捕或监禁，不得剥夺其继承权，或剥夺其生存之权利。"

---

[*] 本章主要内容以《论高等教育竞争中的正当法律程序》为题发表于《湖南社会科学》2013 年第 3 期。

[①] 潘佳铭：《美国宪法：正当程序原则及其人权纪录》，载《西南师范大学学报》（哲学社会科学版）1997 年第 6 期。

1791 年，美国《宪法》第五修正案规定："任何人不得因同一罪行而两次遭受生命或身体的危害；不得在任何刑事案件中被迫自证其罪；不经正当法律程序，不得被剥夺生命、自由或财产。"1868 年，美国通过《宪法》第十四修正案，规定："凡在合众国出生或归化合众国并受其管辖的人，均为合众国和他们居住州的公民，任何一州，都不得制定或实施限制合众国公民的特权或豁免权的任何法律；不经正当法律程序，不得剥夺任何人的生命、自由或财产；对于其管辖下的任何人，亦不得拒绝给予平等法律保护。"《宪法》第五修正案适用于联邦政府，第十四修正案适用于州政府。这两个修正案所包含的"不经正当法律程序，不得剥夺任何人的生命、自由和财产"的内容被称为"正当程序条款"。

早期的正当法律程序，其适用范围限于刑事诉讼或与刑事处罚有关的事项，如拘留、搜查、逮捕、起诉、审讯、监禁等。后来，随着国家权力的不断扩张，正当法律程序的适用范围逐步扩大。不仅适用于司法或准司法行为，而且适用于行政行为和其他各种公权力行为，如罚款、没收、吊销证照等行政处罚，查封、扣押、冻结等行政强制，土地、自然资源和其他财产的征收、征用，税费征缴，行政许可、审批以及行政确认、行政裁决、行政给付，乃至人事管理中的拒绝录用、辞退、开除和其他行政处分。①

## （二）正当法律程序的基本功能

正当法律程序有两项基本功能：一是防止权力滥用，二是保障人权。"一切有权力的人都会滥用权力，这是万古不易的经验。要防止滥用权力，就必须以权力约束权力。"② 基于对权力腐化特质的认知，千百年来，人们不断地探求控制权力的方法和手段。19

---

① 姜明安：《正当法律程序：扼制腐败的屏障》，载《中国法学》2008年第 3 期。

② ［法］孟德斯鸠：《论法的精神》（上），张雁深译，商务印书馆 1978年版，第 154 页。

世纪以前，人们主要通过以权力制约权力、以权利制约权力、以责任制约权力等严格规则方法控制权力的滥用。① 19 世纪末，随着科学技术的不断发展，人类经济社会活动日趋复杂，社会随机性事务不断增加，特别是 20 世纪 30 年代第一次世界经济危机结束之后，国家权力日益膨胀，"严格规则无以制约同样是社会需求产物的国家权力"。② 而"按照一定的顺序、方式和步骤来作出法律决策"③的形式理性可以弥补严格规则在控制权力滥用方面的不足，所以，通过正当程序的控权便成为"当代法治的一个全新的景观"。④ 正当法律程序对权力的控制可以从积极和消极两个层面发挥作用。从积极层面看，依程序而行使权力可以保证决定的合法、合理性，程序的有序性、开放性、参与性等属性，可以确保在权力的行使过程中，各方的意见和利益都能得到考虑，确保权力的行使符合人们授予该种权力的正当目的。从消极层面看，正当法律程序是有效遏制权力运行无序和失范的关键制度装置。因为程序是恣意的对立物。在现代国家权力中，由于太多自由裁量的领域及复杂的运行步骤，加之人性的不完善，滥用权力是无法避免的，对此只有程序方能有效控制。⑤

人权是作为自然的和社会的人与生俱有的权利。作为一个历史范畴，其含义和范围因人类社会发展历史阶段的不同，各个国家社会制度、文化传统和经济发展水平的不同而不同。根据 1948 年 12 月 10 日宣布的《世界人权宣言》和 1966 年通过的两个著名的国际人权公约，即《经济、社会、文化权利国际公约》（1976 年 1 月 3 日生效）与《公民权利和政治权利国际公约》的规定，人权主

---

① 陈焱光：《论程序控权》，载《江汉论坛》2004 年第 9 期。

② 谢晖：《价值重建与规范选择》，山东人民出版社 1998 年版，第 399 页。

③ 季卫东：《法治秩序的建构》，中国政法大学出版社 1999 年版，第 3 页。

④ 孙笑侠：《法的现象与观念》，群众出版社 1995 年版，第 173 页。

⑤ 陈焱光：《论程序控权》，载《江汉论坛》2004 年第 9 期。

要包括公民权利和政治权利、社会和经济权利、文化权利。保障人权与遏制权力是正当法律程序这枚硬币的两面，所以，保障人权也是正当法律程序的基本功能之一。正当法律程序对人权的保障，最早的关注点是刑事诉讼领域中被告的基本权利，后来随着社会的不断发展和人类文明的进步，人权的范围不断扩大。正当法律程序所保障的人权范围也在不断扩大，从刑事诉讼中保障人身、财产权，发展到民事诉讼当中的保障财产权、继承权，再扩大到保障人的生命、自由权等基本人权甚至就业权、营业权等。所以，正当法律程序的萌芽、产生到发展总是与人权保障紧密联系在一起的。

## 二、正当法律程序对高等教育竞争的意义

### （一）正当法律程序与高等教育竞争间的关系

正当法律程序的基本功能似乎与竞争没有什么联系。因为正当法律程序总是与公共权力纠结在一起，而在有公共权力存在的地方，或者说存在政府管制的地方，竞争就很难充分展开。换言之，公共权力与竞争在某种程度上是相互排斥的。所以，即便是在规制经济领域，研究正当法律程序与竞争两者之间的关系的成果也极少。

不过，换一个角度考察，管制与竞争并不总是对立的。不管是市场准入管制还是价格管制，都是监管主体为了克服市场失灵、改善市场机制、确保市场安全稳定和有序竞争而采取的一种措施。虽然管制被经济学家认为属于能够阻止进入市场、导致竞争减弱的市场壁垒因素，但是管制的根本目的并不是要消灭竞争。它只是为了实现健康、安全、环境保护等社会目标而限制竞争的广度和深度。从这一角度考察，正当法律程序与竞争的关系就清晰地呈现在我们面前：根据正当法律程序的要求，政府为了经济或健康、安全、环境保护等社会目标而对经济或社会事务采取的管制措施，应当根据竞争原则行事，即如果政府在干预经济和社会事务时，要制定或保留限制竞争的法规，必须举证证明限制竞争的正当性，否则，管制

措施就会因违背了正当法律程序而归于无效。

正当法律程序与高等教育竞争的关系必须从正当法律程序与高等教育自由、高等教育公平的关系这一层面来考察。因为自由与公平是竞争得以展开的基本条件。

1. 正当法律程序对高等教育自由的保障。自由是竞争的基本前提。"是否具有自由构成评判竞争质量和水平的重要标准。""只有自由，人们才能殚精竭虑，穷尽其才；只有自由，人们才能竞技较能，大显身手；只有自由，人们才能大胆冒险，不断进取；只有自由，人们才能优胜劣汰，成败在己。"所以，"竞争与自由并无二致"。①

正当法律程序对于促进高等教育竞争的意义，首先在于正当法律程序对于高等教育自由的保障。自由是学术的尊严所在，只有自由的学术才能使社会思想得以不断的更新进步，而高等教育自由则是大学作为独立的社会力量而存在的前提，也是学术自由的前提。欧洲中世纪高等教育留给后世的宝贵遗产就是其对自由的追求。美国之所以能成为现代高等教育强国，也是因为其高度重视高等教育自由。在美国建国至 1980 年 200 多年的时间里，其联邦政府一直没有设立教育部管制全国教育，而只设立了"在全国范围内收集和整理有关学校机构、管理、体制和教学方面的信息，然后将所得信息和成果提供给政府机构和公众"的教育办公室。在美国，设立高等学校是自由的，任何个人和团体都可以自由地建立高等院校，哈佛、耶鲁学院都是在成立一段时间之后才获得特许状的。在内部管理和运作方面，学校享有充分的自主权和办学自由。高等教育自由不仅得到政府的尊重，而且受到正当法律程序的保护。达特茅斯学院案就是高等学校办学自由得到正当法律程序条款保护的经典判例。在该案中，美国最高法院突破了早期判例法将正当法律程序对自由的保护限于自然人的做法，将其保护范围从自然人扩大到

---

① 邱本：《自由竞争与秩序调控》，中国政法大学出版社 2001 年版，第286—287 页。

法人。此案对法人自由、财产权的保护具有开创性意义，对保障高等教育自由产生了深远而重大的影响。如果没有1819年美国著名的达特茅斯案的裁决，就不可能有现在的达特茅斯大学，甚至不可能有现在的"常春藤盟校"。

2. 正当法律程序对高等教育公平的保障。政府干预高等教育的重要原因之一，乃在于私人举办高等教育可能导致教育不公，因此，促进高等教育公平是政府干预教育之重要目标。那么，政府举办高等教育是否就与教育公平并行不悖呢？显然不能这样认为。首先，教育公平是一个主观性较强的概念。不同的利益主体对教育公平有不同的理解和判断标准，即使政府对社会财富的再分配没有偏私，也会有人认为其不公平。其次，政府干预高等教育有多重目标，除教育公平之外，还有效率、民主、创新等。由公平与效率的一般关系可知，教育公平与教育效率虽具有相辅相成的一面，但两者间的矛盾和冲突始终不可避免，因此，在实践中政府往往难以两者同时兼顾，当根据效率优先战略制定干预措施时，教育公平就会受到一定程度的损害。

高等教育公平是高等教育这种稀缺资源的一种分配状态。任何一种社会分配都离不开一定的分配过程与方式，这种过程与方式即程序。在社会关系日趋复杂、价值多元的现代社会，人们越来越难以在什么是分配结果公正这种问题上达成共识，因此，人们对分配公平的关注重心逐渐由结果公平转向程序公正：只要分配程序是正义的，即使分配结果对己不利，也愿意接受。美国学者泰勒曾于1987年对美国芝加哥居民做了一次抽样调查。在对有关法律制度的652份被调查人的回答中，泰勒对程序公正与结果公正间的关系做了一次检测。结果显示：当程序不公正时，调查对象对法律权威的态度很消极；而当程序显示公正的时候，被调查者对法律权威的反映不仅是积极的，而且没有太在意结果的满意与否。亦言之，即使法律制度产生了使受调查者不满意的结果，公正程序却减轻了他们对法律权威本身的消极态度。泰勒同时还发现公正程序的影响力纵然在那些获得满意结果的被调查人之中也很明显。① 同理，作为主观性很强的高等教育公平，也主要依靠正当程序来保障，这已经被司法实践所证明。

　　1950 年，美国最高法院审理了斯韦特诉佩因特案。② 在该案中，著名民权辩护律师马歇尔指出，得克萨斯州大学法学院对黑人学生隔离的做法，违反了第十四修正案中的"平等法律保护"原则和"正当法律程序"原则，使黑人学生在学校享有的资源严重少于白人学生享有的资源，未经正当法律程序剥夺了黑人法学院学生（未来）的财产权，这一观点得到了美国最高法院的采纳。后来在几个类似的案件中，美国最高法院都是根据正当法律程序条款，判处对黑人隔离的做法违宪，正如首席大法官沃伦（Warren）在库柏诉艾伦案中的判词所说："学生不能基于种族背景而被隔离于各学校的权利，是如此基本而普遍，以至于它体现在法律正当程序的概念中。"③

## （二）正当法律程序对促进高等教育公平竞争的意义

　　竞争公平一般有起点公平、规则公平、过程公平、结果公平四层基本含义。由高等教育本身的属性所决定，高等教育竞争的结果公平是难以判断的。

　　高等教育本身的属性虽然具有客观性，但也是多维度、多层面的。从内涵方面看，高等教育属性有本质属性和基本属性之分。高等教育的本质属性即其区别于学前教育、基础教育的特殊性是其专业性。高等教育的基本属性，即高等教育与其他学校所共有的属性。从外延方面看，高等教育属性可从不同的角度进行分类，如从高等教育自身的功能属性来看，高等教育具有政治功能属性和经济

---

　　① 杨寅:《中国行政程序法治化——法理学与法文化的分析》，中国政法大学出版社 2001 年版，第 42 页。

　　② Sweatt v. Painter, 339 U. S. 629 (1950).

　　③ Cooper v. Aaron, 358 U. S. 1 (1958).

功能属性；从高等教育与外部事物的联系来看，高等教育具有上层建筑属性和生产力属性，或者说事业属性和产业属性。[①] 显然，高等教育的属性在某种程度上带有主观性，以致有人说，想给高等教育定什么属性，它就有什么属性。

高等教育属性的多样性决定了高等教育目标的多样性，[②] 这意味着，要用统一的标准对高等教育的结果予以衡量或评估是很困难的，因为人们所关注的高等教育属性不同，对高等教育所提出的目标就不一样，评价标准自然也不一样。为了实现跳跃式发展，发展中国家如中国提出了自己的高等教育发展战略，如建设若干所"世界一流大学"、建成"高等教育强国""建设创新型国家"，并提出了诸如"211"工程、"985"计划、"2111工程（协同创新计划）"等计划。作为政治目标或政治口号，这些目标都是可接受的，但在技术层面或者说在操作层面，人们根本无法判断这些政治目标是否已经实现或何时可以实现，也无法判断为达致这些目标所设计的、实施的手段、措施是否唯一的、最好的手段，是否足以保障这些目标的实现。

以最能体现高等教育本质属性，也是高等教育领域最重要也最普遍的学术评价为例。为了鼓励先进、鞭策落后，特别是为了表彰对国民经济、人类社会发展作出重要贡献的优秀学术成果，政府包括中央政府和地方政府构建了种种考核、评优指标，包括成果的创新性、社会反响程度、成果所创造的社会经济效益，等等。从结果上考察，这种考核、评优结果的公正性很难保证，因为专业性是高等教育的本质属性，而随着科学技术的不断发展，科研项目所涉及和研究的领域越来越广阔、交叉研究越来越普遍。在大多数情况下，各专业之间不具有可比性。因此，在跨学科、跨专业间的选择

---

① 付八军：《再论高等教育属性》，载《湖南第一师范学院学报》2005年第4期。

② 刘旭、叶巧先：《高等教育效率的教育性标准》，载《现代大学教育》2003年第3期。

和评审项目，结果公正是很难保证的。即使在同一专业领域，专家们也很难洞悉评审对象的所有内涵并建立完美的评价标准，因为项目虽属于同一领域，但其研究方法、对象和目标可能都完全不同。另外，"科学研究具有不确定性，这种不确定性给预测它们的结果和用普通的标准评估其价值带来了特别的困难，甚至对影响结果的因素和导致其成败的原因的认识也不一致"。[1]

在结果正义无法判断的情况下，高等教育领域中的竞争只有通过程序正义即形式正义来保障。因为程序正义是法治社会的根本标志，"正义的程序能够保证人们按照正义原则行事"。[2] 程序正义有完善、不完善和纯粹正义三种形式。完善的程序正义，指有一个决定什么结果是正义的独立标准和一种保证达到这一结果的程序。不完善的程序正义，指有一种判断正确结果的独立标准，但没有可以保证达到正确结果的程序。纯粹的程序正义，指不存在判断正当结果的独立标准，但存在一种正确的或公平的程序，这种程序若被人们恰当地遵守，其结果也会是正确的或公平的。高等教育竞争中的程序正义当属于纯粹的程序正义。这种正义可用游戏来类比，只要游戏规则不偏向某一方且被严格遵守，那么，无论结果如何都应该被认为是公正的。也就是说，如果没有公平的程序而仅有评审标准，不一定得到正义的结果；但只要严格遵守正当程序，结果就被视为是合乎正义的。[3]

正当法律程序对高等教育竞争的意义，可用中国的高考作为例证。作为第一大国考，中国的高考承载着太多人的期望、太多的历史使命。"从国家层面来说，高考关系到科教兴国和国家的人才战略问题。从社会层面来说，高考涉及社会公平和全民族的素质教

---

[1] 李崤南、陈浩：《将程序正义引入学术评审领域的探讨》，载《科研管理》2003年第1期。

[2] 姚大志：《论程序正义》，载《天津社会科学》2000年第4期。

[3] 刘大椿：《现代科技的伦理反思》，载《光明日报》2001年1月2日。

育。从教育层面来讲，涉及索质教育、全面提高教育质量相人才的培养。"① 从竞争的角度考察，高考是各类利益角逐的一个大舞台。它不仅是青年人升学机会的竞争，而且也是各中学、各地方政府之间政绩的竞争，不仅是一种声誉竞争，而且也是一种生存（社会分工选拔、就业）竞争。令人诧异的是，对于这么重要的考试，我国迄今并无统一的制度进行规范。

众所周知，恢复高考是在邓小平重新走上党和国家领导岗位后做出的重大决策。这一决策是在邓小平与相关负责人谈话②、召开座谈会③中确定的。当时与高考有关的文件只有 1977 年 10 月 12 日国务院批转教育部呈报的《关于 1977 年高等学校招生工作的意见》和 1978 年 6 月 6 日国务院批转教育部呈报的《关于 1978 年高等学校和中等专业学校招生工作意见》，此外，别无其他制度规定。30 多年来，高考制度经过一系列变迁已发生了很大的变化，④但除教育部 1987 年制定的《普通高等学校招生暂行条例》（已于 2004 年被废止）、2004 年制定的《国家教育考试违规处理办法》、2005 年制定的《普通高等学校自主招生办法》《普通高等学校自主招生程序》等规章之外，基本没有其他规范高考的法律、法规，

---

① 戴家干：《历史的抉择与时代的任务——纪念恢复高考制度三十周年》，载《教育与考试》2007 年第 7 期。

② 1977 年 7 月 23 日，邓小平在与长沙工学院负责人的谈话中，首次明确指出："不管招多少大学生，一定要考试，考试不合格不能要。不管是谁的子女，就是大人物的也不能要。"同月 29 日，邓小平在与方毅、刘西尧谈话时再次指出：要坚持考试制度，对此要有鲜明态度。

③ 1977 年 8 月 4 日至 8 日，邓小平亲自主持全国科教工作座谈会，决定当年就恢复高考制度。8 月 13 日至 9 月 25 日，教育部在当年召开第二次高校招生座谈会，确定高考招生办法。

④ 如 1985 年实行了保送生制度，1993 年实行了高中毕业会考基础上的高考科目 3 + 2 方案改革，1997 年实行高校招生计划并轨改革，1999 年实行高校扩招，2000 年北京等地实行春季招生，2003 年 22 所高校自主招生，2004 年试行自主命题制度，2005 年实行高考招生阳光工程，2007 年的新课改，等等。

即使是调整高等教育关系之基本法律规范《高等教育法》也无一个条款涉及高考。

虽然高考专门制度缺失，高考的实质正义也遭致诸多非议和质疑，但高考制度仍然不失为一种正义的制度。因为它贯彻了"公平竞争、公正选拔、公开透明"的原则，"搭建起了选贤举能的公正平台，促进了人才选拔机制的公正公平"，"使绝大多数考生和家长能够基本对称地获得国家、地方以及高校发布的信息资源"。[1]在现实的社会诚信制度不太完善的情况下，再没有比高考制度更好的制度可以取代。这就是程序正义，就是正当法律程序的力量。[2]在没有完善的法定程序规范高考，甚至在没有任何法律规定规范高考时，正当程序成为高考制度的根基。

## 第二节　促进高等教育竞争 的重要程序制度

当下学术界对高等教育领域正当程序的关注，集中于学位授予、违纪处分中的正当程序问题，旨在强调保护学生的受教育权。也有少数学者对学术评审中的程序正义问题进行了探讨，指出目前的学术腐败"有相当一部分是源于对程序正义的违背"。[3] 对学术评价与程序正义关系的讨论，实质上已经涉及高等教育竞争与正当程序的关系问题。在当今学术成果与个人利益（主要表现为学术声誉和经济利益）、学校利益紧密挂钩的情况下，各高校之间的竞争、教师之间的竞争，在很大程度上转化为学术（项目、论文、

[1]　戴家干：《历史的抉择与时代的任务——纪念恢复高考制度三十周年》，载《教育与考试》2007 年第 7 期。

[2]　余国源、胡坤华：《公正公平：高考制度的本质意义：对 30 年高考制度恢复重建与改革创新的初步认识》，载《成都大学学报》（教育科学版）2008 年第 10 期。

[3]　李扉南、陈浩：《将程序正义引入学术评审领域的探讨》，载《科研管理》2003 年第 1 期。

狄奖）竞争。学术评审就相当于一种竞争机制。由于学术判断在很大程度上是一种主观判断，所以，"在以求知为主要目标的时代"，学术竞争之公平一般靠学术道德来维护，而"在功利和求知双重目标并行的大科学时代，除了诉诸科学家个体的道德自律，还必须强调外在的有力的规范结构的建构"。① 所以，作为外在的规范，正当程序对于保障学术竞争的公平性至关重要。

当然，正当程序对高等教育竞争的重要性不只表现在学术评价层面，事实上高等教育领域中的每种活动如（本科、硕士、博士）招生指标的分配、学位点申报、重点学科建设、各类教育经费的拨付，等等，都存在竞争。不过，调整这些竞争的程序规范一直都相当缺乏。以《高等教育法》为例，全文共 69 条，但没有一条属于程序性规范。所以有学者说："许多现实教育的不公平是由于现有教育政策的实质内容与操作程序之间的不平衡造成的。教育政策有了实质性的规定，却没有程序性的保障，使教育政策所坚持的公平性受到损害。"② 此语一针见血地指出我国高等教育竞争不公的现实原因。

要促进高等教育竞争，就应当重视正当程序。正当程序包含听证、说明理由、公开、回避等几种基本制度，每种制度都有独特的价值和适用条件。目前，《立法法》《行政处罚法》《行政法规制定程序条例》《规章制定程序条例》等法律、法规对听证制度作了比较细致的规定。这些规定自然适用于高等教育，如《规章制定程序条例》第 14 条规定："起草规章，应当深入调查研究，总结实践经验，广泛听取有关机关、组织和公民的意见。听取意见可以采取书面征求意见、座谈会、论证会、听证会等多种形式。"第 15 条规定："起草的规章直接涉及公民、法人或者其他组织切身利

---

① 刘大椿：《现代科技的伦理反思》，载《光明日报》2001 年 1 月 2 日。

② 刘复兴：《我国教育政策的公平性与公平机制》，载《教育研究》2002 年第 10 期。

益，有关机关、组织或者公民对其有重大意见分歧的，应当向社会公布，征求社会各界的意见；起草单位也可以举行听证会。"这些规定是教育行政管理部门在制定部门规章时应当遵守的。

不过，本节所要重点论述的不只是上述已经文本化的程序制度，而且包括没有文本化的程序制度。高等教育具有自身的属性，这种属性可能使那种要为整个高等教育制定文本化的程序制度的想法成为一种奢望。而在一个政府高度干预高等教育且一直在不断调整自己的高等教育政策的国家，要制定系统化的高等教育程序制度更加困难。所以，本节并不打算对正当程序进行全面论述，而只是从促进高等教育竞争的视角，对公开制度与回避制度进行探讨。

## 一、高等教育公开制度

高等教育竞争属于多主体、多维度、多层面的集合或者说合作竞争。从竞争层面说，至少有国际竞争（国与国之间的高等教育竞争）、国内竞争（校与校之间的高等教育竞争）、校内竞争（院系之间的竞争、教师之间的竞争、学生之间的竞争等）。不管对于哪一个层面的竞争，公开制度都是必不可少的，因为公开是公平的前提条件。正是基于此种考虑，WTO《服务贸易总协议》第 29 条明确要求政府规制透明和程序公正。不仅所有规制措施必须合理、客观、公正，而且各国政府还必须对实施规制所作的有关服务（包括教育服务）贸易的行政决定进行及时审查。① 囿于本书主题，作者只从国内竞争与校内竞争两个层面探讨高等教育公开制度。

### （一）干预与公开

干预与公开主要是从国内竞争即校与校之间公平竞争的角度探讨高等教育的公开制度。本书前文已经指出，中国的高等教育属于政府管制型体制，中国高等教育体制的改革和发展都是在政府主导

---

① 张继明：《信息公开与高等教育发展》，载《东北大学学报》（社会科学版）2008 年第 2 期。

下、由上而下逐步实施的。即使是竞争因素包括竞争主体、竞争机制、竞争规则在高等教育中的导入，也是政府主导的，所以，中国的高等教育竞争是政府主导下的竞争，作为竞争主体的各个高校主要在政府主导下争夺政府所提供的各种教育资源。基于此，公开制度对高等教育的公平竞争是至关重要的。公开制度对促进高等教育公平竞争的重要意义，不仅要从公开与公平间的固有的内在的关系去理解，而且要根据高等教育本身的属性去理解。前文已述，高等教育具有多重属性、多重目标，高等教育的竞争公平很难用统一的标准去判断，只有通过正当程序来保障。

公开原则"长期以来就一直被视为是正当程序的基本标准和要求"。① 在高等教育相关程序法律制度缺失的情况下，坚持公开原则，政府将影响高等教育竞争的相关信息向利益相关人或公众公开，使利益相关者和社会公众知悉，对于促进高等教育公平竞争具有十分重要的意义。

2008 年 5 月，教育部颁布了《教育部机关政府信息公开实施办法》（以下简称《实施办法》），其第 13 条、第 15 条、第 18 条对主动公开信息、依申请公开的信息及公开方式都作出了规定。第13 条规定，教育部下列政府信息应当主动向社会公开：

（一）领导成员简历、机构设置、工作职能、联系方式等组织机构情况；

（二）教育部规章和规范性文件；

（三）教育发展的规划、方针、政策，重要工作部署及实施情况；

（四）教育年度统计信息；

（五）教育部政府集中采购项目的目录、标准及实施情况；

（六）教育行政许可的设定、调整和取消情况，行政许可事项及其法律依据、办事条件、办理程序、审批时限以及受理机构的联

---

① 方世荣、周伟：《政策转换为法律的正当程序研究》，载《河南省政法管理干部学院学报》2006 年第 6 期。

系方式，需要提交的全部材料目录、准予许可的决定等；

（七）教育招生、考试、收费、资助等与公众切身利益密切相关的重要事项的政策；

（八）干部人事任免、公务员录用、专业技术职务评聘的相关政策；

（九）全国性教育表彰奖励的有关情况；

（十）教育系统突发公共事件的预警信息及应对情况；

（十一）法律、行政法规、规章规定应当公开的其他政府信息。

第 15 条规定："第十三条和第十四条之外的其他教育部政府信息，原则上纳入依申请公开的信息范畴。"

第 18 条规定："教育部机关主动公开的政府信息，应当采取符合其特点的以下一种或几种方式进行公开：（一）教育部门户网站及相关网站；（二）教育部公报；（三）新闻发布会和其他相关会议；（四）广播、电视、报刊、杂志等新闻媒体；（五）信息公告栏、电子显示屏、触摸屏等；（六）其他便于公众及时准确获得信息的形式。"

《实施办法》的颁布对于加强高等教育民主、保障公民知情权、促进高等教育公平竞争所起的作用无疑是非常重大的。不过，不管是从保护公民知情权的角度来看，还是从促进竞争的角度来看，《实施办法》都有明显缺陷，其中最主要的表现是《实施办法》扩大了"不予公开"信息的范围。根据国务院 2007 年颁布的《政府信息公开条例》的规定，政府不公开的信息限于"涉及国家秘密、商业秘密、个人隐私的政府信息"（第 14 条第 3 款），但《实施办法》第14 条规定："教育部下列政府信息不予公开：（一）涉及国家秘密的；（二）涉及商业秘密、个人隐私的；（三）正在调查、讨论、审议、处理过程中的信息；（四）法律、行政法规规定不得公开的其他信息。"

"正在调查、讨论、审议、处理过程的信息"是决定结果的信息。从高等教育竞争的角度考察，这种信息的公开比结果公开更为重要，因为在政府主导高等教育竞争的背景下，竞争有可能延续至

"调查、讨论、审议、处理过程"。有时，往往只有在这种过程中竞争才真正会发生，所以，将"调查、讨论、审查、处理过程的信息"作为"内幕信息"加以保护，并使之披上一层"神秘色彩"，不仅违背了上位法，而且违反了正当程序原则。所以，应当将这一项内容从第 14 条中删除。

除"调查、讨论、审查、处理过程的信息"要予以公开外，高等教育方面的预决算信息也应当公开。国家每年对高等教育投入数千亿元的经费，这些经费是怎么使用的，哪些经费通过竞争性机制分配？哪些经费通过行政手段分配？纳税人有权知道，各个高等学校也有权知道。鉴于国家投资是目前各个高校争夺的主要资源，如果作为竞争主体的高等教育机构根本就不知道竞争性经费的存在，那么它根本就没有机会参与竞争。所以，高等教育预决算公开也是保障高等教育公平竞争的重要前提。

（二）自治与公开

自治与公开要讨论的是高等学校的公开制度问题。有部分学者已经从多个层面包括从竞争层面探讨了高等学校的信息公开。如有学者强调了信息公开的广告效应，认为在高等教育领域中，存在教育产品与服务的信息不对称问题，"根据消费者权益保护理论，高校应公开其产品与服务信息，并在法规与制度保障下使信息公开行为规范化……在高等教育大众化背景下，各高校之间为争夺教育教学资源、生源等而展开激烈竞争，信息公开也起到了广告效应"。[①]有学者强调了信息公开对于应对高等教育国际竞争的重要性，认为"信息公开是教育国际化的必然要求……在经济全球化的趋势下，高等教育的竞争必然是国际化竞争……大学要在激烈的国际竞争中取得优势，必须遵循国际教育规则，构建符合国际惯例的大学治理

---

① 张继明：《信息公开与高等教育发展》，载《东北大学学报》（社会科学版）2008 年第 2 期。

结构，逐步实行信息公开"。①

　　上述学者的观点笔者都赞同，在此要补充或者说要强调的是，公开制度对于保障大学内部公平竞争的重要性。本书曾在第二章论述过，高等教育竞争有一个不同于企业竞争的显著特征，即它是一个多元利益主体竞争之集合。正如同国家教育行政主管部门主导着全国的高等教育竞争一样，高等学校也在主导其内部各种利益主体之间的竞争：如院系之间的竞争、教师之间的竞争、学生之间的竞争等。公开制度对于促进高校内部公平竞争的意义，与促进高校之间的公平竞争同样重要。

　　在法理上，高校教师、在校学生作为成员当然可以行使其成员权，要求其所在高等学校公开相关信息；相反，国家倒是无权要求高校公开自治的相关信息。不过，我国的高等学校并不属于真正意义上的自治机构。从法律地位来看，我国"高等学校与国家或国家机关等公共机构相同，是依公法所设立，享有公法所规定的行政权力、履行行政义务、承担行政责任的主体"。② 作为公法人，高等学校"无论是作为法律法规授权的组织还是作为提供公共服务的组织，都是在利用国家公共资源进行活动……理应最大限度地向公众提供相关信息，接受公众监督"。③ 这正是教育部出台《高等学校信息公开办法》的法理依据。

　　2010 年 3 月，教育部通过了《高等学校信息公开办法》。第 7条规定，高等学校应当主动公开以下信息：学校名称、办学地点、办学性质、办学宗旨、办学层次、办学规模、内部管理体制、机构设置、学校领导等基本情况；学校章程以及学校制定的各项规章制

---

　　① 　徐敏：《高校信息公开与现代大学制度建设》，载《江苏高教》2011年第 1 期。

　　② 　申素平：《论我国公立高等学校的公法人地位》，载劳凯声：《中国教育法制评论》（第 2 辑），教育科学出版社 2003 年版，第 14—15 页。

　　③ 　徐敏：《高校信息公开与现代大学制度建设》，载《江苏高教》2011年第 1 期。

度；学校发展规划和年度工作计划；各层次、类型学历教育招生、考试与录取规定、学籍管理、学位评定办法、学生申诉途径与处理程序；毕业生就业指导与服务情况等；学科与专业设置、重点学科建设情况、课程与教学计划、实验室、仪器设备配置与图书藏量、教学与科研成果评选、国家组织的教学评估结果等；学生奖学金、助学金、学费减免、助学贷款与勤工俭学的申请与管理规定等；教师和其他专业技术人员数量、专业技术职务等级、岗位设置管理与聘用办法、教师争议解决办法等；收费的项目、依据、标准与投诉方式；财务、资产与财务管理制度、学校经费来源、年度经费预算决算方案、财政性资金、受捐赠财产的使用与管理情况、仪器设备、图书、药品等物资设备采购和重大基建工程的招投标；自然灾害等突发事件的应急处理预案、处置情况、涉及学校的重大事件的调查和处理情况；对外交流与中外合作办学情况、外籍教师与留学生的管理制度；法律、法规和规章规定需要公开的其他事项。第 8 条规定："除第七条规定需要公开的信息外，高等学校应当明确其他需要主动公开的信息内容与公开范围。"第 9 条规定："除高等学校已公开的信息外，公民、法人和其他组织还可以根据自身学习、科研、工作等特殊需要，以书面形式（包括数据电文形式）向学校申请获取相关信息。"第 27 条规定："高等学校违反有关法律法规或者本办法规定，有下列情形之一的，由省级教育行政部门责令改正；情节严重的，由省级教育行政部门或者国务院教育行政部门予以通报批评；对高等学校直接负责的主管领导和其他直接责任人员，由高等学校主管部门依据有关规定给予处分：（一）不依法履行信息公开义务的；（二）不及时更新公开的信息内容、信息公开指南和目录的；（三）公开不应当公开的信息的；（四）在信息公开工作中隐瞒或者捏造事实的；（五）违反规定收取费用的；（六）通过其他组织、个人以有偿服务方式提供信息的；（七）违反有关法律法规和本办法规定的其他行为的。高等学校上述行为侵害当事人合法权益，造成损失的，应当依法承担民事责任。"

应当说，《高等学校信息公开办法》比教育部 2008 年颁布的

《教育部机关政府信息公开实施办法》要全面得多、详细得多、具体得多。譬如，关于"经费来源、年度经费预算决算方案"应当公开的规定，"侵害当事人合法权益，造成损失的，应当依法承担民事责任"的规定，都是《教育部机关政府信息公开实施办法》中没有的。这是一种很大的进步。不过，《高等学校信息公开办法》也存在与《实施办法》同样的缺陷，即它所强调的是决策结果的公开，而不是决策过程的公开。对于决策过程中存在的不公正问题仍然没有补救的措施。可能也正是因为正当程序的缺乏，投诉无门，才会发生 2012 年 4 月 23 日武汉大学法学院一位副教授对同院一名教授抡起拳头的事件。

## 二、回避制度

回避，即"避忌、躲避"，原意为避嫌而不参与其事。早在西汉时期，我国就有官位选任回避的事例。据《汉书·冯野王传》记载，冯野王的姐姐冯媛被选入后宫后，成为汉元帝的昭仪。因为有这种特殊关系，汉元帝在挑选御史大夫的继任者时，舍弃了条件颇为合适的冯野王。元帝说："吾用野王为三公，后民必谓我私后宫亲属，以野王为比。"[①] 为了避免"后民"误解其"私后宫亲属"，汉元帝在人事任免上选择了回避。隋唐时期，为了防止在科举考试中出现徇私舞弊现象，也建立了回避制度。回避制度现在扩展到司法、行政、立法等诸多领域。

回避制度源于"任何人不能作为自己案件的法官"这一古典的自然正义法则。英美法系国家普遍认为，如果法官与判决结果有任何法律上或金钱上的利害关系，或者法官是当事人一方的亲属，或是与他有关的机构的成员，那么，法官应放弃审判此案。所以，回避成为确保审判公正、防止偏私的必要条件。

高等教育领域中建立回避制度的必要性及其理论基础与其他领

---

① 转引自温显贵：《回避制度考略》，载《湖北大学学报》（哲学社会科学版）2004 年第 3 期。

域并无差异，它同样以对人性的不信任为前提，以对自私、恣意等人性弱点的防范、促进社会公平为目的。虽然教师享有"人类灵魂的工程师"这一崇高的荣誉称号，但不可否认的是，作为社会中的一员，包括"人类灵魂工程师"在内的从事高等教育活动的各种主体都难以摆脱现代公共选择理论大师们所说的经济人属性。武汉大学哲学系三位教授曾在 2001 年的《博览群书》杂志上发表《是可忍，孰不可忍——评湖北省社科成果评奖中的学术腐败》一文，以典型实例痛批学术成果评奖中"评奖主持人和个别评委利用职权……一手遮天、结党营私、瓜分利益的丑剧"。文章指出，"湖北省社会科学优秀成果奖的哲学一等奖正如该省哲学评奖组长一职一样，历来都是×××的专利。在上一届（1995 年）省里的评选中，×××的一篇反'和平演变'的辅导报告《马克思主义哲学与党的事业》获得哲学一等奖，当时他是哲学评奖组的组长。在本届评奖中，×××获得一等奖的是一篇向外国人介绍中国情况的讲演词《中国当代哲学回顾与展望》……"[1] 文章所提的一些事例表明，一旦某项活动与其切身利益或与其熟悉的人的切身利益有利害关系时，往往很难做出客观公正的裁判。只有建立回避制度，才有助于创造一个公平的竞争环境，才能让所有"参赛选手"心服口服。所以有人说："程序公正是看得见的窗口，而回避制度则是它的具体体现。"[2]

回避制度在西方国家的高等教育中较为普遍。比如在美国，政府对于资助项目就有一套较为完整、严密的回避制度。它要求与项目有关人员如因个人的经济或其他方面利益的缘故可能影响对项目设计、评审、实施、管理等的客观性和公正性，当事人对项目涉及

---

① 邓晓芒、赵林、彭富春：《是可忍，孰不可忍——评湖北省社科成果评奖中的学术腐败》，载《博览群书》2001 年第 5 期。

② 刘本燕：《完善刑事诉讼法官回避制度之思考》，载《甘肃政法学院学报》2004 年第 3 期。

学术评价的相关事宜予以回避，以保证项目申请、立项评审及政府对项目管理的公正性，防止假公济私、以权谋私和腐败等现象的滋生。①

改革开放早期的高等教育制度基本没有回避方面的规定。1987年颁布的《普通高等学校招生暂行条例》（2004年9月失效）没有规定高考招生回避。此后一年一度的《普通高等学校招生工作规定》虽然在总体上强调要"贯彻公平竞争、公正选拔、公开透明的原则"，但也没有提及高考招生回避。产生这种现象的主要原因，无疑是正当法律程序理念的缺失。再以湖北省社科成果评奖案为例。针对三位教授写的署名文章，湖北省社会科学优秀成果评奖办公室写了一篇回应性文章《一篇严重歪曲事实的文章——评〈是可忍，孰不可忍〉》，声称×××"在学术界享有很高威望""为人谦虚""只要评审程序合法，评委的作品获奖不应大惊小怪，评委的专业水平都是较高的，因而有一定的获奖人数也不足怪"。②从正当程序的视角考察，这种回应是根本站不住脚的。美国大法官弗兰克福特曾说过："任何人，无论其职位多高，或者其个人动机多么正当，都不能是他自己案件的法官。……如果可以允许某个人为他自己确定法律，那么也可以允许每个人这样做。那首先意味着混乱，然后就是暴虐。"③而湖北省社会科学优秀成果评奖办公室之所以认为"只要评审程序合法，评委的作品获奖不应大惊小怪"，就是因为缺乏"正当法律程序"理念。

直到2003年5月，国家科学技术部、教育部、中国科学院、

---

① 雪峰：《美国对资助项目实行利益冲突回避制》，载《全球科技经济瞭望》2005年第5期。

② 转引自邓晓芒、赵林、彭富春：《掩耳岂可盗大钟，再评湖北省社科评奖中的学术腐败》，载《博览群书》2001年第10期。

③ Justice Frankfurter in U. S. v. United Mine Worekers, 330 U. S. 258 (1947)，转引自［美］诺内特·塞尔兹尼克：《转变中的法律与社会》，张志铭译，中国政法大学出版社1994年版，第75—76页。

中国工程院和国家自然科学基金委员会联合发布了《关于改进科学技术评价工作的决定》，高等教育领域才出现回避制度。其第4条规定："坚持'公平、公正、公开'的评价原则，建立与国际接轨的评价制度，规范科学技术评价行为，在评价工作中，严格实行回避制度与专家组定期轮换制度。"同年9月，科学技术部颁布了关于《科学技术评价办法》（试行）的通知，对回避制度做了比较详细具体的规定："遴选评价专家应当遵守下列原则：回避原则。与被评价方有利益关系或可能影响公正性的其他关系的评价专家不能参与评价。已遴选出的，应主动申明并回避，被评价方可以按规定提出一定数量建议回避的评审专家，并说明理由。"2004年8月，教育部颁布了高等教育领域首部"学术宪章"——《高等学校哲学社会科学研究学术规范（试行）》，其中第19项规定："学术评价机构应坚持程序公正、标准合理，采用同行专家评审制，实行回避制度、民主表决制度，建立结果公示和意见反馈机制。"2006年的《教育部哲学社会科学研究后期资助项目实施办法（试行）》第9条也制定了回避制度："教育部负责对申报项目进行资格审查，并组织专家进行评审。评审实行回避原则，不从申报者所在学校聘请评审专家。"此外，一些高等学校也建立了相应的回避制度，如复旦大学于2010年发布了《关于高级职务聘任学术评议回避制度的有关规定（试行）》（校人发〔2010〕10号）。这些规定的出台，表明高等教育管理部门和高等学校开始重视回避工作。不过，从逻辑和经验两个层面考察，目前的回避制度还很不完善。高等教育活动的内容非常广泛，涉及政府与高校、政府与教师、高校与教师、高校与学生等多种利益关系，但目前只有学术评价领域建立了回避制度，其回避制度在回避的适用对象、回避事由、回避程序及违反回避制度的法律责任方面大都语焉不详，因此，有必要予以完善和细化。

第一，扩大回避制度的适用范围。目前，相关部门及学术界所关注的，限于学术评价及高等教育纠纷处理中的回避问题。从保障高等教育公平竞争的角度考虑，凡是高等教育领域中的竞争性投标活动，不管是质量工程建设中的项目招投标，还是课题申报，抑或是评奖评优，都应当建立回避制度。

第二，细化回避制度的适用对象。目前大多数规定所要求的回避人只限于评审专家。如《国家科学技术奖励条例实施细则》第80条规定："国家科学技术奖评审实行回避制度，与被评审的候选人、候选单位或者项目有利害关系的评审专家应当回避。"由于我国高等教育领域中的大部分招标立项都是政府主导的，部分政府部门工作人员的亲属也可能会参与竞标，其中可能会发生影响评标活动公正性的事由，所以，回避制度不应只适用于评审专家，也应适用于政府部门的工作人员。

第三，细化回避事由。目前有些规定没有规定回避事由，有些只规定了"利害关系"事由。这种规定过于简单，应予以细化。合理的回避事由应该包括三个方面：亲属关系、偏私关系、利害关系。亲属关系的含义比较容易理解，但对其范围，可能不同的人有不同的观点。我们认为，这里的亲属不仅包括直系血亲，还应包括旁系血亲和姻亲。偏私即偏于一方面的见解，指评审专家在对候选人进行学术评价之前，因种族、性别等非人为因素而对候选人预先形成了偏爱或偏见，或对某领域存在学术偏好。如果评审专家存有偏爱或偏见，对候选人显然是不公正的。利害关系是指可能导致评标专家金钱、名誉、友情等增加或减损的社会关系，包括评价者与候选人之间有直接或间接的朋友关系、师生关系、合作关系、同事关系和恩怨关系等，这种社会关系也会影响竞争结果的公正性，应纳入回避事由。

第四，细化回避程序。回避程序是回避制度的核心内容之一，直接关乎到回避制度的可操作性。笔者认为，高等教育领域中的回避制度应该分三步进行。第一步是评标主管机关的审查程序。回避制度应规定相关部门在选取评标专家时，负有全面了解、考察投标人与评标专家关系的注意义务。如发现有回避事由，则相关部门不得选聘相关专家评标。第二步是评标专家主动回避。专家在收到评审材料时发现有回避事由的，应向相关单位主动申请回避。相关部门在选择专家时应向评标专家告知回避事由（如果是真正的匿名评审，则不需要）、主动回避的时间、方式及违反回避规定的后果。第三步是利害关系人申请回避程序，在评标专家公开或利害关系人特别是竞争者估计可能有某位专家对自己的竞争会产生不利影响的情况下，利害关系人可以向相关部门提出回避申请。

第五，补充完善回避救济制度。有保障的权利才是一项真正的权利。古代《大清律·刑律·诉讼》为了保障回避制度能够得到真正的遵守，规定了"违者，笞四十"的处罚措施。① 同理，高等教育领域中的回避制度要真正能够发挥作用，也应当有救济制度做保障。目前我国相关的回避制度中没有救济制度，应当予以补充和完善。关于回避救济制度的具体内容，有些学者提出了一些建议，如宣布违反回避规定所作出的评标决定无效、追究违反回避制度的当事人的民事损害赔偿责任甚至刑事责任等。这些建议有些有一定道理，但有些则过于理想化。譬如，在中标指标恒定的情况下，有关系者中标，意味着无关系的落榜者遭受了损失，不只是声誉损失（正像湖北社科成果评奖一样），也包括财产损失。从民法中"有损害就有赔偿"的责任理论来说，损害赔偿这种观点是站得住脚的，而且国外可能还有这样类似的例子。譬如，在欧盟的国家援助中，国家援助通过竞争的方式获得，如果有人获得了不正当的国家援助，则其竞争者可以要求损害赔偿。但在我国的司法实践中，还做不到这一点。譬如，我国《反不正当竞争法》禁止串通招投标，并且规定如果有人因串通招投标受到了损害，则其可以获得损害赔偿，但现实中很少有人这样做。即使这样做，也是很难成功的。高等教育领域中的竞争大多采用招投标形式，应当回避而没有回避与串通招投标行为有点相似，所以，民事损害赔偿是不太可能的。何况这是在教育领域，相关的法理研究还比较滞后，刑事责任就更加不可取。依我们的观点看，违反回避规定的救济方式主要有中标决

---

① 参见丁彩彩：《刑事诉讼法中回避制度规定的立法缺陷及完善》，载《成都理工大学学报》（社会科学版）2011 年第 1 期。

定无效、声誉谴责、终身取消评委资格、行政警告等。即对于符合主动回避条件，而没有申请回避的，如果属于那种既当运动员又当裁判员的情形，则其个人的中标结果应无效，同时应给予声誉谴责、终身取消其评委资格等处罚。① 对于同中标人有其他回避事由而没有主动回避的评审专家，如查证属实，应给予声誉谴责；对于应当回避而没有回避的国家工作人员，或没有按回避程序规定履行告知回避义务的国家工作人员，应当给予行政警告处分。

---

① 《国家教育考试违规处理办法》第 13 条规定：考试工作人员"应回避考试工作却隐瞒不报的"，"应当停止其参加当年及下一年度的国家教育考试工作，并由教育考试机构或者建议其所在单位视情节轻重分别给予相应的行政处分"。

# 后　记

　　15 年前，我跟随导师种明钊教授从事竞争法研究，撰写了第一本学术专著《行政垄断的法律控制研究》。该书于 2002 年 10 月由北京大学出版社出版（2003 年 6 月重印），受到了学术界的好评。从此，竞争法成了自己的主要研究方向，并逐渐形成了从竞争角度分析、解释经济、社会问题的思维习惯。在内心深处，我认为竞争内在地包含着自有人类社会以来，人们孜孜以求的各种美好价值中两种最好的价值：自由与公平，并坚信"竞争是促进繁荣和保障繁荣必不可少的手段"。

　　20 世纪末，随着社会主义市场经济体制的确立，我国经济领域中的市场化改革日新月异，而作为上层建筑领域中的高等教育改革却步履蹒跚，没有跟上时代的需要。新旧世纪之交，关于"高等教育是计划经济的最后一块堡垒"的抱怨在高等学校不绝于耳。作为一名高等教育工作者，不能不对这一现象进行思考，但自己所学专业并非高等教育学，而是法学。基于刚才所说的思维习惯，内心有一种探讨高等教育、竞争、法律这三个传统上不太相关的领域之间某些联系的冲动。2004 年，以"高等教育行业中的垄断与竞争法律问题研究"为题申报了司法部的"法治理论与法学研究"项目，获准立项。

　　资料收集工作开始于 2003 年春。但高等教育反垄断是一个高等教育学、经济学、法学学者都很少关注的课题。法学、经济学关于这方面的研究文献自然相当少，高等教育学关于此话题的文献也不多。笔者最先找到了华中科技大学前校长朱九思先生于 2001 年出版的《竞争与转化》，希望先生的著作能够给自己的写作提供某些思路或资料查询线索。但《竞争与转化》收录的主要是朱九思先生在各种工作会议上的讲话稿，而不是纯粹的学术论文，与笔者所想研究的主题相关性也不大。"巧妇难为无米之炊。"由于资料非常缺乏，项目研究一度陷入困境。直到 2007 年，在为另一本学术著作收集资料时，发现有一些美国学者专门论述过美国高等教育的反垄断问题，其中还引用了美国法院的一些判例。这一发现消除了我的疑虑，并且增加了我的信心，因为它证明了自己原来的设想是可行的，于是先将这一发现整理成文字（主要内容以"美国反垄断对高等教育的规制及其启示"为题发表于《法商研究》2012年第 6 期）。随后，拟定了全书的写作框架，草写了部分内容。2009 年 6 月，时任中国科技大学校长的朱清时在一次会议上指出"中国高校是行政化大学"，同年 9 月，在被聘为南方科技大学校长后，他提出要将南方科技大学办成"去行政化"的大学。自此，中国大学"去行政化"问题引起了学术界的广泛讨论。这些讨论给了笔者许多启迪，打开了本书的写作思路。笔者对原写作大纲作了局部调整，并增加了新的内容。2012 年 6 月，本书有幸获得了教育部哲学社会科学后期资助项目的资助，直到 2013 年 9 月才最终完成书稿。总之，本书的写作过程是断断续续的，从 2003 年有写作计划，到现在最终完成书稿，从时间上算，确实是"十年磨一剑"。

　　本书提出的观点主要涉及两个层面。第一个层面与我国高等教育体制存在的深层次问题有关。基本观点为，随着高等教育体制改革的不断推进及市场机制在高等教育领域中的逐步引入，不正当竞争问题与垄断问题在我国高等教育领域中同时存在。具体来说，不正当竞争问题的突出表现是，担任行政领导职务的教师比没有担任行政领导职务的教师更容易获得学术资源、能获得更多的学术资源。而垄断问题，突出表现在公立高校的结构性垄断与行为的协调一致，即一方面公立高校在机构数量、在学人数等方面处于绝对优势地位，另一方面，虽然公立高校数量众多且都属于独立法人，但实质上都在用同一个声音说话、用同一种方式行事。

第二个层面的观点是关于问题解决办法的，即如何从法律层面解决第一个层面提出的问题。基本观点为，实体法与程序法并重。在实体法层面，除了强调要使政府与高等学校之间的关系法定化，要删除相关教育法律法规关于禁止举办营利性学校的规定等学界共识之外，还特别提出，对政府侵犯高等学校自主权的行为，高等学校应当有法定的救济渠道。笔者特别重视程序法制建设在促进高等教育公平竞争中的意义和作用。强调高等教育是一种心智活动、一种创新活动。这类活动没有客观、权威的评价标准，所以，程序公正显得至关重要。为此笔者提出，大学内部治理结构应当特别考虑高等教育竞争的集合性特征，要特别注重发挥不同利益主体的主观能动性，要特别重视公开、回避等正当法律程序制度的建设。

上述两个层面的观点立基于两个逻辑起点：高等教育是可竞争的；法律对高等教育竞争具有促进作用。这两个逻辑起点都不属于那种不证自明因而为学界广泛接受的理论，很有可能受到质疑或轻视。不过，笔者认为，不管是从理论层面论证，还是从实践层面考察，这两个逻辑起点都站得住脚。

譬如，关于高等教育的可竞争性，肯定有学者并不认同本书观点，因为有许多学者是反对高等教育市场化、高等教育产业化这类主张的。在此需要申明的是，笔者所论述的是高等教育竞争，而不是高等教育的市场化、产业化。当然，竞争总是与市场联系在一起的。有了市场才有竞争，没有市场，竞争就是无源之水、无本之木。只要高等教育领域出现了竞争，就不能否定高等教育市场的存在，反之亦然。笔者关于高等教育是可竞争的论断，正是基于国际国内高等教育竞争日趋激烈之现实，同时，根据经济学中的交易理论分析，高等教育的三大传统领域都具有可交易性。

再如，关于法律对高等教育竞争的促进作用，尽管不会有人公开提出反对意见，但对此不以为然者可能大有人在。笔者之所以要突出法律的促进功能，并选择当代高等教育强国美国、英国、日本等国通过法律手段促进高等教育竞争的经验作为例证，是基于我国传统上不重视法律的促进功能，只重视法律的管理功能之事实及政府应当重视促进型高等教育法律制度建设之主张。从这个意义上说，关于法律对高等教育竞争具有促进作用的论断，不仅仅是全书的逻辑起点，实质上也是全书的核心观点之一。

本书既不属于法学著作，也不属于教育学著作，更不是经济学著作，而是一本兴趣之作、探索之作。笔者虽然花费了很多时间、很多精力，但囿于知识结构及研究能力，奉献给读者的这部作品肯定有很多不足和缺陷。笔者所能说的是，自己已经尽力。

令人欣慰的是，近几年，我国高等教育一直没有停止改革的步伐，本书中提到的某些问题正在逐步获致解决。2012年全年财政性教育经费支出达2万亿左右，占国内生产总值的比重首次达到4%。2013年12月，中国人民大学、东南大学、华中师范大学、武汉理工大学、上海外国语大学、东华大学6所部属大学的章程获教育部核准，还有部分高校正在抓紧时间制定自己的章程。当然，书中所提到的一些垄断性的体制性问题仍然没有得到很好的解决。可喜的是，中国共产党第十八届三中全会通过了《关于全面深化改革若干重大问题》的决定，我国高等教育的发展有望进入一个新的全面深化改革的时期，政府与高等学校之间的关系将更会明确，高等学校的办学自主权将进一步增加。当然，随着高等学校权力的扩张、办学经费的增加，高等教育领域中的不正当竞争问题也可能会更为突出。因此，在相当长时间内，如何解决高等教育领域中的垄断与不正当竞争问题仍然是一个值得深入研究的问题。

感谢司法部"国家法治与法学理论研究"项目！感谢教育部哲学社会后期资助项目！没有这两个项目的资助，没有这两个项目的压力和激励，就不会有本书的诞生。感谢这两个项目的评审老师及对最终研究成果提出评阅意见的盲审专家，他们的意见对本书的完善非常宝贵。在写作本书的过程中，我所指导的2004级的硕士研究生、现在在我的母校——西南政法大学工作的王波帮我收集、整理了部分资料。2010 级的硕士研究生、现在已经成为人民法院法官的马超帮我核对了部分信息。对他俩付出的辛苦劳动，在此，也表示由衷的感谢。

作　者

# 主要参考文献

## 著作类

1. 劳凯声主编：《中国教育法制评论》（第1至7辑），教育科学出版社。

2. 湛中乐：《公立高等学校法律问题研究》，法律出版社2009年版。

3. 湛中乐：《大学法治与权益保护》，中国法制出版社2011年版。

4. 湛中乐：《通过章程的大学治理》，中国法制出版社2011年版。

5. 刘剑文：《高等教育体制改革中的法律问题研究》，北京大学出版社2005年版。

6. 崔卓兰：《高校法治建设研究》，中国检察出版社2004年版。

7. 周光礼：《法律制度与高等教育》，华中科技大学出版社2005年版。

8. William A. Kaplin，Barbara A. Lee，The Law of Higher Education，Jossey – Baww A Wiley Imprint.，2006.

9. 周志宏：《学术自由与大学法》，法律出版社1998年版。

10. 蒋后强：《高等学校自主权研究：法治的视角》，法律出版社2010年版。

11. 朱九思：《竞争与转化》，华中科技大学出版社2001年版。

12. 安心：《大学竞争论》，甘肃人民出版社2003年版。

13. 张维迎：《大学的逻辑》，北京大学出版社 2005 年版。

14. ［英］路易斯·莫利：《高等教育的质量与权力》，罗慧芳译，北京师范大学出版社 2008 年版。

15. ［日］矢野真和：《高等教育的经济分析与政策》，张晓鹏等译，北京大学出版社 2006 年版。

16. 康宁：《中国高等教育资源配置转型程度指标体系研究》，教育科学出版社 2010 年版。

17. 崔玉平：《高等教育制度创新的经济学分析》，北京师范大学出版社 2002 年版。

18. 黄启兵：《中国高校设置变迁的制度分析》，福建教育出版社 2007 年版。

19. 龙献忠：《治理理论视野下的政府与大学关系研究》，湖南大学出版社 2007 年版。

20. 金耀基：《大学之理念》，生活·读书·新知三联书店 2001 年版。

21. ［美］约瑟夫·斯蒂格利兹：《政府经济学》，曾强等译，春秋出版社 1988 年版。

22. ［美］米尔顿·弗里德曼：《资本主义与自由》，张瑞玉译，商务印书馆 1999 年版。

23. ［英］朱利安·勒·格兰德、卡洛尔·普罗佩尔：《社会问题经济学》，苗正民译，商务印书馆 2006 年版。

24. ［美］劳埃德·G. 雷诺兹：《微观经济学：分析与政策》，朱泱等译，商务印书馆 1982 年版。

25. ［德］路德维希·艾哈德：《来自竞争的繁荣》，祝世康、穆家骥译，商务印书馆 1983 年版。

26. 改革开放 30 年中国教育改革与发展课题组：《教育大国的崛起：1978—2008》，教育科学出版社 2008 年版。

27. ［美］迈克尔·波特：《国家竞争优势》，李明轩、邱如美译，华夏出版社 2002 年版。

28. ［德］柯武刚、史漫飞：《制度经济学：社会秩序与公共政策》，韩朝华译，商务印书馆 2000 年版。

29. 阚阅：《当代英国高等教育绩效评估研究》，高等教育出版社 2010 年版。

30. 黄恒学：《中国事业管理体制改革研究》，清华大学出版社 1998 年版。

31. 滕大春：《美国教育史》，人民教育出版社 1994 年版。

32. ［美］伯顿·克拉克：《高等教育新论》，王承绪等译，浙江教育出版社 2001 年版。

33. 张焕庭：《政治论——西方资产阶级教育论著选》，人民教育出版社 1964 年版。

34. 滕大春：《外国教育通史》，山东教育出版社 1989 年版。

35. 潘懋元等：《中国高等教育百年》，广东高等教育出版社 2003 年版。

36. 张兴：《高等教育办学主体多元化研究》，上海教育出版社 2003 年版。

37. 王雍君：《公共经济学》，高等教育出版社 2007 年版。

38. 胡卫：《民办教育的发展与规范》，教育科学出版社 2000 年版。

39. ［美］亨利·罗索夫斯基：《美国校园文化》，谢宗仙等译，山东人民出版社 1996 年版。

40. ［美］德里克·博克：《美国高等教育》，乔佳义编译，北京师范学院出版社 1991 年版。

41. 约翰·范德格拉夫等：《学术权力——七国高等教育管理体制比较》，王承绪译，浙江教育出版社 1989 年版。

42. 秦国柱：《私立大学之梦——中国民办高教的过去、现状、未来》，鹭江出版社 2000 年版。

43. 杨明：《政府与市场：高等教育财政政策研究》，浙江教育出版社 2007 年版。

44. 胡娟、李立国：《大学协会组织研究》，中国人民大学出版社 2007 年版。

45. 胡卫、丁笑炳：《聚焦民办教育立法》，教育科学出版社2001年版。

46. 闵维方：《高等教育运行机制研究》，人民教育出版社2002年版。

47. 孙崇文、伍伟民、赵慧：《中国教育评估史稿》，高等教育出版社2010年版。

48. 卢晶：《高等教育专业认证制度的治理模式研究》，经济管理出版社2011年版。

49. 张彦通：《欧洲地区高等教育质量保障体系研究》，北京航空航天大学出版社2007年版。

50. 潘爱珍：《高等教育评估中的政府行为研究》，中国水利水电出版社2010年版。

51. 里斯本小组：《竞争的极限：经济全球化与人类的未来》，张世鹏译，中央编译出版社2000年版。

52. ［台］吴清山：《高等教育评鉴议题研究》，高等教育文化事业有限公司2009年版。

53. ［英］安东尼·奥格斯：《规制：法律形式与经济学理论》，骆梅英译，中国人民大学出版社2008年版。

54. ［美］约翰·S.布鲁贝克：《高等教育哲学》，王承绪等译，浙江教育出版社1987年版。

55. 王建成：《美国高等教育认证制度研究》，教育科学出版社2007年版。

56. 林荣日：《制度变迁中的权力博弈——以转型期中国高等教育制度为研究重点》，复旦大学出版社2007年版。

57. 王洪才：《大众高等教育论》，广东教育出版社2004年版。

58. 张远增：《发现性教育评估质量控制研究》，高等教育出版社2011年版。

59. ［美］詹姆斯·杜德斯达：《21世纪的大学》，北京大学出版社2005年版。

60. 周光礼：《公共政策与高等教育——高等教育政治学引

论》，华中科技大学出版社 2010 年版。

61. ［日］金子元久：《高等教育的社会经济学》，刘文君译，北京大学出版社 2007 年版。

62. 王敬波：《高等教育领域里的行政法问题研究》，中国法制出版社 2007 年版。

63. 朱红等：《中国高等教育国际竞争力比较研究》，天津大学出版社 2010 年版。

64. ［美］多纳德·E. 海伦：《大学的门槛——美国低收入家庭子女的高等教育机会问题研究》，安雪慧、周玲译，北京师范大学出版社 2008 年版。

65. ［美］理查德·鲁克：《高等教育公司：营利性大学的崛起》，于培文译，北京大学出版社 2006 年版。

66. ［台］杨莹：《两岸四地高等教育评鉴制度》，高等教育文化事业有限公司 2010 年版。

67. ［美］希拉·斯劳特、拉里·莱斯利：《学术资本主义：政治、政策和创业型大学》，梁骁、黎丽译，北京大学出版社 2008 年版。

68. ［美］詹姆斯·杜德斯达、弗瑞斯·沃马克：《美国公立大学的未来》，刘济良译，北京大学出版社 2006 年版。

69. 邱均平等：《2011—2012 世界一流大学与科研机构学科竞争力评价研究报告》，科学出版社 2011 年版。

70. ［美］大卫·科伯：《高等教育市场化的底线》，晓征译，北京大学出版社 2008 年版。

71. 范文曜、马陆亭：《高等教育发展的治理政策——OECD 与中国》，教育科学出版社 2010 年版。

72. 雷晓云：《中国高等教育制度变迁及其文化透视》，华中科技大学出版社 2007 年版。

73. 约翰·布伦南、特拉·少赫：《高等教育质量管理——一个关于高等院校评估和改革的国际性观点》，陆爱华等译，华东师范大学出版社 2005 年版。

74. 朱坚强：《教育经济学发凡》，社会科学文献出版社 2005 年版。

75. 戴晓霞、莫家豪、谢安邦：《高等教育市场化》，北京大学出版社 2004 年版。

76. 靳希斌：《国际教育服务贸易研究》，福建教育出版社 2005 年版。

## 论文类

1. 范绪箕：《重点大学应该在竞争中形成》，载《人民日报》1980 年 8 月 5 日第 3 版。

2. 刘国新：《论高等教育的竞争》，载《教育研究》1994 年第 2 期。

3. 李立国：《大学组织特性与大学竞争特点探析》，载《高等教育研究》2006 年第 11 期。

4. 袁祖望：《运用市场竞争机制保障高等教育质量》，载《高教探索》2002 年第 2 期。

5. 韩秀丽：《跨国高等教育的国际法规制》，载《比较教育研究》2007 年第 11 期。

6. 张建新、陈学飞：《英国高等教育改革法述评》，载《清华大学教育研究》2004 年第 2 期。

7. 丁学良：《什么是世界一流大学》，载《高等教育研究》2001 年第 5 期。

8. 戴维民：《中国学术期刊国际影响力分析》，载《复旦学报》（社会科学版）2004 年第 1 期。

9. 梁秀伶：《我国及世界各国教育服务贸易出口的国际比较》，载《现代财经》2009 年第 9 期。

10. 刘道玉：《大学危机，二三十年后更严重》，载《社会科学报》2010 年 7 月 29 日第 1 版。

11. 庞辉：《大众化条件下英国高等教育可持续发展问题研究》，载《煤炭高等教育》2006 年第 4 期。

12. 胡建华：《百年回顾：20 世纪的日本高等教育》，载《南京大学学报》（哲学·人文科学·社会科学）2001 年第 1 期。

13. 项贤明：《教育发展与国家竞争力的理论探析》，载《比较教育研究》2010 年第 6 期。

14. 洪银兴：《从比较优势到竞争优势——兼论国际贸易的比较利益理论的缺陷》，载《经济研究》1997 年第 6 期。

15. 陈伟：《国家竞争力之辩论》，载《经济研究参考》2010 年第 38 期。

16. 陆璟：《教育和人力资源是立国之本——美、日、韩追赶先进国家的历史经验（韩国：后发国家追赶的典型)》，载《教育发展研究》2003 年第 3 期。

17. 张珏：《教育和人力资源是立国之本——美、日、韩追赶先进国家的历史经验（日本：教育对日本现代化起了主要作用)》，载《教育发展研究》2003 年第 3 期。

18. 蒋力华：《努力提高教育对经济建设和科技进步的贡献率》，载《理论前沿》2002 年第 23 期。

19. 潘懋元：《高等教育将走进社会中心》，载《上海高教研究》1998 年第 8 期。

20. 朱国仁：《西方大学职能观演变之历史考察》，载《国外社会科学》1995 年第 3 期。

21. 王勇：《浅析美国高等教育市场化：以营利性高校为视角》，载《外国教育研究》2006 年第 8 期。

22. 汉斯·N. 维勒、戈平、李雪平：《政府与市场——欧洲高等教育改革的竞争性范式》，载《中国高教研究》2009 年第 2 期。

23. 张婷姝：《英国高等教育市场化改革的背景与措施分析》，载《江苏高教》2005 年第 6 期。

24. 张婷姝、颜士刚：《英国高等教育市场化改革的回顾与展望》，载《黑龙江高教研究》2005 年第 12 期。

25. Jef C. Verhoeven：《从欧洲的三个国家看大学与政府关系的变化》，载《清华大学教育研究》2003 年第 5 期。

26. 金善雄、李琼浩：《韩国高等教育变革：市场竞争和国家角色》，载《高等教育研究》2009 年第 5 期。

27. 金红莲、臧红霞：《韩国国立大学法人化改革述评》，载《比较教育研究》2010 年第 2 期。

28. 肖俊杰、谢安邦：《日本高等教育市场化改革的趋势、形式和启示》，载《江苏高教》2010 年第 6 期。

29. 弗朗西斯科·马科斯：《西班牙高等教育私有化分析》，载《复旦教育论坛》2005 年第 5 期。

30. 肖海、刘芳：《发达国家高等教育服务贸易现状、优势及中国对策》，载《江西教育科研》2007 年第 6 期。

31. 李顺碧、吴志功：《WTO 框架下的英国高等教育服务贸易》，载《比较教育研究》2005 年第 6 期。

32. 燕凌、洪成文：《入世后的澳大利亚高等教育服务贸易》，载《比较教育研究》2005 年第 2 期。

33. 涂玉欣：《日韩跨国高等教育服务贸易比较研究：基于学生流动的分析》，载《高等工程教育研究》2009 年第 5 期。

34. 魏浩、籍颖、赵春明：《中国留学教育服务贸易发展现状及国际竞争力》，载《国际经济合作》2010 年第 1 期。

35. 张智敏、唐昌海：《进入 WTO 高等教育应作的必要改革——兼论高等教育改制问题》，载《理工高教研究》2001 年第 6 期。

36. 龙会典、张海燕：《我国国际教育服务贸易逆差的统计分析》，载《经济论坛》2007 年第 24 期。

37. 田曼：《关于我国高等教育服务贸易逆差的分析》，载《黑龙江高教研究》2006 年第 8 期。

38. 郭秀晶、周永源：《关于我国高校留学生教育发展的综合分析》，载《中国高等教育》2010 年第 8 期。

39. 宋华明、王荣：《高等教育对经济增长率的贡献测算及相关分析》，载《高等工程教育研究》2005 年第 1 期。

40. 马联：《试论第三产业的性质及价值构成》，载《理论导刊》2002 年第 10 期。

41. 朱国仁：《从"象牙塔"到社会"服务站"——高等学校社会服务职能演变的历史考察》，载《清华大学教育研究》1999 年第 1 期。

42. 王作权：《大学组织的社会服务职能新探》，载《复旦教育论坛》2007 年第 1 期。

43. 李康水：《高校社会服务的性质、内涵与功能研究》，载《高等工程教育研究》1990 年第 4 期。

44. 陈时见、甄丽娜：《美国高校社会服务的历史发展、主要形式与基本特征》，载《比较教育研究》2006 年第 12 期。

45. 严建新、王续琨：《试论科学研究的三维分类模型：对司托克斯二维分类模型的扩展》，载《科学学研究》2009 年第 9 期。

46. 文剑英：《基础研究和应用研究划界的社会学分析》，载《自然辩证法研究》2007 年第 7 期。

47. 王洪才、陈娟：《促进学生就业：当代高校一项重要新职能》，载《江苏高教》2010 年第 4 期。

48. 侯琳良：《"两不"校长的为与不为》，载《人民日报》2011 年 12 月 29 日第 10 版。

49. 温正胞：《"无边界"及其挑战：全球化视域下政府、高等教育与市场的关系》，载《比较教育研究》2010 年第 2 期。

50. 王保星：《美国大学教师的学术自由权利：历史的视角》，载《高等教育研究》2004 年第 6 期。

51. ［日］丸山文裕：《日本私立大学的学费》，载《国外高等工程教育》1993 年第 1 期。

52. 孙喜亭：《教育具有"产业"属性，但教育不是"产业"》，载《高等教育研究》2000 年第 2 期。

53. 张彦通、赵世奎：《高等教育分类办学的多元价值分析》，载《教育研究》2008 年第 12 期。

54. 郑晓鸿：《教育公平界定》，载《教育研究》1998 年第 4 期。

55. 张应强、马廷奇：《高等教育公平与高等教育制度创新》，载《教育研究》2002 年第 12 期。

56. 马焕灵、荣雷：《论教育主权》，载《教育理论与实践》2006 年第 6 期。

57. 潘懋元：《教育主权与教育产权关系辨析》，载《中国高等教育》2003 年第 6 期。

58. 田圣炳：《英国高等教育中的政府干预》，载《辽宁高等教育研究》1996 年第 4 期。

59. 姚云：《美国高等教育法治化演进及其特点》，载《华东师范大学学报》（教育科学版）2004 年第 1 期。

60. 王芳：《对完善我国高校收费定价体制的研究：从法律视角看我国高校收费体制》，载《价格理论与实践》2007 年第 1 期。

61. 杨一心：《日本高等教育法规评价》，载《江苏高教》1996 年第 6 期。

62. 满达人、王汉杰：《略谈日本高教立法》，载《政治与法律》2001 年第 1 期。

63. 胡建华：《百年回顾：20 世纪的日本高等教育》，载《南京大学学报》（哲学·人文科学·社会科学）2001 年第 4 期。

64. 宋石平：《日本国立大学法人化改革评析》，载《教育发展研究》2007 年第 6 期。

65. 宋志勇：《日本国立大学的法人化改革》，载《日本学论坛》2005 年第 1 期。

66. 盛洪：《竞争规则是如何形成的？——联通进入电信业后的案例研究》，载《中国社会科学季刊》（香港）1998 年春季卷。

67. 周艳敏、张雪仪：《高校科研课题管理体制研究》，载《中州大学学报》2007 年第 1 期。

68. 钟卫东：《我国高等教育市场结构研究》，载《工业技术经济》2005 年第 3 期。

69. 朱晓刚：《成本分担，优质优价：从"精英取向"转向"大众取向"的高校收费政策研究》，载《煤炭高等教育》2007 年第 1 期。

70. 徐国兴：《日本国立大学和私立大学结构和功能分化的比较研究》，载《大学教育科学》2007 年第 2 期。

71. 陶东风：《高校改革与"填表"教授》，载《社会科学报》2008 年 12 月 11 日第 8 版。

72. 周群英、徐宏毅、胡绍元：《高等教育国际竞争力比较研究》，载《武汉理工大学学报》（社会科学版）2010 年第 6 期。

73. 张建新、廖鸿志：《高等教育浪费探析》，载《学园》2010 年第 4 期。

74. 陈庭来：《对我国高等教育同质化现象的思考》，载《南阳师范学院学报》2009 年第 2 期。

75. 邓岳敏：《我国高校专业设置趋同问题探析》，载《广东工业大学学报》（社会科学版）2009 年第 2 期。

76. 郝保伟、毛亚庆：《高等教育寻租的制度分析》，载《清华大学教育研究》2006 年第 5 期。

77. 庄晓山：《高等教育寻租性腐败问题研究》，载《现代教育科学》2003 年第 1 期。

78. 郝志东：《把脉沉疴，重塑大学：大学的功能及其问题》，载《南方周末》2011 年 3 月 3 日第 31 版。

79. 苟朝莉：《鉴日本私立大学发展史，思中国独立学院办学路》，载《中国高等教育》2007 年第 13、14 期。

80. 劳凯声、刘复兴：《探索依法治教和政策调控的新机制》，载《教育发展研究》2003 年第 4—5 期。

81. 毛勇：《日本公私立高校公平竞争探析》，载《高等教育研究》2009 年第 4 期。

82. 早川操：《市场原理对日本大学改革的影响——以日本国立大学为例》，载《高等教育管理》2008 年第 6 期。

83. 柯佑祥：《日本高等教育财政研究》，载《江苏高教》1998 年第 2 期。

84. 陈至立：《我国加入 WTO 对教育的影响及对策研究》，载

《人民教育》2002 年第 3 期。

85. 魏朱宝：《我国高等教育寻租的经济透视》，载《巢湖学院学报》2006 年第 4 期。

86. 王一兵：《大学自主与大学法人化的新诉求——全球化知识经济带来的挑战》，载《高等教育研究》2001 年第 5 期。

87. 刘冬梅：《对高校办学自主权的法律思考》，载《河南师范大学学报》（哲学社会科学版）2000 年第 6 期。

88. 林正范、吴跃文：《论高校办学自主权的涵义、依据与范畴》，载《上海高教研究》1994 年第 2 期。

89. ［西班牙］米格尔·安吉尔·埃斯科特：《大学治理：责任与财政》，载《教育研究》2008 年第 8 期。

90. 王屯：《俄罗斯高等教育评估体系及对我国的启示》，载《高等教育管理》2008 年第 4 期。

91. 郎益夫、刘希宋：《高等学校治理的国际比较与启示》，载《北方论坛》2002 年第 1 期。

92. 魏士强：《关于党委领导下校长负责制的法律思考》，载《中国高等教育》2005 年第 2 期。

93. 董树君：《"党委领导下的校长负责制"组织格局新探》，载《学习时报》2008 年 9 月 8 日。

94. 吴艳茹：《德国高等教育评估制度及其特点》，载《高等教育管理》2008 年第 3 期。

95. 张亚：《中美高等教育评估制度变迁比较分析：基于新制度经济学视角》，载《长江大学学报》（社会科学版）2007 年第 6 期。

96. 熊耕：《美国高等教育认证制度的起源及其形成动力分析》，载《外国教育研究》2004 年第 6 期。

97. 张继平：《法国高等教育评估模式的发展及特点》，载《大学（学术版）》2010 年第 3 期。

98. 衣庆辉、闫广芬：《法国高等教育评估制度的特征》，载《高校教育管理》2008 年第 2 期。

99. 熊耕：《美国高等教育认证制度的功能分析》，载《比较教育研究》2005 年第 2 期。

100. 黄建新：《博弈与演进：论高校、教育评估中介机构和政府的相关性》，载《暨南学报》（哲学社会科学版）2006 年第 3 期。

101. 郭桂英：《对高等教育评估的经济学分析》，载《教育发展研究》2006 年第 12A 期。

102. 袁益民：《"评估时代"我们准备好了吗?》，载《大学·研究与评价》2007 年第 6 期。

103. 罗建河：《从教育的产业属性看高等教育质量评估体系的构成》，载《江苏高教》2009 年第 6 期。

104. 宋恩梅：《大学评价信息的发布与利用》，载《中国高等教育评估》2004 年第 1 期。

105. 肖广岭：《用市场经济思路开展大学排序》，载《科学学与科学技术管理》2001 年第 9 期。

106. 熊耕：《简析美国联邦政府与高等教育认证之间控制与反控制之争》，载《比较教育研究》2003 年第 8 期。

107. 王云峰等：《高等教育元评估理论模式探析》，载《高教发展与评估》2008 年第 3 期。

108. 张继平：《英国高等教育评估模式发展新动向》，载《大学（研究与评价)》2009 年第 1 期。

109. 朱淑华：《对构建和发展我国高等教育元评估机构的思考》，载《煤炭高等教育》2009 年第 1 期。

110. 樊根耀：《第三方认证制度及其作用机制研究》，载《生产力研究》2007 年第 2 期。

111. 董秀华：《我国学位与研究生教育评估的发展及其基本特点》，载《学位与研究生教育》2000 年第 5 期。

112. 王战军、廖湘阳、周学军：《中国高等教育评估实践的问题及对策》，载《清华大学教育研究》2004 年第 6 期。

113. 纪宝成：《大学评估太滥，部分公务员借权力指手画脚》，载《人民日报》2008 年 3 月 28 日第 11 版。

114. 沈玉顺:《高校本科教学工作水平评估的反思与改进》,载《教育发展研究》2006 年第 10A 期。

115. 刘尧:《高校教学评估之路如何走》,载《社会科学报》2008 年 7 月 24 日第 5 版。

116. 陈昌贵、季飞:《制度变迁视角下的大学"去行政化"》,载《教育纵横》2010 年第 9 期。

117. 冯建明:《去"行政化"与大学权力问题刍议》,载《江苏高教》2010 年第 5 期。

118. 徐波:《大学去行政化的路径分析——以制度变迁为视角》,载《黑龙江高教研究》2011 年第 4 期。

119. 冯向东:《大学学术权力的实践逻辑》,载《高等教育研究》2010 年第 4 期。

120. 李成:《对高校"去行政化"问题的思考:基于"契约不完全"代理的思考》,载《教育发展研究》2011 年第 5 期。

121. 季飞:《大学为什么要"去行政化"》,载《现代教育管理》2010 年第 9 期。

122. 赵紫雄:《高校"去行政化"存在的法律问题探讨》,载《当代教育论坛》2011 年第 5 期。

123. 刘尧:《大学何以去行政化》,载《科学时报》2010 年 5 月 5 日第 A1 版。

124. 王颖、温惠琴:《高校"去行政化"的讹传与现实反思》,载《江苏高教》2011 年第 3 期。

125. 王英杰:《大学学术权力和行政权力冲突解析——一个文化的视角》,载《北京大学教育评论》2007 年第 1 期。

126. 袁贵仁:《现代学校制度——逐步取消行政级别和行政化管理模式》,载《中国教育报》2010 年 3 月 1 日第 2 版。

127. 杨玉圣:《大学"去行政化"论纲:论大学问题及其治理(之一)》,载《社会科学论坛》2010 年第 7 期。

128. 高飞:《大学"去行政化"的宪政思考》,载《学园》

2011 年第 1 期。

129. 陈学飞：《高校去行政化，关键在政府》，载《教育纵横》2010 年第 9 期。

130. 别敦荣、唐世纲：《我国大学行政化的困境与出路》，载《清华大学教育研究》2011 年第 2 期。

131. 江赛蓉、刘新民：《大学章程的制定与完善：大学"去行政化"的法制保障》，载《国家教育行政学院学报》2011 年第 8 期。

132. 康健：《大学"去行政化"难在哪里》，载《北京大学教育评论》2010 年第 3 期。

133. 查永军：《中国大学"行政化"的文化背景分析》，载《高等教育研究》2011 年第 7 期。

134. 王全宝：《教育去行政化，大势已明背后利益难割舍》，载《中国新闻周刊》2010 年 3 月 11 日 A3 版。

135. 刘成玉：《对教育去行政化的理性思考》，载《高校教育管理》2011 年第 4 期。

136. 王长乐：《大学"去行政化"的辨析》，载《教育发展研究》2010 年第 9 期。

137. 张楚廷：《从反对"产业化"到反对"去行政化"说明什么》，载《大学教育科学》2010 年第 3 期。

138. 宣勇：《外儒内道：大学去行政化的策略》，载《教育研究》2010 年第 6 期。

139. ［日］池田千鹤：《教育・医疗・福祉分野における独占禁止法を適用する場合の解釈上の問題点》，载《公正取引 ~ 競争の法と と 政策 ~》2005 年 8 月号，通巻 658 号。

140. Lene Buchert and KennethKing（ed.），Learning from Experience：Policy and Practice in Aid to Higher Education，CESO（Centre for the Study of Education in Developing Countries），1995.

141. Mark Olssen & Michael A. Peters, Neoliberalism, Higher Education and the Knowledge Economy：from the Free Market to Knowl-

edge Capitalism, Journal of Education Policy, 2005, (20).

142. Ashby, E. and Anderson, M., Universities: British, Indian, African – A Study in the Ecology of Higher Education, Weidenfeld & Nicolson, London, 1966.

143. Berdahl, Robert, Academic Freedom, Autonomy and Accountability in British Universities, Study of Higher Education, 1990. 15 (2).

144. Douglas R. Richmond, Antitrust and Higher Education: an Overview, 61 UMKC L. Rev. 417, Spring, 1993.

145. Peter James Kolovos, Antitrust Law and Nonprofit Organizations: The Law School Accreditation Case, 71 N. Y. U. L. Rev. 689, 1996.

146. Elbert L. Robertson, Antitrust as Anti – civil Rights? Reflections on Judge Higginbotham's Perspective on the "Strange" Case of United States v. Brown University, Yale Law and Policy Review, 2002.

147. Jeffrey C. Sun, Philip T. K. Daniel, The Sherman Act Antitrust Provisions and Collegiate Action: Should there be a Continued Exception for the Business of the University? 25 J. C. & U. L. 451, Winter, 1999.

148. Erika B. Smith, Are Schools Violating the Sherman Act by Collaborating on Financial Aid Packages? 24 U. S. F. L. Rev. 653, Summer, 1990.

149. Steven R. Salbu, Building a Moat around the Ivory Tower: Pricing Policy in the Business ofHigher Education, 75 Marq. L. Rev. 283, Winter, 1992.

150. Tomas J. Philipson, Antitrust in the Not – for – Profit Sector, 52 J. Law & Econ. 1, February, 2009.